Allegría

Die Autorin

Dr. Marlis Prinzing ist Professorin für Journalistik an der Macromedia Hochschule in Köln sowie Journalistin. Für dieses Buch beobachtete sie über Jahre hinweg, wie Galsan Tschinag seine schamanische Erfahrung und das Heilwissen seines tuwinischen Nomadenvolks für Menschen in einer westlich-modernen Gesellschaft übersetzt und wie Teilnehmer seiner Seminare reagieren. Sie befragte ihn, wie er die Brücke zwischen Welten baut, sprach mit Weggefährten und Experten aus der Ethnomedizin. Weitere Informationen unter: www.marlisprinzing.de

MARLIS PRINZING

DER SCHAMANE

Begegnung mit Galsan Tschinag

Ullstein

Besuchen Sie uns im Internet:
www.ullstein-taschenbuch.de

Allegria im Ullstein Taschenbuch
Herausgegeben von Michael Görden

Ullstein Taschenbuch ist ein Verlag der Ullstein Buchverlage GmbH,
Berlin.
Erstausgabe im Ullstein Taschenbuch
1. Auflage April 2010
© 2010 by Ullstein Buchverlage GmbH, Berlin
Umschlaggestaltung: FranklDesign, München
Titelabbildung: Monika Karlstetter
Satz: Keller & Keller GbR
Gesetzt aus der Goudy
Papier: Super Snowbright von Hellefoss AS, Hokksund, Norwegen
Druck und Bindearbeiten: GGP Media GmbH, Pößneck
Printed in Germany
ISBN 978-3-548-74493-3

Für Roger

... Und jedem Anfang wohnt ein Zauber inne,
Der uns beschützt und der uns hilft, zu leben.
Wir sollen heiter Raum um Raum durchschreiten,
An keinem wie an einer Heimat hängen,
Der Weltgeist will nicht fesseln uns und engen,
Er will uns Stuf' um Stufe heben, weiten.

... (aus: Hermann Hesse: Stufen)

INHALT

EINLEITUNG 11

1 DREIMAL GEBOREN, ZWEIMAL GESTORBEN –
   BILDER AUS DEM LEBEN VON GALSAN TSCHINAG 17

2 »DER FELS IN MIR« – EIN GESPRÄCH ÜBER REISEN
   DURCH RAUM UND ZEIT, ERSTE FLÜGE ALS SCHAMANE
   UND DIE FLÜGEL DER SPRACHE 41

3 »GENIESSE MICH DOCH, ICH BRENNE« –
   SZENEN DES SCHAMANISCHEN BRÜCKENBAUS 57

4 »ICH MÖCHTE MIT HELLEN GEDANKEN IMPFEN« –
   EIN GESPRÄCH ÜBER KRANK SEIN, HEIL WERDEN,
   SCHAMANISMUS UND SCHULMEDIZIN 115

5 WIE GEHT DAS MIT DER HEILEREI? REFLEXIONEN
   UND VISIONEN ZUR »GESUNDHEITSDIPLOMATIE«
   ZWISCHEN ALTEN UND NEUEN WELTEN 135

6 ANGESTECKT – WIE WESTLICHE HEILER UND COACHES
   DAS SCHAMANISCHE KOMMUNIZIEREN
   UND INTERPRETIEREN 183

7 »DER TRAUM EINES HÖHEREN WESENS« –
   EIN GESPRÄCH ÜBER GOTT UND DIE WELT AUS
   SCHAMANISCHER SICHT 199

8 »EIN ORGASMUS AUF SPIRITUELLER EBENE« –
   WEITERE BEGEGNUNGEN MIT DEM ICH UND DEN
   ANDEREN 226

EPILOG: ABFAHREN UND ANKOMMEN 243

NACHSATZ: DIE NAMENSFINDUNG DES NAMENLOSEN 255

ANHANG: Literaturauswahl, Bücher von Galsan Tschinag, Links;
        Anmerkungen 259

EINLEITUNG

»Heilen durch Worte« übersetzt Galsan Tschinag seine Kunst des schama-nischen Heilens in die westliche Welt. Worte berühren, können bewegen, wie Balsam wirken und auch verletzen. Im übertragenen Sinn kennen wir das: »Im Anfang war das Wort« beginnt die Bibel. Schamanismus wurzelt in altem Wissen. Schamanen gibt es seit Zehntausenden von Jahren, ihre Methoden der Heilung ermöglichten Menschen in Umgebungen zu über-leben, die auf vielfältige Weise feindselig sein konnten – in sibirischer Kälte ebenso wie im tropischen Dschungel, aber auch in schwierigen Le-benssituationen. Schamanen sind im Grunde Lebenstherapeuten. Davon wissen wir hierzulande nichts oder nur wenig.

Galsan Tschinag ist ein Grenzgänger, Vermittler und Kommunikator. Er wandelt und wandert zwischen den Welten. Galsan Tschinag ist ein Di-plomat, der von keinem Außenministerium entsandt ist, und er repräsen-tiert kein Staatsoberhaupt. Er stellt sich als Fürst eines 4000 Menschen zählenden Nomadenvolks vor und als dessen Gesandter, der umherzieht, um eine Brücke zu bauen zwischen der einen und der anderen Welt.

Galsan Tschinag ist ein Botschafter in dreifachem Dienst.

Häuptling Tschinag ist Botschafter eines untergehenden Volkes. Er bereist den Westen, damit Kultur und Wissen der tuwinischen Nomaden dort weiterleben als Lebenshilfe für die Menschen und um sie gesünder zu ma-chen. Er erzählt seinem Publikum, wie die Tuwa schlimmste Kälte überste-hen, wie sie lieben, kämpfen, leiden und wie sie aus sich heraus Heilkraft schöpfen. Was bliebe ihnen auch übrig, wenn der nächste Arzt Tagesreisen entfernt ist? Viele besitzen kaum mehr als ihr Wissen, ihre Erfahrung und ihre Fertigkeit, mit ihren eigenen Händen Dinge herzustellen, die ihren Körper nähren, wärmen, schützen und möglichst gesund erhalten.

Häuptling Tschinag fliegt zurück in den Osten, um seinem Volk Geld zu bringen und es zur Bildung zu motivieren und anzuhalten. Aus dem Erlös seiner Lesungen kauft er Jungvieh. Durch seine Verbindungen kommen Reisende zu seinen Leuten, die Geld bringen und Eindrücke mitnehmen von der tuwinischen Kultur. All dieses bewirkt, dass der »Schwanengesang«, wie er seine Art des diplomatischen Dienstes nennt, eine Weile nachklingt.

Der Dichter Tschinag ist Botschafter des globalen Denkens. Er wuchs auf in einem Volk ohne eigene Schrift, lernte dort, sich auf die Bildkraft erzählter Geschichten einzulassen, und wuchs dann in eine weitere Sprache hinein, ins Deutsche, in der er seine Bilder niederschreibt. Indem er sich dieser Welt öffnete, verlor er das Gefühl, zu Hause zu sein, und fand sein Glück in der Verbindung der Welten. Er begreift sich als Bewohner dreier Welten – die seiner Sippe im Hohen Altai, die der pulsierenden Hauptstadt Ulan-Bator, und die der deutschen Sprache sowie des globalen Denkens, für das er Brücken bauen will, wo immer er ist.

Schamane Tschinag versteht sich als Botschafter einer Heilweise, die mit allen Sinnen berührt. Als Botschafter schamanischen Heilens schöpft er aus altem Wissen. Die Mongolei gilt seit alters her als ein Land mit reicher schamanischer Tradition. Bis heute ist dort ein Teil der Urzeit inmitten der Jetztzeit wach geblieben. Für die Nomaden ist das überlebenswichtig; ihr Wissen um die Kräfte aus der Natur will Galsan Tschinag an die Menschen im Westen weitergeben. Hilft dieses Wissen, unabhängig von Lebensraum und Kultur, »Störungen im Gesundsein der Menschen« zu vermindern und zu beheben? Wie global ist medizinisches Wissen?

Völkern, in denen schamanische Traditionen weiterleben, sind zerstörerische Eingriffe in die Natur fremd; sie haben das Gefühl, in einem kosmischen Ganzen zu leben, nicht verloren. Inwiefern kann eine schamanische Lebensweise auch für Menschen im Westen ein Weg sein, durch den sie die aus ihrem Blick verschwundene Brücke zur Schöpfung wieder sehen?

Ein Weg der Mystik, durch den sie irdische und kosmische Zusammenhänge sensibler wahrnehmen?

Die Mongolei und die unendlich scheinende Weite der Steppe üben eine wachsende Faszination auf viele Menschen im Westen aus, die sich in ihren zersiedelten Räumen zunehmend beengt fühlen. Das öffnet sie für andersartige Kulturen und Auffassungen. Immer mehr Menschen empfinden die moderne westliche Medizin sowie das nüchtern-intellektuelle Herangehen an existenzielle Themen wie Geburt, Jugendkultur, Entwicklungskrisen, Altern und Sterben als zu kurz gegriffen. Das Interesse an Themen wie »Heilung« und »Spiritualität« und an den unterschiedlichen Vorstellungen in verschiedenen Kulturen wächst. Interkulturelle Medizin, interkulturelle Psychologie und interkulturelle Kommunikation empfinden immer mehr Menschen als eine unerlässliche Brücke hin zu einem globalen Verständnis von Leben und Welt. Ethnomedizin liegt im Trend – Kurse über Yoga, Qigong oder Ayurveda finden sich in jedem Volkshochschulprogramm. Ansatz und Wunsch, Therapieformen anderer Kulturen und Heilweisen von Naturvölkern mit der Schulmedizin zumindest zu kombinieren, haben Konjunktur. Schamanentum ist ein zentrales Gebiet der Ethnomedizin. Wo lässt schamanisches Heilen, wie es Galsan Tschinag lebt, kulturübergreifende Gemeinsamkeiten, aber auch Grenzen erkennen?

Dieses Buch ist an sich ein Grenzgang. Schamanismus ist eine eigentlich buchlose Religion und eine mündlich überlieferte Heilkunde. Das Wissen geht direkt auf die Schüler über. Schamanentum ist eine Form heilsamen und heilenden Wahnsinns, eine spirituelle Weise des Ver-Rückens, die vielfältige Formen haben kann. Das Berühren durch Worte ist eine Möglichkeit. »Der größte Segen kommt zu uns auf dem Wege der Verrücktheit«, schrieb Sokrates, und forderte auf: »Sprich, damit ich dich sehe.«

Je genauer man hinschaut, umso schwieriger wird es. Mit Geistheilung lassen sich verblüffende Erfolge auch bei schweren Krankheiten erzielen und dokumentieren. Das schmerzt manchen Schulmediziner und gibt Rätsel auf. Schamanen wissen viel über die Heilkräfte von Pflanzen und Tierknochen, über gesunde Lebensführung und Ernährung. Sie finden sich in den Irrgärten mancher Seele zurecht, sie setzen vieles in Bewegung, verlassen sich auf ihre Eingebung und sie verstehen zu deuten. Das erzeugt aber auch Missverständnisse und zeigt die Grenzen. Wer zu einem Heiler geht, erwartet das sofortige Wunder, die umgehende kosmische Glückseligkeit und das wahrhaftige Lebensrezept. Das wird er nicht bekommen. Auch in diesem Buch nicht.

Das erste Kapitel schildert Galsan Tschinags Lebensweg, das dritte porträtiert ihn als Botschafter eines Heilsystems und als Brückenbauer: Der Blick auf Szenen aus einer Auswahl seiner Seminare und Workshops zum schamanischen Heilen soll zumindest erahnen lassen, worum es geht. Im fünften Kapitel äußern sich Experten, die als Heilende und Forschende gelten – darunter Wolfgang Gans, Dietrich Grönemeyer, Stanley Krippner, Amélie Schenk und Rolf Verres –, zu Fragen wie: Wie lässt sich Galsan Tschinags Heilweise einordnen? Wo liegen Chancen und Probleme von Ethnomedizin und Geistheilung? Im sechsten Kapitel kommen Menschen zu Wort, die an seinen Seminaren auch aus beruflichen Gründen teilnahmen und für ihre eigene Arbeit als Therapeut oder Coach profitierten beziehungsweise reflektierten. Hinzu kommt das Szenenbild eines Seminarablaufs (Kapitel 8).

Dazwischen sind Gespräche mit Galsan Tschinag eingefügt. Das erste Gespräch (Kapitel 2) handelt von seinen ersten Flügen als Schamane, das zweite (Kapitel 4) will seiner Haltung, seiner Motivation, seinen Anliegen und Zielen noch tiefer nachspüren. Das dritte Gespräch (Kapitel 7) dreht sich um Gott und die Welt aus schamanischer Sicht. Das Buch schließt zweifach: mit einem Epilog, der ein Gespräch ist über seine Eindrücke einer Seminar- und Lesereise, kurz vor dem Rückflug von Berlin nach Ulan-Bator. Dem schamanischen Prinzip folgend, führt es in Verszeilen schließlich zurück zum Anfang: zu einem Gedicht, das er zu Beginn einer solchen Reise, in einem Flugzeug nach Berlin verfasste, am Vorabend unserer ersten Begegnung. Abgekoppelt als Nachsatz dann die Draufsicht: Wie der Ehrgeiz , einen Namen zu erwerben, zum Motor wird.

Das Leitmotiv dieses Buchporträts ist das Bild des Botschafters schamanischen Heilens und des Brückenbauers für die westliche Welt. Deshalb folge ich Galsan Tschinag nur an Zielorte in Regionen seiner »Brückensprache« Deutsch und beschränke mich auf die Begegnung mit den Menschen hier und mit ihren Reaktionen auf ihn. Es gibt viel Literatur darüber, wie Schamanen in ihren Völkern wirken, darunter finden sich auch Porträts mongolischer Schamanen[1]. Das Besondere bei Galsan Tschinag ist dass er seine Praxis des Heilens nicht auf die Menschen in seiner Heimat, der Mongolei, beschränkt, sondern sie direkt übertragen kann auf die deutschsprachige Welt, weil er durch die Sprache einen Schlüssel zu ihr hat. So will er Brücken bauen zwischen Welten, die ihm jeweils auf ihre Weise Heimat geworden sind.

»Wir haben einen Lebensabend lang geträumt, um wohl herauszubekommen: Wessen Träume sind wir?«, schrieb Galsan Tschinag in das Gästebuch, als wir uns zum ersten Mal trafen: Er war mein Gast auf dem Roten Sofa, einer »Talkshow ohne Fernsehen«. Es war im November 2003, den ersten Termin mussten wir verschieben, weil ihm die Ausreise verweigert worden war. »Ich saß neun Stunden in den Wolken, um von der einen in die andere Welt zu gelangen«, erzählte er. »Über diese Schwelle trete ich aus der Urgesellschaft, in der mein Volk immer noch lebt, heraus.« Als Abschluss unseres Gesprächs auf der Bühne sang er ein mongolisches Wiegenlied.

In jener Nacht wurde in mir die Neugier wach, mehr zu erfahren über diesen Brückenbau, über das Übersetzen des Heilwissens der einen Welt in die andere. Sobald die Zeit reif war. Daraus entstand dieses Buchprojekt. Es wuchs im Kern innerhalb von mehreren Jahren seit Mai 2005 als ich ihn zum ersten Mal in einem Seminar erlebte, und er die Knochen befragte:

»Menschen können lügen, Orakel nicht«, behauptet Galsan Tschinag und vergewissert sich, ehe er sich auf etwas einlässt, bei seinem Knochenorakel. Ich richte mich aus an meinem wegweisenden Bild des Botschafters und Brückenbauers, um dem inneren Geheimnis des Schamanen näher zu kommen, um herauszufinden, worum es ihm geht, und um dies zu vermitteln als ein Angebot an jeden, sich ohne Scheu seine eigene Meinung zu bilden.

Ich möchte danken: Galsan Tschinag für seine Offenheit, für Zeit und Raum sowie für das Angebot, aus seinen Gedichten für dieses Buch auswählen zu dürfen. Seinen Kursteilnehmern, kritischen und wohlwollenden Wegbegleitern für ihre Nahbarkeit. Maria Kaluza, die ihm als große Gefährtin an die Seite wuchs, für die Weichen, die sie nicht zuletzt durch einen Lammbraten in Osterwald stellte. Michael Görden und seinem Team für die Produktion.

Danken möchte ich besonders jenen, die durch ihr Wissen, ihre Forschung und ihre Heilkundigkeit wichtige Impulse und Anregungen gaben, vor allem Dr. Wolfgang Gans, Prof. Dr. Dietrich Grönemeyer, Dr. Mihàly Hoppàl, Prof. Ph. D.Stanley Krippner, Wilfried Lubberich, Prof. Dr. Beatrix Pfleiderer, Dr. Andreas Reimers, Prof. Dr. Ina Rösing, Dr. Amèlie Schenk, Prof. Dr. Rolf Verres, Elke Weselek.

DREIMAL GEBOREN, ZWEIMAL GESTORBEN –
BILDER AUS DEM LEBEN
VON GALSAN TSCHINAG

Bin gestrandet
Und muss mich nun
an fremden Winden
Und eigenem Salz
Zum Stein der Weisheit/Schleifen
Galsan Tschinag, Abendlied

Irgit Schynykbaj-oglu Dshuruk-uwaa wollte Schamane werden. Er kam nicht umhin.

DIE ERSTE GEBURT

Seine erste Geburt war eine dreifache: zunächst einfach – hinein in ein Nomadenvolk mit tiefem altem Wissen. Dann zweifach – doppelt hinein in die Berufung eines Heilers. Den ersten Teil der Geburt übernahm seine Mutter, von den vier Kindern, die sie zuletzt zur Welt brachte, überlebt als einziges er. Bei den weiteren half seine Tante, die Schamanin Pürwü. Sie wählte ihn als Nachfolger, als er noch auf Kleinkindbeinen stand. Er trägt ihr Bild immer bei sich, überall.

Er wuchs heran, verwöhnt und wohlbehütet auf den Bergen des Hohen Altai. Und er gedieh auch noch, nachdem er in einen Kessel mit heißer Milch gefallen war. Die Haut an seinem Rumpf schälte sich einfach ab. Der Junge, der später für alle Welt Galsan Tschinag hieß, entsprang einer in seiner Heimat hochangesehenen Familie.

Sein Urgroßvater war der reichste Mann in dieser Ecke des Landes. Die Stückzahl seiner Herde erreichte die Zehntausend. Der Landeskanzler verlieh ihm den Ehrentitel »Zehntausend« und von da an haben ihn alle so genannt. Sein Großvater war nicht ganz so reich, aber doch noch der Reichste im Land. Er erhielt den Titel »Großhäuptling«, allerdings nicht in der Tuwa- oder der mongolischen Sprache, sondern in einer Mandschu-Sprache. Galsan Tschinag vermutet, seinem Großvater wurde der Titel von Peking aus verliehen. Als die kommunistische Revolution übers Land kam und die Mongolische Volksrepublik ausgerufen wurde, wuchs dem Großvater der Reichtum zur großen Aufgabe: Er hatte fünf eigene Kinder und zwanzig Pflegekinder. Wer gescheitert war und nicht wusste, wie weiter, erkämpfte sich die Gunst des reichsten Mannes, bekam eine Jurte und eine Herde zugewiesen, sagte zu ihm Vater und zu seiner Frau Mutter. Sein Enkel über ihn: »Er war ein lieber Vater, hat alle 25 Kinder gleich behandelt.«

Als die Volksrepublik zum Satellitenstaat der UdSSR geworden war, wurde alles nochmals anders. Die sowjetische Führung hatte den Ehrgeiz, sie zu einem modernen kommunistischen Staat zu machen, zerschlug die traditionelle nomadische Viehwirtschaft fast völlig und erzeugte dadurch große wirtschaftliche Probleme. Den stalinistischen Säuberungen 1937/38 fielen etwa 38 000 Mongolen zum Opfer, darunter fast die gesamte Intelligenz des Landes: Lamas und Schamanen wurden verfolgt und umgebracht, Lamaklöster zerstört, Schamanen inhaftiert. Und der reichste Mann und mächtige Übervater wurde von einem Tag auf den anderen Großgrundbesitzer genannt. Das hiess: Fortan galt Galsan Tschinags Großvater als »Volksfeind«, und er sollte erschossen werden. Seine Vollstrecker kamen, forderten ihn auf, zu warten, sie müssten erst noch andere Volksfeinde herbeiholen, dann würden alle auf einmal hingerichtet. »Noch ehe sie zurückkehrten, war der Großvater zu Tode erschreckt und verstorben.« Galsan Tschinags Vater, der älteste Sohn des Verstorbenen, weinte bei seiner Beisetzung und sagte zu der Trauergemeinde: »Denkt ihr, ich heule, weil mein Vater tot ist? Ich heule aus Freude, dass mein Vater sterben durfte und in der eigenen Erde liegt und dass er nicht weggeholt und in der Fremde erschossen wurde.«

Galsan Tschinags Vater gab bald danach für die Rote Front gegen Hitler seine ganzen Pferdeherden weg. So wurde aus dem Reichen Schnynyk aus dem Stamme Irgit ein armer Mann. »Uns blieb nur ein Pferd, bei damals drei kleinen Kindern. Wenn wir umzogen, saß meine Mutter auf dem Sattel, ich vorne, zwei Kinder hinten, wenn wir Pfützen und Flüsse überquerten. Sonst gingen die größeren Kinder nebenher.«

Ihre ethnische Heimat ist der Staat Tywa oder Dywa oder Tuwa – es gibt eine ganze Reihe von Bezeichnungen. Dieser Staat gehörte von 1208 bis 1911 zur Mongolei, in der Zwischenzeit zu deren Besatzungsmächten Mandschu und China und war bis 1944 eine selbstständige Volksrepublik – nach Russland und der Äußeren Mongolei der dritte kommunistische Staat der Welt –, wurde Sowjetrepublik und gehört heute zur Russischen Föderation. Tuwa liegt in Ostsibirien. In der Hauptstadt Kysl steht ein Obelisk, der als geographische Mitte Asiens gilt. Das Tuwa-Volk ist heute auf drei Länder verteilt, auf Russland, China und die Mongolei, hat insgesamt 300 000 Seelen und spricht einen uralten Dialekt des Türkischen. Ihr Glaube ist überwiegend schamanisch. Galsan Tschinags Sippe gehört zu den 4000 Seelen, die dem mongolischen Staat unterstellt sind. Die Tuwa verpflichten sich der gültigen administrativen Struktur, leben aber innerhalb dieser in einer urgesellschaftlich geprägten Sippenordnung und bekennen sich zu ihrer Herkunft, Sprache und Kultur.

Die Gegend im Hohen Altai, wo Tschinags Sippe umherzieht, ist dünn besiedelt, die Weite scheint endlos, es gibt Berge und Steppen, in denen kaum je ein Mensch war. Die Imposanz und Pracht der Natur ist allgegenwärtig.

Die Menschen, die hier leben und umherziehen, sehen sich als Teil dieser Welt, als den Tieren und Pflanzen und der Landschaft ebenbürtig. Sie besitzen wenig, das Klima ist rau, ganz anders als im milden Europa. Aber sie wärmen sich aneinander, schon der Kälte wegen. Sie sind sich nahe und berühren sich, auch ganz anders als im eher »kühlen, armseligen Europa«, vergleicht Galsan Tschinag. Das Nomadenvolk der Tuwiner zieht im äußersten Westen der Mongolei umher. Sie wohnen in runden Zelthäusern von etwa sechs Metern Durchmesser, den Jurten, und ernähren sich von ihrem Vieh: Sie feuern mit Kamel-Dung, das Yak gibt ihnen die Milch für den Tee und den Schnaps sowie das Fleisch. Jeder Tuwiner lebt in drei Jurten, heißt es. Die kleine ist sein Herz, die mittlere die Zelt-Jurte, die große die Heimat. Ein Sprichwort sagt: »Ist die kleine Jurte in Ordnung, dann bist du nie einsam, auch wenn du allein bist in der riesigen Steppe.«

Als Junge schon sang Galsan Tschinag mit ersten schamanischen Versen Kälber und Fohlen herüber ins Leben, bald auch zwei Mädchen. Das eine wuchs in einer Frau heran, der bereits vier Säuglinge gestorben waren. Er drohte dem Mädchen das Schlimmste an, würde es ebenfalls sterben, und nabelte es dann mit seinem Dolch ab. Das Mädchen blieb am Leben und wurde selbst Mutter von acht Kindern. Das andere, dem er auf die Welt helfen sollte, war bereits im Mutterleib gestorben, als er eingriff – erdrosselt durch die eigene Nabelschnur. Er war allein und konnte nichts tun als die Schlaufe um den Hals des Embryos zu lösen, damit er bald abginge. Später bezichtigte die Frau ihn, die Schuld an ihrer Unfruchtbarkeit zu tragen. Seine schamanische Lehrmeisterin deutete ihm, was er daraus zu lernen habe: »Helfen kannst du immer, Dank erwarten darfst du nimmer.«

Sein Wunsch jedoch blieb: Schamane werden, notfalls mit Gewalt. Als die Schamanentante auf sein bohrendes Fragen behauptete, in seltenen Fällen könne man sich durch Blutübertragung anstecken, beschleunigte er das, indem er sie verletzte und sich das blutige Messer ins Fleisch hieb. In einer autobiographischen Romantrilogie erzählt er von seinem Weg: In »Der blaue Himmel«, dem ersten Teil der Trilogie, begegnen wir dem kleinen künftigen Schamanen in Gestalt eines schwer gekränkten, trotzigen, mit Gott, dem Himmel, der Welt und den Eltern hadernden Kindes. Seine von ihm abgöttisch geliebte Großmutter und sein Hund waren fast zu gleicher Zeit gestorben, der Hund durch einen Giftköder, den der Vater für einen Fuchs ausgelegt hatte. Tief verletzt schrie er sich die Verzweiflung aus dem Leib. Er ahnte schon, er würde sich beruhigen müssen, doch solange es nur gehen würde, bockte und brüllte er lieber...

Gelegentlich erinnerte das mongolische Regime sich an die Viehzüchter im Altai, in Galsan Tschinags Fall in Gestalt des eigenen Bruders, der in der weit entfernten Stadt Schuldirektor geworden war. Als er eines Tages die Sippe besuchte, überraschte er den jüngsten Bruder bei Schamanengesängen. Er nahm ihn kurzerhand mit in die Kreisstadt, um ihn auf den »Weg des Wissens« zu bringen, wie er das nannte, weg vom archaischen Aberglauben. Mit dieser Geschichte beginnt der zweite Teil der Trilogie, »Die graue Erde«. Von jetzt auf gleich landete der Kleine in der eckigen Welt der Zivilisation, im Kommunismus und in der mongolischen Sprache, von der er kein Wort verstand. Er war allein und einsam, und als er zugab, er wolle Schamane werden, hatte er völlig verspielt. In der Welt, in der er nun leben musste, war das Schamanentum verpönt. Offiziell. Unter der Hand besann man sich allerdings gerne auf seine möglichen Fähigkeiten...

Der zweite Teil der Trilogie schöpft aus der Doppelperspektive – aus der Welt der Bürokratie und der Partei wie aus der Welt der Naturverwurzelung und des Schamanentums. Lärchen gelten als »geheiligte Schamanenbäume«. Das provozierte die Kommunisten. Sie ließen die Bäume des Aberglaubens fällen, als seien sie Konterrevolutionäre, und drückten dann in den Steilhang einen Gemüsekeller. Das löste eine Katastrophe aus, durch die letzten Endes auch der große Bruder starb. In ihm kämpften alte und neue Welt und dieser Kampf machte ihn zum Opfertier. Er starb mit einem Auftrag zur Versöhnung. Sein »spatzengleiches Brüderchen«, wie der sterbende Älteste den jüngsten Bruder nannte, sollte die Tante

Pürwü um Vergebung bitten und ihn zum Zeichen dafür in ihren Schutz nehmen. »Vielleicht bist du doch ein Schamane, sollte es aber tatsächlich so sein, dann musst du wohl trotzdem zu einem anderen werden als alle anderen, die es waren und sind.« Er gab ihm den Auftrag, neben dem Weg des lodernden Geistes und flammenden Herzens auch einen Weg des Wissens zu gehen und vermachte ihm zum Zeichen dafür seine Bücher. Nach seinem Tod fand er langsam und erst durch ein schamanisches Ritual seine Seelenruhe.

Der dritte Teil, »Der weiße Berg«, beginnt im Jahr 1958. Dshuruk-uwaa erhielt für seinen Fleiß drei Auszeichnungen und beschloss, künftig nicht mehr nomadisch ohne festen Geburtstag zu leben, sondern soeben, am 26. Dezember, 15 Jahre alt geworden zu sein. Wenig später erkrankte er an der Schamanenkrankheit – wegen seines Zickzackweges bereits zum zweiten Mal, behauptet er. Im dritten Teil der Trilogie beschreibt er den Tunnel dieser Krankheit, durch den die meisten Schamanen müssen: Fieber. Irre, wirre und verwirrende Träume. Halluzinationen. Schmerzen.

Schamanen sind überzeugt, sie erfahren durch solche Zustände ihre Transformation, die sie anders sehen lehrt. Sie überwinden dabei vielerlei Krankheitszustände und Wahnsinn, reisen in himmlische und in unterirdische Welten, um von Geistwesen belehrt zu werden, durchleiden Träume und Visionen ihrer Ahnen, lernen, zwischen bewussten und unterbewussten Welten hin und her zu wandern, sich Hilfe und Rat der Geister zu holen für die Leiden der Menschen im Irdischen. Oft ist dieser Zustand eine Zeit inneren Ringens gegen die Berufung. Die Schamanenkrankheit klingt ab, indem ein Berufener sich in sein Schicksal fügt.

Galsan Tschinag erzählt, wie er wieder erwachte aus diesem Wahn, zurückkehrte in die Vernunft und sich beschützt fühlte durch den Lichtschein des großen weißen Berges der Schamanen. »Doch lebe ich mit dem Unbehagen. Es liegt unvergänglich und unverdaulich in mir – ein Stein, nagt unvergesslich und unersättlich an mir –, ein Tier. Es ist die Ungewissheit, die in mir pocht und wächst. Wer bin ich? Wie werde ich mit der Lebenszeit fertig, die vor mir liegt und vielleicht sehr lange sein wird? Was mache ich mit dem Vermächtnis des großen Bruders?« Er ging zu seiner Tante Pürwü, die ihn fragte, ob er nun weiter seinen akademischen Weg fortsetze. »Wieso? Schamanenlehre ist doch auch Wissen!«, habe ich geantwortet. Das war zu viel. Noch sei *sie* da, spie ihm die Schamanenlehrerin ins Gesicht.

Er erzählte seinen Eltern von alldem. Sie schickten ihn fort. Mitten im Winter. Schon am nächsten Tag fuhr ihn sein Vater in die Kreisstadt. Nach zwei Tagen musste er dort auf die Ladefläche eines Lastwagens steigen und gelangte so, sechs Tage später, in die Hauptstadt. Auch dort war die Reise noch nicht zu Ende. Die mongolischen Kommunisten schickten ihn, mit einem Stipendium ausgestattet, in die bruderländische DDR. Die Prüfung, die er dafür abzulegen hatte, beschrieb er in seinem autobiographischen Roman »Die Rückkehr« als schwierigste und wichtigste seines Lebens. Er musste zum Thema »Wie ich mir meine Zukunft vorstelle« einen Aufsatz schreiben, auf Russisch. Sein Konkurrent sprach fließend Russisch und schrieb auf einer halben Seite, was der Prüfungsausschuss hören wollte. Er schrieb vier Seiten, inhaltsschwer, doch mit vielen Fehlern. Die Mehrheit im Ausschuss wollte den anderen Kandidaten, der Leiter des Gremiums aber wollte ihn und überzeugte schließlich die anderen.

DIE ZWEITE GEBURT

Als er am 29. August 1962 mit einer mongolischen Studiengruppe in Leipzig ankam, fühlte er sich zum zweiten Mal geboren, als blinder menschlicher Welpe: »Aber ich verbiete mir zu winseln. Das zumindest habe ich begriffen. Und das kann durchaus der Inhalt meines bisherigen Lebens gewesen sein.«

Er schrieb Kyrillisch, sprach Tuwinisch, Kasachisch und Mongolisch und er war voller Vorurteile. Deutschland war ihm nur als Kriegsland bekannt.

Sein Gepäck bestand aus einer Holzkiste, in der zwei Hemden, ein Deel, das traditionelle Kleidungsstück der Mongolen, ein Foto des mongolischen Dichters Nazagdorsch und ein paar andere persönliche Dinge lagen. Um ihn herum war alles laut, grau vor Industriequalm und stank. »Ich wusste nicht, wo Norden, Süden, Westen oder Osten ist. Ich sah meinen Himmel nicht.« Was er in seiner Heimat genoss, wurde ihm hier als notwendiges Übel vorgeführt: die Natur ebenso wie das Essen, das er nun noch dazu mit Besteck zerteilen musste. Er fühlte sich untauglich für diese Welt, in der er Deutsch lernen und Germanistik studieren sollte. Für ihn gab es keine Wahl: »Ich musste den Nomadenjungen in mir zerstören.« Also verordnete er sich Freude, Sprachunterricht sowie Kultur in Höchstdosis. Das gehörte sich seiner Meinung nach für einen, der das Glück hatte, mitten in der europäischen Zivilisation zu sitzen. Und er nannte sich Galsan Tschinag, damit die Deutschen wenigstens seinen Namen verstanden.

Kaum hatte er erste Grundlagen, schrieb er Geschichten in ihrer Sprache. Bei seinen Gasteltern lernte er den Schriftsteller Erwin Strittmatter kennen. Er wurde 1912 in Spremberg geboren und wuchs in dem Dorf Bohsdorf auf. Dieser Gegend hinterließ er als eindrückliches Denkmal die autobiographisch geprägte Romantrilogie »Der Laden«. Er beschrieb hier, genauso wie auch in seinen anderen Büchern, die Entwicklung des Lebens auf dem Lande im Osten Deutschlands, besonders in der DDR. Der 1994 verstorbene Autor wurde zum Mentor für Galsan Tschinag. Die Wochen, die er in der Gartenlaube bei ihm wohnte, nennt er bis heute seine glücklichsten Zeiten. Er empfand sich als dessen fünfter Sohn, als sein ältester und wichtigster. Sie unterhielten sich über die mongolische Heimat, über Schamanerei, über seinen Wunsch, sein Volk zu heilen, über Gott und die Welt.

Irgendwann fiel ihm ein, dass er ja eigentlich hier war, um zu schreiben. Nach seiner ersten Geschichte war erst einmal Pause angesagt: Als Strittmatter sie gelesen hatte, ließ er ihn »eine Flasche anständigen Schnaps holen«. Der Hinweis, es stehe doch bereits eine auf dem Tisch, interessierte ihn nicht. »Nein, eine neue. Wir müssen die Geburt eines Dichters fe_ern.«

Tschinag verfasste seine Diplomarbeit über das »Tragische im Werk Erwin Strittmatters«, schloss sein Studium als Jahrgangsbester ab und ging zurück in die Mongolei. »Aus dem blinden Welpen war ein Wesen geworden, auf einem Auge noch immer blind, aber mit der Stärke ausgerüstet, der Sache, die anstand, mit der Treue eines Hirtenhundes und dem Wahnsinn eines Geistesbehafteten, zu dienen«, sagt er im Rückblick.

Im Gepäck hatte er nun nicht nur eine Botschaft, sondern verfiel einer blauäugigen Mission. Als Dozent für deutsche Sprache und Literatur an der Universität Ulan-Bator wollte der erste Germanist der Mongolei dem ganzen mongolischen Volk Deutsch als Fremdsprache aufbürden und es »einpreußen«. Deutsch hatte tatsächlich einen hohen Stellenwert in der Mongolei. Das lag jedoch nicht an ihm, sondern daran, dass die mongolische Regierung und die DDR-Spitze gute Beziehungen pflegten und die DDR hoch angesehen war, weil sie innerhalb des Ostblocks den höchsten Lebensstandard hatte. So sah er sich zugleich als »Bestellung der Zeit« und als Scheiternder. Ihm fehlten der Vetter im Politbüro und die Fähigkeit zur Unterwürfigkeit. »Ich scheiterte. An mir selbst. Und an dem, was die deutsche Stadt aus mir gemacht hatte«, glaubt er. 1976, acht Jahre nach seiner Rückkehr, wurde er nach sich über Monate hinziehenden Verhören im Überwachungs- und Untersuchungskomitee der Partei wegen »politischer Unzuverlässigkeit« aus der Universität geworfen und mit einem Berufsverbot belegt.

Er arbeitete nun als Übersetzer und Journalist, schrieb für die Gewerkschaftszeitung *Hödölmör* (Die Arbeit), übersetzte Gedichte von Kurt Tucholsky, Heinrich Manns »Der Untertan«, »Abendlicht« und »Till Eulenspiegel« von Stefan Hermlin und »Pony Pedro« von Erwin Strittmatter ins Mongolische.

In jenen Jahren lag für ihn draußen im Beruf keine Zukunft. Zu Hause war
das anders. Das hatte wiederum mit einer Frau zu tun. Er kannte sie noch
aus der Schulzeit: Nordshmaa, wohl vier, fünf Jahre jünger als er, besuchte
dieselbe Schule. Als Vollwaise wohnte sie im Internat und wurde von der
Schule und dem Staat als Waisenkind bevorzugt. »Sie war ein liebes
Kindchen, das von allen sehr gemocht wurde«, erinnert er sich. Ein paar
Jahre später, in seinen Studentenjahren, wurde sie ihm mehr. Er verliebte
sich in sie. Als er sein Studium beendet hatte und in seine Heimat zurück-
kam, war sie eine frischgebackene Köchin. Sie zogen zusammen und hatten bald vier Kinder. Beruflich arbeitete er in innerer Emigration, war
aber unermüdlich am Werk. Und es ging ihm zusehends schlechter.

»DÖSEN-REIF«: DAS ERSTE STERBEN

Länger schon, bereits kurz nach seiner Ankunft in Leipzig, hatte ein Arzt
bei einer der routinemäßigen Pflichtuntersuchungen einen Herzklappenfehler diagnostiziert, den er von Geburt an habe. Er verschrieb ihm Tabletten und Tropfen. Das Leiden verschlimmerte sich. Galsan Tschinag trug
nun zweierlei Tropfen mit sich. Jagte sein Herz, nahm er schnell die einen,
legte die Hand aufs Herz, schloss die Augen. »Nach einer halben Minute
beruhigte sich das Herz und nach fünf Minuten war ich wieder gesund.«
Die anderen waren Beruhigungstropfen, damit er länger schlafen konnte,
manchmal sieben, acht Stunden. Schnell wurde er von diesen Medikamenten abhängig. Er hatte keine Zeit, innezuhalten und sich zu kurieren, fand
er. Schließlich sah er sich auf dem Höhepunkt einer großen Journalisten-
karriere. Morgens Berlin, mittags per Taxi nach Leipzig – dieses war kein
Problem für ihn, wenn eine Geschichte wichtig war. Er habe große Repor-
tagen geschrieben, war ein prominenter, mongolischer Berichterstatter...

Sein Zustand verschlechterte sich weiter, fortwährend hatte er Schmerzen. Der Arzt riet ihm, sich so wenig wie möglich körperlich anzustren-
gen. Alle fünf Treppenstufen solle er innehalten und verschnaufen. Trank

er Tee, hielt er nun mit einer Hand die Tasse, die andere legte er auf die schon bei solcher »Tätigkeit« noch stärker schmerzende Brust. Im Winter 1979 ließ die Wirkung der Tabletten schließlich immer mehr nach. Seine Einweisung ins Krankenhaus zögerte er noch hinaus bis Jahresende. Seine Welt stand Kopf. Ihm war, als kribbelten in ihm Millionen von Ameisen. Er war nicht depressiv, sondern hoch aufgeladen und euphorisch, hätte dauernd Sprünge machen können. Wenn sich jemand in Leipzig verrückt verhielt, nannte man ihn »dösen-reif«, nach dem Stadtteil Dösen, in dem das psychiatrische Krankenhaus lag. So fühlte er sich.

Nach den Feiertagen, am 3. Januar 1980, ging er in die Nervenklinik, um zu sterben. Er zog sein prächtigstes Gewand an – seine vier damals noch kleinen Kinder sollten ihren Vater schön in Erinnerung behalten.

Für diese Art von Wahnsinnsausbruch war er selbst verantwortlich. Er hatte sich einfach verausgabt. Der Ehrgeiz, nachzuholen, was die anderen jungen Menschen um ihn herum von der Welt, von der Politik, von der Kunst und der Kultur wussten, trieb ihn an. Er hielt diese Sammlung von Informationen für Bildung. Heute sagt er: »Ich habe zwei Dinge verwechselt: Ich wollte nicht weise sein, ich wollte auch intelligent werden.« Er wollte mitreden, wenn es um klassische Musik ging, um Kants Philosophie, um Rembrandts Bilder. »Am Anfang habe ich dagesessen wie ein Rind unter Menschen und wollte mich so schnell wie möglich aufstocken und vermenschlichen zu einem modernen Wesen mit einem modernen Wissen.« Aus welch einfachen, primitiven, lächerlichen und kulturlosen Verhältnissen er doch stammte, fand er! Gierig sog er alles auf, was für ihn damals nach Bildung roch...

Der Arzt stellte ihn vor die Wahl: So weitermachen und sterben oder radikaler Kurswechsel. »Dieser Arzt reagierte schamanisch, obwohl er kein Schamane war. So kriegte er sogar mich klein, der ich mich für so groß hielt.« Er hatte, was Galsan Tschinag lange nicht wusste, seine Frau einbestellt. Sie klärte ihn auf über den Lebenswandel ihres Gatten: 18 Stunden pro Tag, 7 Tage die Woche und 18 Jahre lang war er nun schon damit beschäftigt, sich Zivilisation anzueignen. Einwände wischte er beiseite und bezog sich auf Napoleon: Männern genügen vier Stunden, Frauen fünf Stunden Schlaf, nur Verrückte bräuchten sechs.

Bei ihnen war er nun.

Er blieb drei Wochen und sang. Lauthals. Die Ärzte ließen ihn einfach machen. »Wir haben nur gesungen, gesungen, gesungen, es gibt sogar eine Kassette davon«, erzählt er. Der ganze Druck, sich feierlich vom Leben zu verabschieden, fiel von ihm ab. Er fühlte sich entlüftet, wie ein Gummischlauch ohne Luft. »Diese verrückten Menschen haben mir sehr geholfen. Es gab auch Depressive, aber auf die habe ich nicht geschaut. Nur auf die anderen, mit denen ich gesungen und getanzt habe bis in die Nacht.«

Weitere Wirkungsmacht übte ein Veterane aus. Galsan Tschinag las in einer sowjetischen Zeitung kurz vor seiner Klinikeinweisung dessen Geschichte. Sie schwirrte ihm nun, da er plötzlich Zeit hatte, dauernd durch den Kopf. Der Mann war im Zweiten Weltkrieg von einer Granate getroffen worden und trug seither einen Splitter im Herzen, der inoperabel war. Um zu überleben, musste er das Organ so stark belasten, dass der nicht beeinträchtigte Teil des Herzens den ganzen Körper in Gang halten konnte. Und das hieß Sport, Sport, Sport. »Ihm mache ich es nach«, sagte sich Galsan Tschinag. Nun, da er offenbar seinen Tod überlebte, warf er ärztliche Ratschläge aus früheren Zeiten über Bord: Kaum aus dem Krankenhaus entlassen, begann er zu laufen. »Zunächst keuchte ich erbärmlich, doch zusehends ging es besser«, erzählt er. Er lief um sein Leben. Buchstäblich. Er machte Gymnastik und verordnete sich ein festes Programm. Sechs Monate später warf er die Herztabletten weg, Ende 1980 spürte er keine Herzschmerzen mehr. »Nach langer Zeit hörte ich da auf, ständig zu wissen, dass ich ein Herz hatte.« Zwanzig Jahre danach attestierte ihm ein Arzt das »Herz eines Leistungssportlers«. – Diese Erfahrung wurde ihm eine Lehre, von der er bei fast jedem Seminar erzählt.

Wieso konnte es ausgerechnet bei ihm so weit kommen? »Ich war in jenen Jahren fortschrittsgläubig. Ich war widersprüchlich in mir.« Der Mensch scheitere am ehesten an seinen eigenen Widersprüchen, nicht so sehr an den Widersprüchen der Welt. Jeder trägt seinen eigenen Widerspruch in sich. »Ich war immer Schamane. Das war nicht unterdrückt. Ich habe nur nicht auf mich geachtet, habe andere Leute geheilt, aber dabei mich selbst außer Acht gelassen. Das ist auch die Tragik der großen Meisterin. Sie half uns allen, nur nicht sich selbst.«

Seine Tante Pürwü ging an der Trunksucht zugrunde. »Jeder Schamane endet im Suff. Das ist der normale Gang der Dinge. Das ist so traurig, aber nicht zu vermeiden«, behauptet Galsan Tschinag. »So würde ich wahrscheinlich auch enden, wenn ich mich hauptberuflich als Schamane im Altai in der eigenen Sippe niederließe. Das merke ich im Sommer. Was da jeden Tag Schnaps getrunken wird!«

Von früh bis abends erhält er dort Besuch, in der Stunde von drei bis fünf Leuten. Jeder komme mit einer Kanne Schnaps, mit Käse und dem Besten aus seiner Küche. Der Stammesfürst will keinen enttäuschen. »Sie gießen die Gläser voll – das erste Glas muss man immer austrinken, und dann sagen sie, man stehe auf zwei Beinen, also folgt ein zweites und dann noch ein drittes Glas.« Und im Anschluss kommt der nächste Besuch. »Da kann ich schlecht sagen, ich habe schon getrunken. Wenn ich vom einen die Gabe annehme, kann ich doch nicht ein anderes Menschenkind stehenlassen und bei ihm nichts trinken. Wenn ich am Abend bewusstlos daliege, macht das weniger aus, als einen Menschen zu kränken.« Das Volk zeige ihm mit solchen Gesten seine Ehrfurcht, Liebe und Anerkennung. »Ja, ich habe eine Schnapskanne nach der anderen geleert«, sagt er, lacht laut auf, klatscht in die Hände, die Augen blitzen. Dann hängt er noch einen Satz dran: »Aber das kommt ja nur zwei, drei Mal im Jahr vor.«

Seit seinem Zusammenbruch arbeitete er zwölf statt achtzehn Stunden. Konsequent. »Die letzten paar Jahre bin ich wieder übermütig geworden und dem Arbeitsrausch verfallen«, gibt er zu. »Am 14. September 2005 habe ich mich hingesetzt und Gedichte geschrieben, um mich zu erholen. Ich wollte zehn, zwanzig Gedichte schreiben, um in Arbeitsstimmung zu kommen, nach langer Pause. Ich wollte das große Altersbuch schreiben, den großen und unsterblichen Altersroman. Meinen sechsten Roman. Möglichst 800, 900 Seiten dick und vollgestopft mit unsterblicher Altersweisheit. Aber mir fiel nichts ein. Ich schrieb ein Gedicht nach dem anderen, an einem Tag zehn, zwölf, dreizehn Gedichte. Ich schrieb Tag und Nacht.«

Als das Jahr sich dem Ende zuneigte, am 29. Dezember, wurde seine Frau nervös und forderte ihn auf, Schluss zu machen. Anderntags erwarteten sie die Kinder und wollten ihnen etwas Gutes vorsetzen. Er zählte: »503 Gedichte hatte ich auf einen Sitz geschrieben.« Im folgenden Winter habe er 77 Tage lang – Tag und Nacht – an seinem Dschingis-Khan-Roman gesessen und sagte sich, danach werde er eine Pause einlegen. Doch genau zu diesem Zeitpunkt traf eine Nachricht aus Kanada ein, es bedürfe eines Nachworts für seinen soeben ins Englische übersetzten Roman, dann war da noch eine Erzählung (»Das Menschenwild«), eine Autobiographie ... – »Ich schreibe sehr langsam, sehr schmerzvoll, es ist sehr schwer für mich, einen vollendeten Satz zu formulieren, mit dem ich zufrieden bin.«

Damals, als er in der Psychiatrie landete, waren die Weichen für seine dritte Geburt bereits gestellt. Galsan Tschinag schrieb auch nach seiner Rückkehr in die Mongolei weiter Erzählungen über die in die Zentralmongolei zwangsumgesiedelten Tuwiner. Er schrieb auf Deutsch. Die Sprache schützte ihn. Die mongolische Zensur war rigoroser als die Zensur in der DDR, wenn es um ethnische Minderheiten ging. Die Erzählung »Eine tuwinische Geschichte« schickte er Erwin Strittmatter. Sie handelt von einem Tuwiner, der in den Zwanzigerjahren eine Parteikarriere machte und daran so hing, dass er ihr selbst den eigenen Sohn opferte. Strittmatter war begeistert und sorgte dafür, dass sie 1981 in Ostberlin veröffentlicht wurde. Es war Galsan Tschinags erstes Buch; fünfzig, so sagt er heute, will er bis zu seinem Lebensende geschrieben haben.

Sein Erstling wurde das Schlüsselwerk: Kurz vor der Wende verfilmte er die »Tuwinische Geschichte« in der Mongolei. Bald nachdem der Eiserne Vorhang gefallen war, 1992, erhielt er für sie in Deutschland seinen ersten Preis, den Adelbert-von-Chamisso-Preis.

DIE DRITTE GEBURT

Am 23. Februar 1992, dem Tag der Preisverleihung in München, fühlte er sich ein drittes Mal geboren. Er fühlte sich versöhnt, heil geworden und einig mit sich.

Zum einen sah er sich zurück in den Stand seiner Väter gesetzt. »Das Preisgeld war mehr als alle Herden der Großgrundbesitzer zusammen. So wurde ich wieder zum Häuptling im Bewusstsein des Volkes.«

Zum anderen war ihm nun die Aufgabe bewusst geworden, der er sein weiteres Leben unterordnen würde: Er wollte als Botschafter die Welten des alten und des neuen Wissens verbinden, als Häuptling und Dichter und Heiler in einer Person.

Als er zwanzig Jahre davor in Leipzig angekommen war, nistete sich in ihm ein Gedanke schmerzlich tief ein: Er fand sich dumm, rückständig, niedrig, auch im Vergleich zu den Schwarzafrikanern und Lateinamerikanern, und zu den Deutschen sowieso. Er sagte das keinem, aber er fühlte sich so. Deshalb wollte er sein Mongolentum, sein Nomadentum ablegen. Er wollte sich retten, indem er sich vollstopfte mit Wissen und West-Zivilisation. Sein Körper bäumte sich auf und zwang ihn zur Besinnung, doch gerettet und erlöst von seinen nagenden Gedanken fühlte er sich erst, als ihm die »Bayerische Akademie der Schönen Künste« den Adelbert-von-

Chamisso-Preis zusprach. Diese erste Auszeichnung bedeutete nicht nur Anerkennung für ihn als Schriftsteller, sondern wurde zur Brücke und zum Seelenbalsam, der seine Zerrissenheit heilte. Denn diesen Preis kann nur erhalten, wer auf Deutsch schreibt, aber Deutsch nicht als Muttersprache oder als kulturellen Hintergrund hat. Er begriff urplötzlich, dass er ja offenbar doch eine Kultur hatte und dass sein Volk doch kultiviert ist. Und er verstand nun den Unterschied: Es war eben *anders* kultiviert.

»Die Deutschen haben mir damit gesagt, Galsan, du brauchst kein Minderwertigkeitsgefühl zu haben, du bist ein toller Kerl, du weißt viel, du bist gut genug und deine Kultur ist gut genug. Du hast eine große Kultur zwischenmenschlicher Beziehung. Du weißt viel mehr als wir vom Himmel und von der Erde. Du könntest uns ein Vorbild sein. So bist du gut.« Als er dies erkannte, beschloss er, künftig beide Kulturen miteinander zu verbinden. »Diesen Weg gehe ich bis heute und noch weiter. Ich sage nicht, da ist es besser oder dort steht es niedriger und da höher. Ich bin keiner dieser Speichellecker, zu dem Leute aus niedriger entwickelten Ländern oft werden. Ich bleibe immer der Gleiche, ob ich hier stehe oder da – beides ist für mich gut genug, beides ist für mich schön.«

Es bedurfte also offenbar gar keiner globalen Tradition. Die Sprache genügte, um zu vermitteln. Und man musste nicht erst die andere Welt bis in den hintersten Winkel kennen, um das Globale erfassen und leben zu können. »Im Kern sind die Menschen immer gleich und noch immer so, wie sie vor Tausenden Jahren waren. Würde man Menschen entblößen und häuten, es wäre dasselbe empfindliche, Schmerz fühlende Fleisch, dieselbe Hilflosigkeit wie vor Tausenden von Jahren. Nationalität ist nur äußerlich.« Diese Erkenntnis veränderte seine Sicht auf die Welt. »Ich sehe in jedem Menschen meine Schwester und meinen Bruder und in jedem Volk einen Teil meines Volkes. Ich sehe in der Menschheit ein vergrössertes Tuwa-Land, ein Nomadenland. In der ganzen Welt sehe ich die große Mongolei und in der Mongolei sehe ich die verkleinerte Welt. Wer das verstanden hat, der versteht das Meiste.«

Der Chamisso-Preis bescherte Galsan Tschinag und seinem Volk viel Aufmerksamkeit. Es kamen Leute, die Filme drehen wollten. Touristen wollten sehen, wie er lebte. Geld floss. Andere gingen auf die Suche nach Geld, er hingegen hatte das Gefühl, das Geld gehe auf die Suche nach ihm. Er spendete: Für die Tuwa, für die Kasachen, für die Mongolen – für alle, die Hilfe brauchen. »So wurde ich einigermaßen, aber nicht ganz überreich.«

Er lacht.

Irgendwann im Jahr 1994 saß er in einem Münchner Biergarten mit seinem Verleger Albert Völkmann vom A1-Verlag. Ein lustiger und zynischer Mensch, der auch gerne mal übertreibt, sagt Galsan Tschinag. Im Schwebezustand einiger Biere spielten sie sich die Wortbälle zu. Sie redeten über dies und das und über künftige Bücher. Er erzählte, dass er seit der Wende jedes Jahr zehn Tuwa-Familien die Rückkehr in ihre Heimat in die Westmongolei und das Vieh für den Neuanfang bezahle. Viele fänden, das sei rausgeschmissenes Geld. Ihm sei das aber wichtig, um dieses zwangsweise verstreute Volk wieder zusammenzubringen. »Warum tust du das nicht etwas spektakulärer«, fand Völkmann, »nimm Journalisten mit, lade das Fernsehen ein, damit es alle sehen...« – Tschinag unterbrach ihn, hieß ihn schweigen, nahm einen großen Schluck Bier, überlegte einige Sekunden. »Dann sagte ich: Albert, ich mache es.«

Wenige Monate später war die wohl größte Karawane seit Dschingis Khans Zeiten auf dem Weg in die Berge. 139 Kamele, 330 Pferde, 30 Hunde, 16 Hühner, eine Katze, 140 Tuwiner und ein Filmteam des Westdeutschen Rundfunks zogen 62 Tage und 2000 Kilometer weit nach Westen. »Ich will Geschichte machen«, beginnt Galsan Tschinag seine Aufzeichnungen von dieser Expedition (»Die Karawane«). »Ich weiß, was ich tue, und kein Gerede ist imstande, mich von diesem Weg abzubringen.« Man muss verrückt sein für eine solche Expedition. Und man braucht absolutes Vertrauen in sein eigenes Schicksal und in die eigenen Kräfte. Mit diesen Grundvoraussetzungen gelinge meist, was man sich vornimmt, behauptet er: »Mit den Augen, mit denen du auf die Welt schaust, schaut die Welt auf dich.«

Die Mongolei ist bis heute ein Nomadenland. Die kommunistische Regierung wollte die traditionelle Weidewirtschaft in Genossenschaften umwandeln und einen Industrie-Agrarstaat aufbauen. Die Nomaden wurden in den neuen Genossenschaften zwangsangestellt und mussten ihre gesamten Herden einbringen. Der Staat trug das Risiko. Mitten in der Steppe wurden mit sowjetischer Hilfe Betriebe gebaut. Der Sozialismus veränderte das Gesicht des Nomadenlands. Bis dahin zogen große Herden umher, die Hirten betrieben in Jurten Tauschhandel, Nomaden schickten ihre Kinder in zentrale Schulen nach Urga, die buddhistischen Mönche und die Schamanen sorgten für das spirituelle, seelsorgerische Wohl der von tiefer Wundergläubigkeit durchdrungenen Bevölkerung. Nun zählten Planwirtschaft, Technik und marxistische Ideologie; alles, was fremd war, galt mehr als das Nomadische.

Dennoch blieb das Land ein Nomadenland und die Nomadenwirtschaft blieb Haupterwerbszweig: Die Bedingungen der Natur ließen sich durch keine Ideologie verdrängen. Korrupte und behäbige Beamte verzögerten den Reformprozess. Viele Betriebe waren nach der Wende 1989/90, unter marktwirtschaftlichen Bedingungen, chancenlos. Die Kommunisten transformierten sich in eine demokratische Partei, blieben in diesem neuen Gewand an der Macht und privatisierten den Herdenviehbestand. Jeder, ob Lehrer, Krankenschwester oder Bauer, erhielt Vieh. Die meisten dieser frisch gebackenen Viehzüchter hatten keine Ahnung von Viehzucht und mussten in der Folge bald aufgeben, die »echten Viehzüchter« erhielten oftmals weit weniger Vieh, als sie Jahrzehnte zuvor eingebracht hatten. Die industrielle Produktion brach in sich zusammen, Inflation und Staatsverschuldung wuchsen in astronomische Höhen, die Massenarbeitslosigkeit stürzte viele ins Elend, der Grad der Desorganisation und Kriminalität war, wie in allen einstigen Sowjetrepubliken, beträchtlich. Die Stimmung war auf dem Tiefpunkt, als Tschinags Karawane in die Berge zog.

Das war 1995, ein Jahr später brachten Wahlen die innere Wende. Die ehemaligen Kommunisten mussten in die Opposition, allmählich griff der Reformprozess. Weitere zehn Jahre später zog beinahe jeder zweite Mongole wieder als Nomade umher. Mancher fährt heute mit dem Geländewagen oder mit dem Motorrad durch die Wüste, an immer mehr Jurten hängen Satellitenschüsseln. Viele haben begriffen, dass ein Leben in der Stadt nicht automatisch Wohlstand bedeutet. Ein Angestellter mit einem Durchschnittsgehalt verdient weniger als ein Hirte, der eine Ziegenherde mit 200 Stück Vieh betreut.

Die tuwinischen Nomaden gelten als eines der ältesten Stammesvölker. Ihre Geschichte reicht wohl eineinhalbtausend Jahre zurück. In der Russischen Föderation lebten 1989 rund zweihunderttausend Tuwiner, in China zweitausend. In der Mongolei schätzt man die Zahl auf viertausend. Galsan Tschinag hielt Wort, er schrieb ihre Geschichte: Den Treck, der im Sommer 1995 in die Berge zog, finanzierte er aus dem Erlös seiner Bücher und Lesereisen; seine Sippe lebt wieder zu Hause im Weideland des Altai; der Film und sein Buch zögern hinaus, dass sein vom Aussterben bedrohtes Volk vergessen wird.

Während diese Karawane zum Medienereignis wurde, an dem die Menschen via Satellitenverbindung sowohl aus dem mongolischen Fernsehen als auch aus dem deutschen Rundfunk direkt Anteil nahmen, ernüchterte der Expeditionsleiter: Der »postkommunistische Vulgärkapitalismus« habe aus den »gutmütigen, selbstlosen Mitgliedern einer Urgesellschaft« viele unübersehbar trunksüchtige, egoistische, verlogene und korrupte Zeitgenossen gemacht. Kaum auf dem Weg, grollte Galsan Tschinag in seinem Reisetagebuch: »Ob diese der Trunksucht verfallenen, von den Segnungen der neuzeitlichen Kultur westlicher Prägung noch nicht erreichten, von ihrer teuflischen Macht jedoch längst angehauchten Menschen auf dem Fleck Erde, die dem Wesen nach noch die alte ist, die Heimat finden werden? Vielleicht trage ich mörderische Bazillen zu dem archaischen Körper?!«

Verlass sei vor allen Dingen auf die Frauen, die »neuerdings überall in mongolischen Landen mit den untauglichen Männern alles Schwere auf ihre zarten Schultern nehmen müssen«, während die Nomadenmänner sich »darauf beschränkt haben, ihre Ehefrauen zu schwängern, sie zu bevormunden, und dafür von ihnen noch bedient und gefüttert werden«.

Einige Jahre später, in der Novelle »Dojnaa«, setzte er den Frauen ein Denkmal: Die Geschichte erzählt von einem Mädchen, dem schon in ihrer Hochzeitsnacht klar wird, dass sie nicht zu diesem trunksüchtigen Weiberhelden passt, den sie soeben ehelichte. Nach Jahren voller Erniedrigung schlägt sie ihn mit einem Baumstamm nieder, er flüchtet. Doch ihr Kampf endet noch nicht. Will sie frei leben, muss sie sich erst noch gegen jene Männer durchsetzen, die in ihr nun »Freiwild« sehen …

Auch Galsan Tschinag lehnt sich nicht zurück. Er beendet sein Buch »Die Karawane« mit einem Satz, in dem er sich einmal mehr auf Ludwig van Beethoven bezieht: »Ich werde bei allem Frieden, den ich nach außen pflegen muss, nicht aufhören, nach der Wildheit in mir zu schüren, auf das Schicksal zuzugehen und bei Notwendigkeit ihm, wie der große Meister es einmal genannt hat, in den Rachen greifen.«

Zurück aus dem Tunnel: Das zweite Sterben

Als das Buch über die Expedition veröffentlicht wurde, war Galsan Tschinag bereits tot gewesen.

Er hatte sich erneut zu sehr verausgabt. Zusammen mit drei Männern hievte er ein 800 Kilogramm schweres Kamel auf einen Lastwagen und renkte sich das Schlüsselbein aus. Doch er fuhr stur und, wie er im Rückblick einräumt, von Stolz angefeuert, weiter, statt zum Arzt zu gehen. Er nahm an, es handele sich um eine Zerrung. Es tat höllisch weh. Er fand aber, dafür sei jetzt keine Zeit. Einhändig fuhr er, die andere Hand an die schmerzende Brust gepresst, seinem Volk voran in die Berge. Er ignorierte auch den Knoten, der sich danach bildete und in dem er laut seinem Reisetagebuch ein Krebsgeschwür vermutete. Was war das schon gegen die blauen Fahnen, die die Leute zu ihrer Begrüßung aufgehängt hatten, gegen die Festspeisen, gegen die Ehren, gegen den Ehrgeiz, es ans Ziel geschafft zu haben...

Am 31. August 1995 um 11 Uhr wurde er operiert. Er starb.

Seine Frau war erste Köchin der Mongolei. Kam hoher Besuch, stand sie in der Küche, befehligte ein Heer von Saucenmachern, Salatschneidern, Suppenköchen, Fleischbratern, Süßspeisenexperten und Gehilfen und servierte die Speisen. An jenem Tag, als ihr Mann auf dem Operationstisch lag, bediente sie den Dalai Lama. Sie reichte ihm nicht das Essen, sondern sie warf sich ihm zu Füßen. Er hieß sie aufstehen und sie klagte ihm ihre Sorge. Er gab ihr von seiner Suppe mit dem Auftrag, diese ihrem Mann einzuflößen.

Sie trat in sein Krankenzimmer. »Ich war ganz ferne, sah mich in einem Tunnel voller Licht, alles war wunderschön«, erinnert er sich. »Als ich eine Hand spürte und die weißen Arztkittel sah, war ich enttäuscht wie ein Kind.« Er wollte keine Suppe haben, er wollte gehen. »Schließlich aß ich sie doch. Meiner Frau zuliebe blieb ich. Aber ich fühlte mich um das Himmelreich betrogen.«

Sechs Tage später wurde Galsan Tschinag aus dem Krankenhaus entlassen. Seine Frau organisierte ihm eine Staatslimousine. Als er am Hotel vorfuhr, kam gerade der Dalai Lama die Treppe herunter, auf dem Weg zum Flughafen. Sein Dolmetscher, der Galsan Tschinag kannte, stellte ihn ihm vor als einen Schriftsteller, der auch in fremden Sprachen schreiben könne. Der Dalai Lama horchte auf, sie kamen ins Gespräch. Galsan Tschinag erzählte ihm, wie er geheilt wurde. Geheilt auf schamanische Weise. Und geheilt durch Schulmedizin.

Als er aus dem Koma erwachte, notierte er sich zwei, drei Wörter und schlief wieder ein. »Ich habe noch einen Monat daran in Gedanken weitergebastelt.« Dann schrieb er »Der Wolf und die Hündin« nieder. Diese Geschichte handelt von einem Paar, das sich verausgabt hat. Weil sie ein gesundes Pferd jagten und kein etwas schwächeres, verloren sie ihre letzte Kraft. Erschöpft und mit vollem Bauch wurden nun sie gejagt, von Jägern und von Schamanen. Sie starben, doch es hörte nicht auf. Sie flogen durch einen lichtüberfluteten Tunnel. »Wind flötete, Wald rauschte, Gras raschelte...«, vereint, auf ewig.

Galsan Tschinag nennt das schmale Bändchen die Aufzeichnung einer schamanischen Sitzung, wie auch Beethovens 45. Sinfonie, und wie Goethes »Faust«. Porträtbilder von beiden Künstlern hängen über seinem Schreibtisch in Ulan-Bator. »Goethes ›Faust‹ ist ein riesengroßer Schamanengesang« sagt Tschinag, »ich weiß nicht, ob er das so genau wusste, als er das schrieb. Aber er muss es geahnt haben. Was hat eine Szene wie die Walpurgisnacht in einem solchen Drama zu suchen? Der muss verrückt gewesen sein, abgehoben, in Trance, als er diese Szene schrieb und einbaute. Diese Szene ist ja eigentlich sinnlos – und wunderbar. Kein Mensch versteht, wenn irgendwo auf einer Theaterbühne die Walpurgisnacht gespielt wird, aber alle sind berührt, gereinigt, geläutert, geschärft, gewürzt. Und wenn man aus einer ›Faust‹-Aufführung kommt, ist man sehr ermüdet, überfordert. Aber man kommt geheilt heraus.«

» ... EINES TAGES SCHLAFE ICH AUS
UND DANACH STERBE ICH«

Ein Schamane muss alle seine Antennen ausfahren, sagt Galsan Tschinag: »Er muss immer wach sein.« Ihn lässt die Verantwortung, die er empfindet, nicht zur Ruhe kommen. Er schläft sechs Stunden in Europa, fünf in Ulan-Bator und vier im Altai, um fit für die weiteren Stunden des Tages zu sein. Ausgeruht ist er nie. Als Student verschob er den Schlaf auf den

Sonntag und dann auf das Ende des Studiums, mittlerweile auf irgendwann. Immer verspürt er Pflichten und Aufgaben, die zu erledigen sind.

Galsan Tschinag fühlt sich in gleich mehrfacher Weise verantwortlich: für sein Volk, das er weiterhin mit Spenden unterstützt. Für die Mongolen, für die die deutsche Sprache ebenfalls eine Tür in die westliche Welt öffnen soll; einer seiner Söhne baut zurzeit in der Mongolei einen deutschsprachigen Radiosender auf. Für die Deutschen und damit für alle Menschen hüben und drüben der Brücke, die er zwischen den Welten und Zeiten baut. Mit jedem Auftrag, mit jeder Aufgabe, mit jeder Auszeichnung (1995 erhielt er den Puchheimer Leserpreis, 2001 den Heimito-von-Doderer-Preis, 2008 den Literaturpreis der Deutschen Wirtschaft und 2009 den Europäischen Trebbiapreis) wachse seine Verantwortung und seine Heimat. »Über die Zeit wird die Erde und dann das ganze Universum zu meiner Heimat.« Er ist überall zu Hause, aber nirgendwo ganz und wirklich, erzählt er. Im Altai vermisst er die Zivilisation und im Westen die Steppe. Dort schweigt er lieber, hier redet und redet er. Dorthin, in die Steinzeit, in der sein Volk lebt, will er Licht bringen, ohne die Wurzeln zu beschädigen. Hierher will er altes Wissen für ein möglichst heiles Leben tragen. In beiden sieht er sich als »Aufklärer wie Herder, wie Goethe und Schiller«.

Geboren in den archaischen Osten, berufen zum Schamanen, geformt durch den modernen Westen, tritt Galsan Tschinag auf als Botschafter, Dolmetscher und Brückenbauer, der zwischen den Welten reist.

Er reist im diplomatischen Dienst für ein Volk, das sich beinahe zerreibt zwischen zivilisatorischer Anpassung und Auflehnung – schonungslos ausgeliefert zunächst dem Zugriff der Sowjetunion auf die mittelasiatischen Völker und nun den Fängen eines rücksichts- und verantwortungslosen Wirtschaftsliberalismus amerikanischer Prägung, der Korruption und Gier wuchern ließ. Er erbringt auch einen diplomatischen Dienst für eine Welt, die laut seiner Beobachtung hochmodern und satt ist, aber ihre Seele hungern lässt. Er übersetzt als Schamane die Naturkräfte, als Dichter und Sänger die Geschichten seines Volkes und als Häuptling die Anforderungen der Moderne. Er baut an der Brücke zwischen den Welten, über die das Wissen der einen Welt in die andere gelangt und umgekehrt.

Sein Werkzeug ist die Sprache. Die 35 Buchstaben des Mongolischen und 26 des Deutschen feilen und formen die Steine für diesen Brückenbau. Sprache und Berührung sind Werkzeuge seiner Art schamanischer Heilerei, die er »Heilen durch Worte« nennt. Die Sprache und die fantasievollen Bilder, die er durch sein Weltenwandeln aus sich schöpft, verschaffen ihm eine mächtige Wirkung.

Manchmal, wenn auf seinem Laptop-Bildschirm die Buchstaben zu tanzen beginnen und die Augen brennen, träumt er von der Zukunft. Von der Zeit, in der er zum Weltschamanen gewachsen ist. »Mit 85 Jahren werde ich dieses Ziel erreichen«, kündigt er an: »Ich wirke dann 1000 Tage als Weltschamane, dann schlafe ich aus, und danach sterbe ich.«

»DER FELS IST IN MIR« –
EIN GESPRÄCH ÜBER REISEN
DURCH RAUM UND ZEIT,
ERSTE FLÜGE ALS SCHAMANE
UND DIE FLÜGEL DER SPRACHE

Ihr Leben begann, wie es die Schamanin, Ihre Großtante, vorhergesagt und empfohlen hatte, und ziemlich ungewöhnlich auch für in Ihrem Volk übliche Verhältnisse. Wie fing alles an?

Ich weiß nicht einmal das Jahr, in dem ich geboren bin. Kein Mensch durfte das wissen. Denn vor mir waren Zwillinge verloren gegangen. Zwei Jungen. Sie starben nach zehn Tagen. Meine Eltern waren sehr traurig. Wenn jemand stirbt, kommt am siebten Tage danach immer die Schamanin. Wir hatten ja eine eigene Schamanin in unserem Stamm. Sie schaute in ihren Spiegel hinein und hat die Ankunft eines kleinen Jungen in Aussicht gestellt. Sie sagte, trauert bitte nicht, der wird sehr bald kommen. Er wird in einem Körper kommen, doch mit den Leiden von zweien. Deshalb sollt ihr den Jungen verstecken vor den Augen der Welt und er darf keinen Namen bekommen. Kein Mensch darf wissen, dass er kommt und versteckt ihn so lange wie möglich. Kümmert euch selbst auch nicht um ihn. Er wird es überleben. Als ich kam, wickelte man mich in einen Fetzen Schaffell, und wenn von mir die Rede war, sprach man nur vom »Inhalt des Felles«.

■ *Wie lange ging das so?*
Wohl zwei Jahre nach meiner Geburt muss es gewesen sein, da bin ich eines Tages aus der Jurte herausgetanzt. Die Leute haben gefragt: Wem gehört der kleine Junge? Und meine Eltern sagten: Den haben wir in der Steppe gefunden.

■ *Wann haben sie die wahre Geschichte erzählt?*
Viel später. Aber mir haben sie nie alles verraten und auch nie gesagt, wann genau ich zur Welt kam. Und jetzt sind sie ja gegangen und es gibt nun keinen Zeugen mehr, der mir erzählen könnte, wie ich geboren worden bin.

■ *Ihre Eltern waren damals für Tuwiner mit 37 Jahren schon recht alt, Sie blieben ihr letztes Kind. Wie wurden Sie erzogen?*
Ich durfte fast alles. Ich habe das unverschämte Glück, Jüngstkind zu sein. Das ist in Asien, in der nomadischen Kultur ein ganz großes Glück. Die dürfen alles.

■ *Aber Sie waren es, der in die Welt hinausmusste, nicht Ihr ältester Bruder, der Erstgeborene.*
Nach der zehnten Klasse, als ich als erwachsen galt, verkündete mein Vater in einer Runde bei Tee und einem Essen: »Du bist des Volkes Kind, dein älterer Bruder aber ist unser Kind. Wenn wir alt werden und Hilfe benötigen, brauchst du nicht zu kommen, dann kommt er. Du kümmerst dich um das Volk.«

■ *Wollten Sie das?*
Wenn mein Vater mich nicht weggeschickt hätte, wäre ich geblieben. Ich wollte nicht gehen. Ich wollte damals einfach nur Hirte werden, träumte von einer großen Herde, von einer eigenen Jurte, von einem Jagdgewehr und einem schnellen, schnellen, schnellen Pferd. Ich wollte sein, wie die anderen auch.

■ *Damals gab es bereits eine weitere Verfügung: Ihre Großtante, die Schamanin Pürwü, bestimmte, dass Sie ihr Nachfolger werden.*

Ja, obwohl sie selbst 15 Kinder hatte. Ich war das Jüngstkind des Häuptlings aus der Nachbarjurte. Doch sie wollte mich und nahm mich auf den Schoß. Ihre eigenen 15 Kinder, von denen nur neun überlebten, waren wie vergessen. Sie fing an, mich auszubilden. Ich durfte alles machen, was die Schamanin machte. Kinder dürfen sonst eigentlich nichts anrühren, was der Schamanin gehörte. Ich schon. Wenn die Schamanin schamante, durfte ich an ihren Wedel fassen. Wenn ein Kranker symbolisch geschlagen wurde, hieß sie mich, ihn zusammen mit ihr zu schlagen – und das tat ich natürlich tüchtig. Ich sprang auf, wenn sie aufsprang, sang, wenn sie sang, und schrie, wenn sie schrie.

■ *Erhielten Sie auch eigene Aufgaben?*

O ja. Und meine allererste Aufgabe war zunächst mehr als traurig: Ich sollte einen Felsen anschreien. Man muss sich vorstellen, ein vier-, fünfjähriges Kindchen wird vor einen Felsen gestellt und ihm wird gesagt: Singe den Felsen an und sag, was der Felsen dir sagt. Das ist eine sehr schwierige Aufgabe. Ich habe mich also vor den Felsen hingestellt und sie hat mir zwei Verszeilen gegeben. Die Melodie dazu sollte ich selber finden. Es waren Verse über den langen schwarzen Fluss und den hohen schwarzen Berg. Zu dem Fluss sagen wir Großmutter, zum Berg Großvater. Und so sollte ich, diese Worte benutzend, den Felsen ansingen. Sie stellte mich vor den Stein und sagte: »Fang an«. Ich habe eine Zeitlang gezögert. Weil ich aber den strengen Blick des erwachsenen Menschen fürchtete, fing ich an.

(Er steht auf, legt seine Brille ab: »Die stört. Zeitlebens habe ich keinen bebrillten Schamanen gesehen. Obwohl bestimmt auch manche kurzsichtig sind.« Dann singt er. Sonor. Mit geschlossenen Augen...)

So ungefähr geht das. Doch der Felsen antwortete mir nicht. Ich hörte nichts, einfach nichts. Und irgendwann wurde ich ärgerlich auf den Felsen: Dieser dumme, taube, tote Fels. Aber die Schamanin, die Lehrerin, sie ließ nicht ab. Sie blieb hart.

■ *Wie lange ging das so?*
Die nächsten Tage sang ich weiter und weiter, bis ich heiser war. Ich blieb dran, obwohl ich manches Mal liebend gerne mit den anderen Kindern gespielt hätte. Ich sang und sang. Gegen Ende des Sommers hörte ich eines Tages die Stimme des Felsens, die Stimme des Steines. Erfreut und erstaunt – und fast auch ein wenig gekränkt, stellte ich fest: Das ist ja meine eigene Stimme! Der Felsen hat nicht dort gestanden, sondern in mir! Ich hatte meine eigene innere Stimme gehört! Ich hatte plötzlich meine Innenlandschaften entdeckt! In diesem Augenblick wusste ich: Jetzt hast du den Schlüssel. Da bekam ich große Lust an der Schamanerei. Ich war Feuer und Flamme. Ich war ja lange sehr gepeinigt. Und da kam dieser Trancezustand. Ich hob ab, plötzlich ging ich aus mir heraus und hörte diese Stimme. Da wusste ich: Ach so ist das. Das ist kein Betrug, es gibt das alles tatsächlich. Seitdem kann ich das.

■ *Es soll einen sechsten Sinn geben, der bei Tieren noch vorhanden ist. Er lässt sie zum Beispiel ein nahendes Erdbeben frühzeitig spüren und fliehen, während die Menschen in ihren Häusern sitzen und noch nichts bemerken. Bewahrten sich die Schamanen diesen sechsten Sinn?*
Ja. Doch ob das nun der sechste Sinn ist oder der neunte, ist egal; es ist ein weiterer Sinn, der Übersinn, der Hintersinn, der eigentliche Sinn. Der Schamane will ja, wenn er anfängt zu schamanen, nicht mehr die äußere Welt vor Augen sehen. Deshalb hat er Fransen an seiner Mütze vor den normalen Augen. Er will, dass diese blöden, glotzenden Augen nun schweigen, und gleichzeitig sein inneres Auge öffnen. Viele Leute glauben, das sei Magie. Doch das ist es eben nicht.

■ *Sie schilderten, dass Sie sich aus Ihrem Körper hinaus bewegen. Sie erzählen, dass Sie über endlose Entfernungen Kontakt halten und aufnehmen können – zu Patienten ebenso wie zu Ihrer verstorbenen Tante. Ist dieses Überwinden von Raum und Zeit eine schamanische Fähigkeit? Wie erklärt sich das?*
Schamanen sind nicht gerade bescheiden. Alle Künstler sind unbescheiden. Nur durch Unbescheidenheit kommt man zu künstlerischen Spitzen-

leistungen, bescheidene Künstler braucht keiner. Durch das Handy kennt jeder, dass man sich in wenigen Sekunden fast überallhin verbinden lassen kann. Angeblich funktioniert dies über elektromagnetische Wellen. Doch vielleicht sind das keine Wellen, sondern lauter kleine Teufelchen ... – wir Schamanen haben schon vor tausend Jahren gesagt, wir können in wenigen Augenblicken Tausende Berge überfliegen. Wir wussten immer, dass solche Verbindungen möglich sind. Wir hatten nur keinen Namen. Das ist genauso wie bei Gott. Wir haben für den europäischen »Gott« keinen eigenen Namen, doch für uns existiert ebenfalls ein höheres Wesen. Zumindest hielten wir es schon immer für möglich, dass das so ist.

▪ *Offenbar gibt es für Schamanen keine Grenzen und kein Maß – und wohl auch keine Ruhe?*
Ein Schamane ist einer, der maßlos übertreibt und maßlos untertreibt. Er ist ein Schizophrener, der mal hierhin und mal dorthin geht. In einer Gefühlswallung. Das war bei mir immer typisch. Zuerst war ich sehr traditionell. Ich wollte nur Hirte sein. Dann wurde ich sehr fortschrittlich, wollte den Feudalismus zerstören, den Betrug der Lamas und Schamanen aufdecken. Ich war ein Jungsozialist, künftiger Kommunist und schrieb viele vaterländische Gedichte. Und ich wollte, natürlich als großer Dichter, schon mit 27 Jahren sterben.

▪ *Wie Michael Jurjewitsch Lermontow, der Dichter romantischer Literatur in Russland, den Sie damals sehr bewunderten. Warum verließen Sie diesen Pfad?*
Irgendwann nach dem Abitur habe ich alle meine Gedichte nochmals gelesen. Ich hatte viele Hefte vollgeschrieben. Plötzlich erkannte ich: Ich war kein großer Dichter. Diese Gedichte waren sehr mittelmäßig, sie waren um keinen halben Kopf größer als die anderen mongolischen Gedichte.

▪ *Wie haben Sie reagiert?*
Ich habe alles verworfen und alle verbrannt. Und schwor mir, nie wieder mit Gedichten und ähnlicher Verlogenheit Lebenszeit zu verlieren. Ich

wollte dann Wissenschaftler werden. Deshalb kam ich nach Leipzig. Ich hatte plötzlich Ehrfurcht vor Titeln und wollte auch welche haben. Als Student im ersten und zweiten Studienjahr bin ich oft in den Gängen gestanden und habe nur die Titel der Professoren betrachtet: Prof *Punkt* Dr *Punkt* h *Punkt* c *Punkt* Wolfgang Schneider. Und dann habe ich gedacht Prof. Dr. h.c. Galsan Tschinag. Och, das hat mir gefallen! In jenem Augenblick habe ich dann noch eine Sache verstanden: Ich war sehr dumm. Ungebildet. Die anderen – junge Leute aus siebzig Ländern der Erde, ja, selbst aus Afrika –, die anderen in diesem Schmelztiegel, am Herderinstitut Leipzig, die waren hingegen sehr gebildet. Der eine sprach Französisch, der andere Englisch. Sagte der Lehrer »Situation«, verstanden alle – situacion, situation, . . . – nur ich saß da. Verloren. Ich hatte keinen Namen für dieses Wort »Situation«. Wenn es um Holz geht, um Stein, um Leben, um Tod, dann verstehe ich. Aber »Situation« und derlei abstrakte Begriffe sagten mir nichts: Ich hatte keinen Namen dafür und keine Bilder. Da sagte ich zu mir: Mein Lieber, so geht das nicht. Du bist der Dümmste von allen. Es gilt erst einmal zu lernen, alles, was lernbar ist.

■ *Sie empfanden offenbar die Lücken als riesengroß. Hatten Sie Angst, diesem Vorhaben, alles aufzuholen, was die anderen bislang in ihrer Schulzeit gelernt hatten, zu erliegen oder gar daran zu scheitern?*
Aber nein. Der kleine Schamanling blieb ja immer in mir. Und der ist eben kein bescheidenes Wesen. Ich traute mir alles durchaus zu. Und ich hatte große Vorteile.

■ *Welche?*
Ich hatte nie Zweifel an meinen Stärken und habe sie sofort erkannt, das war meine Rettung. Ich hatte das Glück, ein halbleeres Gefäß zu sein. Ich war noch nicht gebildet, hieß auch, ich war noch nicht verbildet. Ich war das Naturwesen, das menschliche Gras, das angefangen hatte, stark zu wachsen. Die anderen, egal, woher sie kamen, waren zu viel informiert und bereits verbildet. Ihr Kopf war voll von allem möglichen modernen Schund – sie waren ein volles Gefäß.

■ *Sie hatten, wie es einer Ihrer zeitweiligen Vorbilder, der Dichter und Univer-salgelehrte Michail Wassiljewitsch Lomonossow, für sich formulierte, einen ausgeruhten Kopf. Inwiefern brachte Ihnen das Vorteile zum Beispiel beim Lernen der deutschen Sprache?*

Die anderen haben Vokalen wortweise gelernt, ich lernte sätzeweise. Ich brauchte nur hinzuhören und sie blieben drin, eben weil ich ja noch halb-leer war. Ich war wissensdurstig und sog alle Sätze ein. Dabei musste ich noch dazu erst mal die lateinischen Buchstaben lernen. Anfangs fühlte ich mich schon sehr verloren. Doch es dauerte gar nicht lange, dann ver-stand ich schon ziemlich viel auf Deutsch.

■ *Das Tuwavolk kennt zwar keine Schrift, aber eine Bildersprache. Sie be-sprechen das Feuer in Sprachreimen, erzählen Epen. Inwiefern halfen Ihnen Bilder, Sprache zu erfassen?*

Ich lernte vielleicht auch deshalb nicht nur aus dem Wörterbuch und aus meinem blauen Lehrbuch, wie viele andere Studenten, sondern überall: Nahm viele Bilder auf, die ich sah: Straßenschilder, Verbotstafeln.

■ *Welche Rolle spielt die Sprache für Schamanen?*

Ein Schamane greift aus der Luft, aus dem Nichts Verse und kleidet sie ein. Er ist Wort-Dichter und Ton-Dichter gleichzeitig und er beschwört damit Leute, er bringt sie in einen Rausch – und vor allen Dingen zuerst mal sich selber.

■ *Wann entdeckten Sie für sich Ihre schamanische Sprachmacht?*

In meinen Studienjahren hatte ich diese Schule längst und sehr gut ab-solviert.

Damit fing ich ja an in meiner frühen Zeit als schamanischer Lehrling. Ich war als Kind schon ein sehr guter Kinderschamane. Wir Kinder trafen uns draußen in der Steppe mit den Lämmerherden. Alle saßen um mich herum, richteten ihre Fragen und Sorgen an mich und ich schamante, verteilte Rezepte und behandelte sie, wenn sie sich verletzt hatten oder Kopfschmerzen bekamen von der grellen, heißen Sonne.

■ *Und dann kamen Sie in die Schule. Was änderte sich da?*
Ich lernte das mongolische Alphabet, seine 35 Buchstaben, die ersten
Worte. Das waren aufregende Augenblicke. Der Schamane beginnt alles
mit der Anrufung der großen Geister – der Schüler wie der große, alte
Schamane. Als Erstes ruft er die großen zehntausend Geister an.
(Er singt, übersetzt dann das Gesungene.)
Oh ihr großen Geister, steht mir bei, nehmt mich an den Händen und
führt mich. Ich möchte in die Weite, in die Tiefe, in die Höhen, in die
Finsternis, durch die Lichter, führt mich. So ungefähr geht das. In der
Schule habe ich dann plötzlich verstanden, dass ich meine Gesänge mithilfe dieser 35 Buchstaben festhalten konnte. Ich dachte, nun habe ich zu
den zehntausend Geistern des Schamanen noch 35 neue Geister, also
zehntausendundfünfunddreißig. Als ich in der zweiten Klasse war, erschienen meine ersten Gedichte an der Schulwandzeitung. Ab da war ich
der Dichter. Es war ein heiliger Augenblick für mich, als ich mein erstes
Gedicht an der Schulwandzeitung las. Ich war stolz und habe gleich an
weiteren Gedichten geschrieben...

■ *Als Sie in Leipzig ankamen, hatten Sie soeben Ihr Ziel verworfen, ein großer*
mongolischer Dichter zu werden. Sie fühlten sich als Mensch ohne eigene
Kultur. Doch es gab jemanden, der sich für Ihr Land und für Ihr Volk in-
teressierte: Erika Taube, eine Volkskundlerin, wollte genau diese Kultur, die
Sie selber gar nicht mehr sahen, festhalten. Deshalb sollten Sie ihr Tuwinisch
und Mongolisch beibringen und noch manch anderen Dienst leisten. Inwie-
fern wurde diese Begegnung zur Kehrtwende?
Ich fand mich kulturlos, weil die anderen Klavier spielten, es in unserer
Kultur aber kein Klavierspiel gab, und weil sie Gemälde hatten und wir
nur unsere Felszeichnungen vorzuweisen haben. Dann kam diese Feld-
forschung. Ich war ja nur der Gehilfe. Aber der, der alles machte. Sie gab
mir Anweisungen, obwohl sie die Sprache nicht konnte. Wann ich etwas
auf Band aufnehmen sollte, was ich transkribieren sollte, wen sie sprechen
wollte. Das wurde meine wirklich große Universität. Entscheidend war
der Augenblick, als ein alter Mann sein Epos sang. Er war vielleicht drei

Tage nicht gewaschen, saß aber da wie ein Hügel und sang und sang, drei Tage lang.

(Er singt.)

Wenn man drei Tage lang einem solchen Gesang zugehört hat, fängt man nachts an, davon zu träumen. Ob man nun Holz spaltet oder was auch immer macht, ständig lebt man in dieser Geschichte, die er da sang. Das war meine Rettung. Plötzlich habe ich erkannt: Auch wir haben Kultur, nur anders. Ich könnte, wenn ich fleißig bin und gut genug, diese Kultur den Leuten sichtbar machen. Deshalb bin ich dieser Dame letzten Endes sehr dankbar, dass sie mich damals, sagen wir mal, so schamlos ausgebeutet hat.

■ *Erstaunlich ist für viele, dass Ihnen die deutsche Sprache so ans Herz gewachsen ist.*

Sie hat mich adoptiert. Ich war der Einzige aus der Mongolei an der Universität. Die Vorlesungen waren furchtbar langweilig. Auch wieder zu meiner Rettung. Denn dann beginnt man zu beobachten, während der Herr Prof. Dr. Dr. vorliest: Wo sitzen hübsche Mädchen? Und wo sitzen große blonde wohlgenährte deutsch-germanische Männer? Und die Ausländer, die Schwarzen, je schwärzer desto toller, wurden ja von den Mädchen damals richtig vergöttert. Nur für mich gab es niemanden, ich wurde von keinem Mädchen gesehen. Die waren asiatenblind.

Aber man will ja eben auch gefallen. Ja, und dann kennt man da ein bisschen die deutsche Sprache, versucht, ein kleines Verschen zu machen, schnippst das einem Mädchen zu, das einem gefällt – und, ja, dann plötzlich sieht sie einen! Das spricht sich herum. Und eines Tages sah ich plötzlich in der Uni-Zeitung meine Gedichte …

■ *Wenige vermögen, in einer fremden Sprache zu schreiben. Wie gelang Ihnen das?*

Was heißt fremd? Ich bin von dieser Sprache ja adoptiert. Das ist auch der Grund, weshalb ich vor der deutschen Sprache eine so heilige Ehrfurcht habe. Sprache ist die Luft, die ich als Dichter atme. Ich habe hei-

lige Ehrfurcht vor jeder Sprache und vor jedem Wort. Ich behandle die
Wörter wie Heiligtümer. Ich will Wörter nicht gedankenlos in den Mund
nehmen. Ich will sie vielmehr herbeibeschwören. Je früher, desto lieber.
Deshalb stehe immer um vier Uhr früh auf. Da sind die Geister am kri-
tischsten.

■ *Die DDR war sozialistischer Bruderstaat, doch nicht der einzige. Und zu-*
mindest auf den ersten Blick war die dortige Gesellschaft nicht gerade eine,
die der Natur und der Mystik besonders verbunden war. War diese Ent-
scheidung für Deutschland bloß eine nüchterne Abwägung, gar eine be-
wusste Abkehr?
Nein. Mich zogen die alten germanischen Geister an, sie lockten mich
nach Deutschland. Und die Schamanin bestärkte mich: Sie sagte, geh
zu diesen Geistern, lerne in deren Sprache zu schamanen. Früher war es
ja anders in Deutschland. Die Germanen hatten große schamanische
Geister. Sie sind ewig, sie sind geblieben in diesem Land, sie stecken in
den Landschaften. Nur sind viele in Deutschland sich dessen nicht bewusst. Wir hingegen erleben das Schamanentum immer noch lebendig
und frisch.

■ *Als Sie 1968 aus Leipzig in die Mongolei zurückkehrten, übernahmen Sie*
eine Lehrverpflichtung für deutsche Sprache und Literatur. Sie wollten die
deutsche Sprache dort zur zweiten Fremdsprache machen.
Ich war an der staatlichen Universität angestellt und unterrichtete noch
an vier weiteren Hochschulen. Ich hatte in der Woche 52 Stunden und
musste von einer Hochschule zur anderen gefahren werden, um das Pensum zu bewältigen. Selbst am Sonntag unterrichtete ich – zehn Stunden.
In jenen Jahren kamen meine vier Kinder zur Welt, meine Frau musste
hart arbeiten, ich habe zudem zehn Bücher übersetzt und meine entschei-
denden Buchmanuskripte geschrieben. Wie das alles gelungen ist, das
weiß ich nicht. Ich muss wahnsinnig gewesen sein, muss im Rausch gelebt
und gekämpft haben wie ein Wolf. Ich wollte durch die Wand und beweisen, dass in mir etwas steckt.

◼ *Tatsächlich aber wurden Sie bald entlassen und mit einem Berufsverbot behängt, letztlich wegen Ihrer schamanischen oder auch tuwinischen Religionsauffassung. Was wurde Ihnen vorgeworfen?*

Ich hatte gesagt, es reicht nicht zu behaupten, es gibt Gott nicht. Wenn es ihn nicht geben sollte, muss man wissenschaftlich beweisen, dass es ihn nicht geben könnte. Das war für die Ideologen zu viel. Obwohl das eine klitzekleine Lächerlichkeit war. Ich hatte ja auch gar nicht behauptet, es gebe Gott. Aber diese Leute hatten erst Ruhe, als sie mich von der Universität vertrieben hatten.

◼ *Spielte es auch eine Rolle, dass Sie der tuwinischen Minderheit angehörten?*

Es war schon immer so: Wer einer Minderheit angehört, hat es schwer. Das wird wohl immer so bleiben.

◼ *Haben Sie darunter gelitten?*

Sicher leide ich darunter. Aber es hat auch gute Seiten. Ein Amerikaner hat alles, vor allem aber hat er immer recht; Amerikaner sein verlangt von den Menschen nichts weiter. Auch ein Russe oder ein Chinese hat immer recht. Als Mitglied einer Minderheit hingegen muss man Einsatz bringen. Man muss beweisen, dass man nicht schlechter, nicht dümmer ist als die anderen. Das schleift einen und schärft einen.

◼ *Wie ging es weiter?*

Das Gute war: Im Sozialismus durfte ja keiner arbeitslos sein. Also musste ich ja arbeiten. Ich wurde Journalist. Im Sozialismus waren die Journalisten hoch angesehen und gefürchtet. Ein Journalist galt fast mehr als ein Politiker. Wenn über ein Kollektiv etwas in der Zeitung stand, hatte das Folgen – je nachdem, ob es Kritik oder Lob war. Wurde ein Kollektiv kritisiert, wurde dessen Chef daraufhin mit ganz hoher Wahrscheinlichkeit abgelöst.

◼ *Wie frei konnten Sie da schreiben?*

Gar nicht frei. Aber ich konnte den Spieß umdrehen gegen die Leute, die mich entlassen hatten. Das stimmte mich insgeheim schon ein wenig schadenfroh. Ich begriff rasch, wie die sozialistische Journalistik funktioniert. Dadurch konnte ich mir auf diesem Gebiet ziemlich schnell den bekannten Namen schaffen, den ich so unbedingt wollte.

■ *Was verstehen Sie unter sozialistischer Journalistik?*
Erstens Parteilichkeit, das heißt, der Bericht muss nicht wahr sein, aber staatstragend. Zweitens Volkstümlichkeit. Drittens Privilegien, wie ich sie als Universitätsdozent nie hatte. Nun stellte man mir sogar ein Fahrzeug zur Verfügung.

■ *Mussten Sie dafür auch ein Stück weit Ihre Seele verkaufen?*
Ja, das muss man. Ich verstehe Goethes armen Faust. Ich habe in diesem Leben auch viele Male paktieren müssen.

■ *Sie hatten sich zwar gerade so im Journalismus eingenistet. Doch letzten Endes war damit ja der Druck des Staates nicht weg. Wo holten Sie sich Hilfe?*
Eines Tages fuhr ich mit dem Jeep, den man mir stellte, raus in den Altai zu meinem Stamm. Meine Schamanentante erwartete mich schon. Sie ahnte, wie immer, dass ich kam. Ich brachte Schnaps mit. Sie war im Alter sehr dem Schnaps zugeneigt. Mit zittrigen Händen nahm sie ihn und trank. »Aber ich muss nun meine Arbeit fertigmachen.« Ich half ihr. Nach einer Weile sagte sie: »Du bist nicht gekommen, um mir bei der Arbeit zu helfen. Jede Nacht habe ich von dir geträumt. Du lebst schwer, ich weiß. Erzähl.« Da habe ich ihr gesagt: »Für diesen mongolischen Staat habe ich, der Himmel weiß es, immer ehrlich gearbeitet. Doch immer bin ich das schwarze Schaf.« Sie hockte sich hin, zog mich her und sagte: »Schau mir in die Augen.« Sie hatte große Augen, Uhu-Augen, mit feinen roten Äderchen. »Mein Kind«, sagte sie, »du bist ängstlich geworden. Das ist das Gift. Alles andere darfst du, nur ängstlich werden darfst du nicht. Wenn der Wolf auf dich zugesprungen kommt, musst du die Faust zeigen und ihm den Arm in den Rachen stecken. Solange ich lebe, gibt es kein Messer, das dich schneidet. Wenn du in Bedrängnis bist, dann

rufe nach mir.« Dann zeigte sie auf meinen neuen Fotoapparat, den ich als Journalist bekommen hatte, und sagte wörtlich: »Zieh mir den Schatten meines Lichts ab und trage es immer bei dir, an der nackten Haut.« Das habe ich gemacht und dieses Bild jahrelang auf der nackten Haut getragen; ich habe es immer bei mir.

■ *Mussten Sie den Rat der Schamanin anwenden?*
Als ich gerade ein halbes Jahr bei der Zeitung gearbeitet hatte, wurde ich wieder bestellt vom Sicherheitsdienst. Der Mann dort setzte das Verhör fort. Nun sagte er: »Wer hat dich als Journalist angestellt? Journalismus ist Frontarbeit der sozialistischen Ideologie. Ich werde dafür sorgen, dass du von dort weggehst.« Das war für mich ein Schlag. Undenkbar! In diesem Moment fielen mir die Worte der Meisterin ein. Das war sicher der Wolf, von dem sie gesprochen hatte. Ich sagte zu mir, ball' die Faust und steck ihm den Arm in den Rachen, und zu ihm: »Schalten Sie das Tonbandgerät ein, ich habe etwas zu sagen.« Er fragte: »Was willst du?« – »Ich werde mich verbrennen. Jetzt brauche ich bloß noch drei Liter Benzin und eine Schachtel Streichhölzer.«

■ *Und das wirkte?*
Es waren die Zeiten, als sich die buddhistischen Mönche in Südvietnam verbrannten. Ich sagte, ich werde mich verbrennen an einem Tag, an dem viele ausländische Gäste zuschauen. Ich werde euch blamieren. Und vorher werde ich Briefe schreiben und in alle Welt hinausschicken. Ich kann in dieser Gesellschaft nicht mehr leben. Ich bin ein ehrlicher Mensch, ein guter Arbeiter. Ich habe keine Stunde lang gefaulenzt. Aber weil ich einer Minderheit angehöre, spielen Sie so grausam mit mir.

■ *Wie reagierte er?*
Er sagte nichts. Dann bestellte er Tee. Diesen Zuckertee, den damals die Staatsangestellten besonders gerne mochten. Wir tranken Tee und aßen Süßigkeiten dazu. Plötzlich fasste er mir an den Kopf und sagte: »Weißt du, mein Kind, ich habe genau solche Söhne. Wenn ich auf dich jetzt schaue,

werde ich an sie erinnert. Du bist ein toller Junge. Eigentlich. Ich habe bei
den Studenten nachgefragt, an der Uni, und bei deinen Kollegen. Alle loben dich. Aber du musst anders werden, ein bisschen weise. Ich wollte dich
nur ein bisschen erziehen. Und diesen Blödsinn, von dem du gesprochen
hast, machst du nicht. Damit ist die Sache abgeschlossen. Ich habe nichts
geschrieben, keinen Bericht gemacht, deine Mappe ist leer. Ich wollte dich
nur erziehen.« Damit war die Sache wirklich erledigt.

■ *Verschwand damit auch das Gefühl der inneren Immigration?*
Nein. Hemingway sagte: Ich habe 40 Jahre lang den Sonnenaufgang gesehen. Wenn ich eines Tages zu Ende bin, werde ich wahrscheinlich sagen, ich habe 60, 70 Jahre den Sonnenaufgang gesehen. Ich bin schon im
Studium um vier Uhr aufgestanden, um alles zu lernen, was erlernbar war.
Und so war ich da und dort erfolgreich, aber im Grunde blieb ich erfolg-
los. Ich hatte keine Stützen in mir. Deshalb musste ich mich dauernd zu-
rückziehen in die innere Immigration. Ich habe viele Bücher geschrieben,
dicke Mappen, und sie zurückgelegt für 100 Jahre später, für das 22. Jahrhundert. Bis dahin würde dieser Sozialismus, der sich so verschwendet, indem er immer nach Feinden sucht statt nach Freunden, sich selbst ka-
puttgemacht haben. Genau dann würde man diese Mappen entdecken
und ein Tränchen weinen: Ach, da hat es ja einen Dichter gegeben, der
hat so traurige Verschen geschrieben...

■ *Manche dieser Geschichten vergaßen Sie zeitweise selbst. Zum Beispiel die*
über das geraubte Kind. Sie basiert auf einer alten, bis dahin nur mündlich
überlieferten Legende und handelt von einem Nomadenjungen, der nach
China entführt wird, dort Lesen und Schreiben lernt und als Fürst und
Statthalter der Chinesen zurückgeschickt wird in sein Land. Doch er fühlt
sich weiterhin als Mongole und führt letztlich sein Volk in den Widerstand
und in einen Krieg für die Unabhängigkeit. Warum fiel Ihnen plötzlich das
Manuskript ein?
Nach dem 11. September 2001 sprach man andauernd über Terrorismus
und Selbstmordattentäter. Da fiel mir eines Tages diese Mappe ein, die ei-

gentlich hundert Jahre verschlossen bleiben sollte. Ich las die Geschichte durch, die ich gut dreißig Jahre zuvor geschrieben hatte, ließ sie im Kern, änderte aber Etliches. Als ich sie niedergeschrieben hatte, befürwortete ich noch den militanten Widerstand. Dann sah ich, was täglich in Israel, Palästina und anderswo geschieht: Gewalt erzeugt Gewalt, Tod erzeugt Tod, Dummheit erzeugt Dummheit. Heute bin ich gegen den Krieg und für den Frieden. Doch bislang hat das kein Staatsmann wirklich begriffen. Sie reden alle von Landesverteidigung. Die Erwachsenen spielen. Wie kleine Kinder. Sie schießen Geld in die Luft, schießen Millionen in die Wüste, verbrauchen Luft und Wasser...

■ *Gibt es einen Ausweg?*
Ja, mit den Menschen reden, mit Liebe auf sie zugehen und mit Verständnis. Einen anderen Ausweg gibt es nicht.

■ *Und das Tränchen, das die Nachwelt hätte weinen sollen, sobald sie Ihre Manuskripte gefunden hätte?*
Da weinte ich selber. Schon vorher, 1992, bei der Verleihung des Adelbert-von-Chamisso-Preises in München für den ausländischen Schriftsteller, der am besten in Deutsch geschrieben hat. Ausgerechnet das kapitalistische Deutschland verlieh mir diesen Preis! Das beschämte mich sehr. Ich hatte auf dieses Deutschland nie geachtet, und ich hasste es. Wie ich auch den Weltimperialismus hasste. Wir waren ja alle so erzogen. Als ich mit meiner Frau und meiner Tochter, die damals in Leipzig studierte, nach München kam, den feinen Raum betrat und meine erste Pressekonferenz gab, hätte man mich dort gerne als Opfer gesehen. Ich verneinte. Nein, ich war kein Dissident. Und ich würde auf den toten Sozialismus bestimmt nicht schießen – aus zwei Gründen: Er ist erstens tot und über Tote redet man in unserer Kultur nichts Schlechtes. Zweitens: Wäre der Sozialismus zu mir so gut gewesen wie zu all diesen Funktionärssöhnchen, dann wäre ich auch ein solch weiches Wesen geworden. Ich bin dankbar, dass der Sozialismus mich hart angepackt und gestählt hat.

■ *Inwiefern veränderten sich Ihre Geschichten durch die politische Wiederver-*
einigung und durch den Zusammenbruch des Sozialismus?
Ich schreibe weiterhin über mein Volk und damit über eine sterbende Kultur. Mein Grundton bleibt traurig, hart, realistisch. Aber auch versöhn-
lich. Jeder Mensch kommt ins Leben, um eines Tages zu sterben. Nicht nur
Menschen und Tiere sterben. Auch Staaten, auch Nationen. Jede Nation
ist wie ein Mensch. Sie wird gezeugt, geboren, hat eine Kindheit, Jugend-
jahre, sie hat reife Jahre und die greisen Jahre.

■ *Sie sagen, alles vergeht und kommt neu und anders wieder. Warum wollen*
Sie dann das Rad der Geschichte anhalten, zum Beispiel, indem Sie Ihr Volk
in den Altai zurückführten? Oder auch, indem Sie im Westen vom Schama-
nischen berichten. Müsste man nicht den Verfall alter Kulturen und Tradi-
tionen einfach der Zeit überlassen?
Es ist mein verzweifelter Versuch, das Schamanische zu retten, die Geister, das Nomadische. Ich weiß, ich bin ein Don Quichotte. Doch ich gehe
lieber heroisch unter, als tragisch mitzumachen beim Untergang. Und ich
habe entdeckt, Nomadentum und moderne Wissenschaft sind keine Wi-
dersprüche. Man kann nomadisch sein und auf dem Computer schreiben
und Auto fahren. Technik und Wissenschaft müssten dem Nomadentum
ebenso helfen wie auch dem Schamanentum und umgekehrt. Alle müssen aufeinander zugehen.

»GENIESSE MICH DOCH,
ICH BRENNE . . .« –
SZENEN DES SCHAMANISCHEN
BRÜCKENBAUS

Was macht Galsan Tschinag? Wo, mit wem und wie? Auf der Spurensuche nach den Plänen für seinen Brückenbau zwischen der alten Volksheilkunde aus dem Hohen Altai und unserer Gesundheitskultur beginnen wir bei einem Steinhaufen und gelangen Szene für Szene, Bild für Bild im Kopf hin zu einem Satz von Antoine de Saint-Exupéry: »Ein Steinhaufen hört auf, ein Steinhaufen zu sein, sobald ein einziger Mensch ihn betrachtet, der das Bild einer Kathedrale in sich trägt.«

Die meisten Szenen stammen aus Seminaren und Workshops von Galsan Tschinag in Deutschland und der Schweiz in einem Zeitraum von über vier Jahren und sind chronologisch geordnet. Auf den ersten Blick sind die Orte zufällig gewählt: Nürtingen, Zürich, Rheinfelden, Hamburg, Osterwald, Heidelberg, Frankfurt, Bern. Doch es ergeben sich Bezüge. In dieses Netz flechten sich Szenen ein aus Lesungen und auf einem Führungskongress. Ich habe mich dagegen entschieden, zwischen Seminaren und Workshops sowie »Frontalveranstaltungen« wie Erzählabenden, Lesungen und Vorträgen zu trennen. Das widerspräche dem Bild des Ganzen, dem sich der Schamanismus verpflichtet. Die Zwischentitel sollen wegleitende Bilder sein – hin zu Kernsätzen über die Weise, in der Galsan Tschinag schamanisches Heilen lebt.

Wir bleiben aber nur Betrachter dieser Bilder. Manches bleibt verborgen. Anderes lässt sich erahnen. Das kann nicht anders sein, wenn Schamanentum einschließt, was es vorgibt: alle fünf Sinne. Dann können Worte nie alles erfassen. Und wenn schamanisch zu leben auch einen Prozess des Vertrautwerdens bedeutet, dann wird für noch nicht so damit Vertraute manches noch unsichtbar sein – und überraschend.

In den Szenenbildern treten Seminarteilnehmer auf und erfahren Heilung. Ihre Geschichten sind wahr, aber verfremdet und anonymisiert.

Die entlaufene Seele

Der Raum im Souterrain der Nürtinger Stadthalle ist ins Halbdunkel getaucht. Gespannte Ruhe. Der Schamane sitzt auf einem Stuhl und erzählt von der Kälte seiner nomadischen Welt, einer »existentiellen«, einer in Graden messbaren Kälte. Oft fehlt lange Gelegenheit, sich zu waschen. Viele Male nagt Hunger. »Das macht hellsichtig und offen für die Leiden aller Wesen.« Dies und der Wahnsinn, die Schamanenkrankheit, mache einen Schamanen hellsinnig.

Galsan Tschinag befiehlt eine 36-jährige Frau zu sich und bedeutet ihr, sich vor ihn zu setzen, mit ihrem Rücken an seinen Knien: »Der Schamane muss nicht fragen, ein Schulmediziner schon.« Wir verlangen nicht einander, wir sind einander gegeben, erklärt er, an alle gewandt. Gegeben für den Augenblick: »Genieße mich doch«, fordert er Andrea auf und fährt ihr mit der Hand unter den Pullover, ans Sonnengeflecht, dorthin, wo für ihn die Seele sitzt, massiert. Sucht. Sagt, er findet nichts: »Dir ist deine Seele weggelaufen.«

Die gut 20 Teilnehmenden am dreistündigen Workshop »Heilen durch Worte« schauen gebannt zu und lauschen seinen Worten. Eine Wolke aus Spannung und Angst vor dem Unbekannten schwebt im Raum, ein Teppich breitet sich aus, geknüpft aus Neugier, aus Problemen, Schmerzen und Sorgen, aus freudiger Erwartung und aus banger Furcht, etwas könnte hier und jetzt geschehen, womit man nie gerechnet hat. Etwas, das das eigene Leben verändert. Nur wie? Hin zu dem, was man sich erträumt? Oder gar ins Gegenteil?

Ein Schamane spreche aus dem Wahnsinn heraus, könne sich aber jederzeit kontrolliert in diesen Wahnsinn begeben, ist in der Seminarankündigung zu lesen. Reden, zuhören, hineinhorchen seien seine ursprünglichen Werkzeuge ... An diesem Ort ist man das im Grunde gewohnt: Dichterwahnsinn beschert der Industrie- und Fachhochschulstadt Nürtingen eine Besonderheit, auf die man stolz ist. Man rühmt sich, dem Dichter und Philosophen Friedrich Hölderlin (1770–1843) Heimat der Kindheit und frühen Jugend gewesen zu sein. Später wurde der in geistiger Verwirrung in Tübingen lebende Denker noch Pflegesohn der Stadt, wovon eine »Pflegschaftsakte Hölderlin« überliefert ist.

»Andrea, bist du besetzt? Oder besessen?«, fragt er die Frau während er weiter massiert. Alles schmunzelt. Manche lachen sogar. »Ich kann nicht heilen«, sagt der Schamane. Er sieht so gar nicht aus, wie man sich einen Schamanen vorstellt. Einigermaßen »exotisch« wirken gerade mal seine mongolischen Gesichtszüge und sein besticktes graues Lederhemd. Aber wo sind die Federn, die Trommeln, die Perlenschnüre? Wo ist die Schamanenpeitsche, der Schawyd? Und wann wird er endlich tanzen, spucken, schreien, all das tun, was wir bei einem Schamanen vermuten? Oder befürchten?

»Ich kann nur die heilende Armee in den Körpern aufwecken. Das Wunder der Heilung geschieht bloß, wenn Heiler und Heilender Hand in Hand gehen. Ganz oben stehen bei einem Heiler Liebe und Herzlichkeit.« Der

Schamane erzählt und erzählt. Er erzählt von Angewohnheiten, die krank machen können. »Kamele weinen, Hunde, Vögel, nur Männer sollen nicht weinen. Wer weint, zeigt, dass er eine Seele hat. Weinen hilft, wieder klar zu sehen.«

Er erzählt vom Wohlstand, der vielen den Blick verstelle vor dem Wesentlichen und von der Angst vieler, schwach zu werden durch die Liebe. Vom Geben und vom Nehmen. Von seiner Familie und von seinem Volk, in dem so viel Erfahrung ruhe. Er erzählt von den Feiern zu seinem sechzigsten Geburtstag, die es nur gab, weil er damals, im Dezember 1958, seinen fünfzehnten Geburtstag erfunden hatte, und von einem Festakt wenige Zeit davor, im Jahr 2002, als ihm für seine Verdienste um die deutsche Sprache das Bundesverdienstkreuz angeheftet wurde. »Da habe ich meinen Geist den Bürgern Deutschlands vermacht.« Lachen. Pause. »Aber meine tuwinische Seele behalte ich.«

Es scheint, als habe sich die Furcht-Wolke mehr und mehr auseinandergezogen zu einer schützenden, unsichtbaren Haut, die sich nun um das Publikum legt. Es verändert sich langsam in eine Gemeinschaft auf Zeit, die Schutzschalen weichen auf . . .

Der Schamane zitiert an diesem Abend zwei, drei weitere Personen zu sich, aus seiner Intuition heraus. Er massiert sie, fragt sie ein wenig, was sie umtreibt. Nichts weiter. Seine Worte füllen den Raum. Galsan Tschinag warnt vor ihrer Macht: »Messerwunden heilen, Worte-Wunden heilen nie.« Das gelte genauso auch für Gedanken: »Wer über Menschen Gutes denkt, über den wird auch Gutes gedacht.«

*

»Ich bin diejenige, der die Seele davonlief«, schreibt Andrea mir anderntags in einer Mail. Sie ist überglücklich, weil sie das Gefühl hat, ihre Seele wiederzuhaben. »Deswegen war ich doch hier«, sagt sie, »ich bin noch sehr wackelig auf den

Beinen, aber: Das Leben ist schön.« – Drei Jahre später: Sie ist aufgewühlt, erzählt von ihrer Rastlosigkeit, wandert weiter, sucht. War in Therapie. Erschreckt sich wieder und immer wieder am Bild der entlaufenen Seele. Unternahm zwei Anläufe, um neuerlich in ein Seminar zu gehen. Kam nicht an. Bislang.

MUTTER MARIA

Maria Kaluza holt mich am Bahnhof ab. Wir halten auf dem Weg zum Hotel an einem Sonnenblumenfeld an, einfach um zu schauen. Die Herbstsonne setzt Lichter in ihr rotes Haar. Im Ofen ihres Hauses schmort eine Hammelschulter. Dieses Schulterblatt ist in der nomadischen Kultur einer der heiligen Knochen: Es ist das Blatt, in welches die Zukunft ihre Schrift setzt. Die Buchstaben bestehen aus Rissen, die sich bilden, wenn der Knochen ins Feuer kommt. Galsan Tschinag zeichnet sie mit schwarzem Stift nach und schenkt mir das Schulterblatt.

Das Haus liegt in einem reich blühenden Garten, es ist Refugium und Arbeitsort. Hier wuchsen ihre Kinder heran. Hier ist Platz für ihre Schmuckwerkstatt und auch für die Praxis ihres Mannes – und für einen Gast. Landet Galsan Tschinag in Berlin, holt meistens sie ihn ab. Häufig führt ihr erster Weg in ihr Zuhause.

Maria Kaluza begleitet ihn zu vielen seiner Auftritte, Lesungen, Seminare, Tagungen. Sie begleitet mit Ritualen, mit einem Gongschlag, auf dem Monochord, mit brennendem Wacholder. Sie begleitet, hilft, heilt, wo er gerade nicht sein kann. Sie sorgt dafür, dass er isst, seine Pausen nicht vergisst, und sie sammelt alle Anfragen in einem Din-A5-Heft aus braunem, handgeschöpftem Papier: Wünsche nach Seminarterminen, nach Plätzen in den Reisegruppen, die er alljährlich im Altai bei seinem Volk empfängt, nach allgemeinen Informationen.

Irgendwann taufte er sie »Mutter Maria«.

Sie ist immer gegenwärtig für ihn. Er trägt ein Amulett auf der Brust, das sie einmal für ihn gemacht hat. Maria Kaluza, Jahrgang 1954, versteht sich als Schmuckschamanin und spürt ihre spirituellen Wurzeln im Christentum. Eine Auswahl an Schmuckunikaten bettet sie bei den Seminaren ein in den Büchertisch: kleine Bilder aus Steinen, Gold, Silber und Donnerkeilen, zu denen sie Gedichte von Galsan Tschinag inspirierten, Geschichten von Menschen, die ihr begegneten, oder an die sie manchmal denkt. In diesen Bildern möchte sie Wissen und Mystik alter Kulturen verschmelzen mit dem forschenden Geist der Gegenwart und zeigen, wie vielschichtig das Leben ist. Und sie möchte Schmuck wieder zu dem machen, was er einmal war: Ausdruck von Persönlichkeit, Auszeichnung, magisches Zeichen.

Maria Kaluza stammt aus dem Voralpenland, aus einer Umgebung, die sie als offen empfand für Sagen, Märchen und Geschichten. Sie fürchtete einige Zeit, sie müsse wählen: entweder Kunst oder Sprache. Es war anders.

In ihrer Heimat erlebte sie, wie die Frauen mit Kräutern heilten, mit selbstgemachten Salben und auch durch Handauflegen. Dann verliebte sie sich in einen Arzt, mit dem sie eine Ehe, fünf Kinder und die Offenheit für Naturheilweisen der Völker verbinden. Der Landarzt und Allgemeinmediziner Thomas Kaluza und der Schamane Galsan Tschinag tauschen sich gerne aus über ihre Arbeit, in vielen Diagnosen bestätigen sie dabei einander.

»Alles war im Fluss, Mensch, Tier und Landschaft. Alles durchströmte mich«, beschreibt Maria Kaluza, wie sie sich fühlte, als sie einige Wochen zusammen mit ihrem Mann bei Galsan Tschinags Sippe lebte. Sie schwärmt von der liebevollen Nähe und der kraftvollen Anziehung der Gemeinschaft, die sie in sich aufsog. »Ich habe mich gefühlt, als wäre ich dort auch zu Hause.« Die große Herzlichkeit ersetze die fehlende, gemeinsame Sprache: »Auch so kann man sich sehr viel sagen.«

Maria Kaluza verbindet. Sie verbindet Wort-, Schmuck- und Heilkunst: Die ausgebildete Buchhändlerin schulte ihre Rhetorik und schreibt Gedichte, sie lernte Goldschmieden und Schmuckgestalten, übte medizinische und therapeutische Fähigkeiten bei vielen verschiedenen Lehrmeistern und koordiniert eine Arbeitsgruppe schamanisch arbeitender Frauen in Deutschland. Sie ist eine tragende Verbindung, sie ist für Galsan Tschinag ein Pfeiler seiner Brücke im Westen.

Ist er hier, tritt sie als ihm verbundene Heilerin an seine Seite, die mit ihm die Kräfte der Kulturen verbinden hilft. Befindet sich der schamanische Botschafter aus der Mongolei anderswo, vertritt sie seine Interessen in Europa. Ihr stehen weitere Helferinnen zur Seite, eine der schon lange treuen Seelen ist Wilma Brüggemann, die ihr manche organisatorische Aufgabe vor allem in Süddeutschland abnimmt.

Botschafter im Staatsdienst erhalten einen Status der Immunität, um ihnen eine uneingeschränkte Interessenvertretung zu ermöglichen. Galsan Tschinag reist auf eigenes Risiko. Sein Auftrag ist im Westen mitunter heikel, weil die Rechtsvorschriften hier leicht in Grauzonen führen können.

Da wird sie sein Grenzposten und trennt ab.

»ICH WERDE MICH VERBRENNEN ...«

»Ich habe zehntausend Geister, zehntausend Schöpfer«, stellt sich Galsan Tschinag in Zürich vor. »Meine Tante, die größte Schamanin, meine Göttin, Mutter von fünfzehn Kindern, griff nach dem Kind aus dem Nachbarzelt: Mich bestimmte sie zu ihrem Nachfolger.« Bevor er von dort, von den Bergen im Hohen Altai, aufbricht in den Westen, reitet er zum weißen Berg, hebt einen Stein auf. Er rupft Wacholder ab, packt einen aus Kamelmilch destillierten Schnaps ein, verabschiedet sich und geht. Ist er wieder dort, legt er den Stein zurück an den Berg.

Der Raum ist klein und übervoll. Veranstalter ist das Parabola Forum, ein multimediales Zentrum mit Buchladen und Galerie, das kulturelles und spirituelles Wissen vermitteln will. Etwa vierzig Menschen sitzen in Reihen. Der Schamane mustert alle mit konzentriertem, ernsten Blick. »Wer von euch hat Schmerzen? Wer hat ein Problem?«

Nadja, eine knapp dreißig Jahre alte, schlanke, blonde Frau, meldet sich. »Ich habe Angst«, sagt sie, kaum hörbar. Galsan Tschinag bittet sie zu sich, auf seinen Schoß. Nadja bricht in Tränen aus. Weint. Weint. »Wann bist du geboren?« Unter Tränen nennt sie das Jahr. Er streichelt sie wie ein kleines Mädchen, nennt sie die kleine Maus. »Ach, du kannst noch weinen. Andere muss man erst wieder dazu bringen.« Weitschweifig erzählt er von einer Heiler-Tagung in Alpbach, schneidet auf – er sei dort der Begehrteste gewesen, schon allein durch seine Tracht! – und behauptet, Männer seien sowieso die schwierigeren Patienten: »Wir sind skeptisch und wissen leider Gottes alles.« Das Schmunzeln im Publikum wächst zum Kichern. »Die Weiberwelt ist weicher und besser dran.« Alles lacht. Auch Nadja.

Der reife Mann hält das groß gewordene Mädchen fest im Arm. Er streichelt sie unablässig und berichtet gleichzeitig von Dankesbriefen, die ihm Männer geschrieben haben, die durch ihn das Weinen wieder lernten. Sie sinkt tiefer in seine Arme, lehnt den Kopf an ihn. Er gibt der »Kleinen« ein Versprechen: »Nadja, Maus, ich nomadischer Mann werde mich verbrennen und alles tun, um dir die Ängste zu nehmen. Hinter mir steht der große Welten-Berg, dessen Stein ich an deine Wange drücke.«

»Wohlkultivierte europäische Ärzte fragen, Schamanen machen einfach«, wiederholt er. Sie kneten mit den Fingern ihre Patienten, Schulmediziner hingegen drücken die Finger in die Tasten ihres Computers. Im Wohlstands-Europa gelten kranke Menschen als kleine Geldquellen. Eine traurigkomische Situation. »Ich gebe dir nichts als mich«, sagt er Nadja. Sie sitzt jetzt vor ihm, ihren Rücken an seinen Beinen. Er beschwört: »Verängstigte, aber gut gebliebene Seele, komm! In Gedanken bleibst du mir treu als Geist.«

Es scheint, als schweben Bilder im Raum. Wesen. Geschichten. Der Schamane hält, berührt, knetet, massiert sie.

Und er redet und redet und redet. Die Hälfte aller empfundenen Krankheiten lassen sich durch Bewegung heilen, eine Trägheit erzeugt die nächste Trägheit, eine Beweglichkeit die nächste Beweglichkeit.

Nadja setzt sich wieder an ihren Platz.

Er plädiert für die Brücke zwischen den Heilsystemen. Schon seine Schamanenmutter war mit einem Klinikarzt befreundet. Das habe ihn tolerant und offen werden lassen. Volksheilkunde und Schulmedizin Hand in Hand, lautet sein Plädoyer. Neun von zehn »Möchtegernkranken« sind gesund, sie plagen lediglich Störungen, kleine Missverständnisse – und »Heiler-Menschen, die von ihrem Leiden leben«. Er wolle das Gegenteil: »Ich klopfe und peitsche die Leute gesund, rede ein bisschen, gebe ein bisschen an.«

Dann ist Pause.

*

Im Seminarvorraum erzählt Nadja, wie sie als Mädchen missbraucht wurde.

DA FÜHRT KEIN WEG VORBEI: GRENZEN ...

»Jetzt, mein Kind, bist du mein Opfer, und ich bin der schamanische Wolf«, singt er Uta Maria Anna ein mongolisches Wiegenlied. Unablässig knetet er, hält er seine nächste Patientin, spürt er sie. »Zäh ist das Luder.« Er besingt sie, wie die Schamanen Kamelstuten besingen, die ihr Junges nicht annehmen wollen. »Kamelstute, Maria Anna, nimm dein Kind an, sonst räche ich mich und nehme es dir weg«, sagt er. »Ich tue es nicht wirklich, aber ich drohe dir.« Er knetet weiter, droht ihr Peitschenhiebe an, wie sie auch Kamelstuten kriegen. Eine große Ehre sei das, wo doch in seinem Volk alle Lebewesen gleichgestellt sind. Der Schamane will zur Vernunft bringen. Er will sie rühren, ihr Angst einjagen, in ihr so Gefühle wecken und sie, sobald er weiß, nun hat er obsiegt, in Dankbarkeit frei lassen. Er redet, er macht. Es geht nicht. »Du schluckst zu viel, meine Stute, ich fühle, du hast dich nicht ausgesprochen«, schickt er sie zurück auf ihren Platz.

»Bei Zweiflern und Zynikern bin ich machtlos, bei Gepanzerten und Besserwissern auch.«

. . . UND GRENZGÄNGE

Jeder hier im Raum sitzt freiwillig da. Dennoch ist das Terrain eines Volksheilers in hiesigen Breiten vermint.

Galsan Tschinag vergleicht: Einem Arzt wird der weiße Kittel als Nachweis seiner Fähigkeiten angerechnet. Sterben drei von zehn Patienten unter seinen Händen, akzeptieren das die Angehörigen sehr wahrscheinlich und denken, ihnen konnte offenbar nicht geholfen werden. Stirbt aber von zehn Menschen, die zu einem Volksheiler gingen, ein einziger, wächst Misstrauen: Hat er alles richtig gemacht? Kann er überhaupt etwas?

Die Seminaratmosphäre bietet einen gewissen Schutz. Die Teilnehmenden sind zugleich Zeugen. Die 30 Menschen bilden den Raum, in dem er auf seine Weise Heil herbeiführen kann.

Ein Balanceakt. Ein Arzt, der in seinem Sprechzimmer vorginge wie er, liefe Gefahr, verleumdet zu werden, er sei aufdringlich. In Deutschland darf ein zugelassener Heiler, der in seiner Praxis für Geistheilung einen Heil suchenden Kranken empfängt, weder Diagnosen stellen noch Ratschläge erteilen. Per Gesetz sollen Ärzte und Heilpraktiker in ihrer Berufsausübung geschützt und Scharlatanen das Handwerk gelegt werden. Seminare fallen nicht darunter. Für Nicht-Deutsche gelten ohnehin noch andere Regeln.

In der Schweiz ist der Boden für die sogenannte Komplementärmedizin fruchtbarer als in Deutschland. Es gibt aber ebenfalls gegensätzliche Haltungen. Das belegt das Gerangel um eine Volksinitiative »Ja zur Komplementärmedizin« im Mai 2009. Der Gesundheitsminister hat die alternativen Heilweisen in eine Zusatzversicherung verbannt. Die Initiatoren der Gegenbewegung wollen ihre Auffassung, dass sich Schul- und Komplementärmedizin ergänzen, auch im Gesetz widergespiegelt sehen. Sie argumentieren damit, dass die Schweizer Bürger wünschen, ihnen würden beide Wege zu Heilung offen stehen.

Einige Seminarteilnehmer treibt berufliches Interesse her. In allen Seminaren sitzen auch Psychotherapeuten, Diplompädagogen, aber auch Ethnologen, Geistheiler, Gesprächstherapeuten, Menschen, die Reiki und Lithotherapie, Neurolinguistisches Programmieren und Coaching anbieten, welche, die sich selbst als Schamanen empfinden. Manche legen Flyer aus und erzählen in den Pausen von ihrer Arbeit. Die meisten öffnen sich erst, wenn sie danach gefragt werden. Sie alle suchen hier Fortbildung und Selbsterfahrung.

Sie alle sind sich sicher, dass ganzheitliche Heilweisen wirken, und erfahren in ihren Kreisen, in den Kreisen ihrer Kunden, Anerkennung. Bewegen sie sich aber außerhalb solcher Räume, ist das Risiko weit höher, auf Minen zu treten. Deshalb zögern viele, ehe sie von ihrer Arbeit erzählen, um möglichst nicht unnötig Energie in ein Mantra an Argumenten für oder gegen verschiedene Heilsysteme zu schütten, erklärt Petra beim Mittagessen. Die Psychotherapeutin plädiert zwischen den Zeilen: »Machen, was geht.«; »Machen, was hilft.«; »Machen, wozu man sich ermächtigt fühlt«; »Es ist schwer, Worte zu finden«. . .

»WIR ALLE SIND NOMADEN«

Die Atmosphäre der Globalisierung weitet den Blick auf andere Welten und sie weckt in immer mehr Menschen das Bedürfnis, zu wandern und zu verbinden – Sichtweisen ebenso wie Heilweisen. Galsan Tschinag: »Wir alle sind, jeweils auf unsere Weise, Nomaden.«

Er holt aus und stellt gegenüber.

Die Mongolei ist 48-mal so groß wie die Schweiz und zählt zweieinhalb Millionen Menschen, ein Drittel der Schweizer Bevölkerung. In den Augen der Menschen hier ist der Mensch die Krone, schleudert er dem Zürcher Publikum am zweiten Seminartag entgegen. »Wie ist das aber aus der Sicht eines Kamels?«, wirft er in den Raum, »oder einer Kakerlake?« Die meisten schmunzeln oder kichern. Der nomadische Mensch freue sich über Menschen, er sieht oft mehrere Tage und manchmal wochenlang keinen. Und ebenso freue er sich über die Herden, weil auch sie ihn mit Lebendigkeit umgeben. »Der nomadische Mensch leidet unter der Weite des Landes.« Im Westen werde das Gegenteil zum Problem. Alle leben auf engstem Raum, gehen aber ihren Weg. Sie sind sich nicht nah, sondern entfremdet und entfernt voneinander.

Die meisten Menschen im Westen sind nicht nur satt, sondern vollgestopft. Nur wenige scheinen glücklich, diagnostiziert Galsan Tschinag. »Ich sehe so viele erloschene, erkaltete, leere, kranke Blicke. Ich sehe viele schöne Menschen. Eigentlich leben sie im Wohlstand. Doch ihre Augen sind leer.« Sie sitzen in warmen und fest gebauten Häusern, haben so viele Kleider, Autos, anderes, dass sie vieles davon nicht mehr brauchen und weggeben.

In der Mongolei nehmen viele Menschen gerne dieses Gebrauchte, weil sie es sich sonst gar nicht leisten könnten, stellt er gegenüber. Die Nomaden leben in der kargen, kahlen, kalten Steppe, ihre Behausungen, die Jurten sind zittrig, kühl. Das lässt sie zueinander rücken, sich die Hände wärmen, sich aneinander wärmen. Er rede nicht von Sex, sondern von Nähe. »Die äußeren Umstände zwingen uns zur Nähe«, erklärt er. Die vergleichsweise wenigen Regelwerke erleichtern sie.

Wer im Westen an einer Bushaltestelle eine vor Kälte zitternde, ältere Dame in den Arm nimmt, gerate in den Verdacht, ihr die Handtasche rauben zu wollen. Unter Nomaden gelte es als Gräueltat, einen zitternden Älteren frieren zu lassen. Fasst ein Mann im Westen einen Mann an, heiße es »Schwuchtel«, fasst er eine Frau an »geiler Bock«.

Das macht Nähe schwierig.

»Dabei wollen wir, hier wie dort, alle eines: Glück, Wohlempfinden und unsere Lebenszeit genießen.«

Menschen, deren Leben von einer tickenden Uhr verplant und verzettelt wird, haben das Gefühl, ihr Leben rast. Nomaden kennen das so nicht, erzählt der Häuptling. Sie spüren jede Lebensminute und jeden Tag bewusst. Obwohl ihre Lebenserwartung statistisch niedriger ist als im Westen, erscheint ihnen ihr »zeitloses« Leben unendlich lang. Das lässt sie heiter und dankbar gehen, wenn sie fühlen, dass die Zeit gekommen ist, behauptet er. Sie wissen, dass sie in der Lage sind, schmerzlos zu sterben, das bereichere ihr Leben. Er vergleicht das mit der Pferdejagd: »Wenn ich ein Pferd mit dem Lasso eingefangen habe und ihm in die Augen schaue, komme ich mir vor wie Gevatter Tod.« Dumme Pferde flüchten noch, ziehen am Seil, werden fast erwürgt und zuschanden geritten. »Ein kluges Pferd hält inne, hört auf zu kämpfen, weiß, es entkommt mir sowieso nicht mehr.«

Die Menschen im Nomadenland sind nicht gesünder, erklärt er. Es gibt auch sehr einsame Menschen, die sich minderwertig fühlen: Was bin ich für ein armer, alter Mensch, und von niedriger Herkunft. Viele Leiden sind hingegen speziell: Das raue Klima lässt viele Kinder jung sterben, die ständig staubige Luft setzt sich in alle Poren, aufs Fleisch, in den Tee. »Überall knirscht der Muttererdesand.« Das hat Folgen. Die Japaner zum Beispiel werden im Durchschnitt 87,5 Jahre alt, Tuwiner gut 60 Jahre. Auch die Welt im Nomadenland sei nicht heil. In Ulan-Bator versinken viele, die wenig Perspektiven für sich sehen, in Alkohol und Depression.

Dort genauso wie auch hier weiß er von vielen Menschen, die sehnsüchtig neues Heil von ihm erwarten.

»JEDER VON UNS KANN HEILEN«

»Ich kann nicht die Menschheit heilen mit meinen Händen.« Ein Teil dieser Kraft stecke in jedem. »Jeder von uns kann heilen«, behauptet Galsan Tschinag und fordert alle auf, sich paarweise durch Berühren, Streicheln, Kneten, Massieren nahezukommen und heilend zu wirken.

Ruhe füllt den Raum, darin wenige, meist gehauchte Sätze – »Ist das gut?«, »Soll ich so weitermachen?« – wohl eine halbe Stunde lang. Man spürt, wie die einzelnen Teilnehmer zusammenwachsen zu einer Gruppe. Längst sind alle beim Du. Barrieren fallen weg. Pausengespräche berühren rasch Persönliches.

Das Seminar wirkt. Aha-Effekte werden lauter: Schamanisch heißt, sein Leben annehmen und selbst in die Hand nehmen. Schamanisch meint eine Lebenshaltung. Es ist keine Heilmethode von zertifizierten und nach festen Lehrplänen ausgebildeten Fachleuten, sondern ein Prozess aus Wissen von Lehrmeistern und dem eigenen Erfahren. Je überlegener ein Schamane ist, desto intensiver nimmt er wahr. Er sieht mehr und erkennt mehr, hört mehr und ahnt mehr, fühlt und spürt mehr, riecht und schmeckt mehr, sein Wissen wird immer tiefer, er erfasst breiter und er lässt sich ein ...

SICH EINLASSEN, LOSLASSEN,
ZUSAMMEN FLIESSEN

Man muss sich einlassen auf das Leben, doziert Galsan Tschinag. »Ich hatte nie Bedenken, ich nahm alles auf mich.« Böse Botschaften seien Zeichen, dass es danach aufwärtsgehen wird. »Wir schrecken vor einem Neuanfang zurück. Aber warum?« Er beruft sich auf Goethe, weil der zupackte. »In der Schweiz sind besonders viele Menschen zu ängstlich und zu vorsichtig: Sie lassen Gelegenheiten vorbeifliegen.« Wer unschlüssig ist und zaudert, kommt nicht weit. »Man muss die Gelegenheit ergreifen, wach bleiben, den inneren Wolf wecken, wie ein Adler losfliegen.«

Sich einlassen beschreibt er auch als ein Grundprinzip des Heilens. Er vergleicht den menschlichen Körper mit einem Industriekonzern und einem Territorium mit eigener Wehrkraft. Krankheit sei nach dem schamanischen Weltbild wertvoll, Kerngesunde leben gefährlich. Wer kränkelt, festigt sich mit der Zeit, weil sich seine Wehrkräfte immer mehr verstärken. Wer nie krank war, ist leichter umzuwerfen.

Er sieht den Menschen durchzogen von einem Hauptstrom aus vielen kleinen Flüssen, Seen, Bächen und Teichen. Ist ihr Fließen blockiert, muss man die Druckpunkte lösen, indem man sie knetet und massiert.

Leandro meldet sich. Er habe häufig Kopfschmerzen, er sei sehr verspannt. Der Schamane zeigt allen, wie sich solche Schmerzen durch Massieren auflösen: Man muss den Kopf von vorne nach hinten mit den Fingern »durchkämmen« und besonders dicke Stellen oder Schmerzpunkte kneten. »Je härter sich der Schädel anfühlt, desto bester«, sagt er und massiert Leandro, »so, jetzt ist dein Kopf wie der einer jungen Ziege...« Wieder etwas, das jeder lernen könne, auch an sich selbst.

Vieles lasse sich lernen und verändern, wenn man sich einlässt. Er lernte von Anfang an, sich einzulassen, weil er in einem schriftlosen Volk aufwuchs. Wo es keine Texte als Fixpunkt gibt, muss man sich auf den Augenblick einlassen, auf das Wunderbare und Wilde des im Moment Erlebten und Gehörten, schildert er. Wer gedanklich abschweift, verpasst etwas. Präsenz zählt. Gerade auch, wenn Heilung geschehen soll.

Auf manches hingegen lasse man sich besser nicht ein, fährt Galsan Tschinag fort. Träume sind zwar für einen Schamanen kein Gedankengespinst, sondern Vorausschau oder Verarbeitung, sie kommen oft seitenverkehrt: Wer im Traum stirbt, lebt meist noch lange. Aber es gibt auch Albträume, die einfach belasten. Oft versteht man sie nicht. »Ich renne dann raus aus der Jurte, ohne ein Wort, ungewaschen und bettwarm, suche mir ein Erdloch und spucke ihn hinein.« Dreimal. Im Westen spuckt er in die Toilette aus. »Ich kann nicht beweisen, ob der Traum ins Loch geht, aber ich fühle, die Last ist weg, die Seele wird leicht.«

Wer loslässt, wächst. Er vergleicht das mit den Qualen, die er durchlitt, und mit den Wahnsinnsbildern, auf die er sich einlassen und die er wieder loslassen musste. »Ich wurde abgerichtet zum Schamanen.« Er musste und er konnte nicht anders, sei in Trance gesunken, wurde offener, wuchs, wurde wacher, noch wacher, nahm noch im Schlaf alles wahr. Schlafen sei, als fahre man den Computer runter, halte ihn aber im Standby-Modus: »Nur deshalb träumen wir wohl überhaupt.«

In seinem Bild der Welt fließt alles zusammen: das Einlassen zum Loslassen, das Verschmelzen und das Ausspucken zum Heilen und zum ganzen Leben. Alles ist ständig im Fluss, im Wandel, in Bewegung. Er nennt Beispiele: Früher sei Deutschlands Kultur viel reicher an Schamanischem gewesen. Im Untergang des Germanischen spiegle sich der drohende Untergang seines tuwinischen Volkes. Deutschlands jüngere Geschichte steckt voller Schatten, doch 2003, als der Krieg im Irak beginnen wollte, stellten sich die Deutschen dagegen und erschienen erstmalig als eine Macht des Friedens. Der Schamane sieht hier Stoff, aus dem neue Träume entstehen können.

GRUNDGÜTE UND GIFT

Je größer ein Mensch ist, desto mehr hat er gedient, behauptet Galsan Tschinag. Ein Schamane dient. Er muss Niederlagen und Verfehlungen vergessen, die Siege rühmen und mit Leid umgehen können, mit dem ihm selbst und mit dem anderen widerfahrenen Unrecht.

Er erzählt von der massenhaften Verfolgung und Ermordung von Schamanen unter Stalin. Und er erzählt, wie viel Unrecht ihm bis heute angetan werde, weil er so oft im Westen sei. »Zu Hause gelte ich als Verleumder des Mongolenlandes und des Nomadenvolkes.« Je erfolgreicher er im Westen ist, desto höher wogt die Welle des Neides in seiner Heimat. Sie steigt mit jedem neuen Buch, jeder Auszeichnung und jeder Anerkennung weiter. Er begegnet der Ablehnung mit Verständnis, lobt seine Heimat weiterhin, bekennt seine Liebe zur Erde, zu seinem Volk und zu seinem Land. Er benennt zwar seine Kritik, bettet sie aber ein in eine Haltung, die er als Grundgüte bezeichnet und als schamanisches Prinzip: Er verbiete sich, nachtragend zu sein. Er gebe sich geschlagen, giftlos. Flüche sieht er als Pfeile. Sie treffen das Ziel, fliegen dann jedoch weiter und irgendwann wieder zurück. Für gute und für schlechte Taten gelte das in ähnlicher Weise. Wer ihn mit Mist und Gift bewirft, erhält von ihm Milch, Milde, Licht und Reinheit: »Das ist die sanfte Form der Rache«, erklärt Galsan Tschinag.

Ein Schamane müsse das beherrschen. Er muss auch mit den Widersprüchen klarkommen. Im offiziellen Leben der Mongolei wird er niedrig eingeschätzt, in seiner nomadischen Welt hoch. In der Hierarchie der Nomaden steht der 100-Jährige weit oben, darüber der Häuptling, über ihm der Schamane und darüber spannt sich der Himmel. Galsan Tschinag verkörpert zwei Hierarchiestufen: die des Häuptlings über die in der Mongolei lebenden Tuwiner und die des Schamanen. »Ich bete stets, dass ich mich in der Gewalt halte«, sagt er. Ein reines Gewissen und das Gefühl, im Reinen mit sich zu leben, sei sein höchster Reichtum. Er wolle dienen und mit anderen seine Fähigkeiten teilen, ohne irgendeine Gegenleistung zu erwarten.

Von da schlägt er den Bogen zur Grundgüte als Prinzip. Je mehr Menschen gütig sind, desto gütiger ist die Welt. Solange viele schwach werden, mit spitzen Ellbogen stoßen und Gift sprühen, bleibt die Welt giftig.

DER HÄUTENDE JÄGER

»Ich bin ein Jäger, ein Nomade, der Tiere häutet und zerlegt. Ich weiß, wo was im Körper liegt«, beginnt Galsan Tschinag den Erzählabend in einem Kulturzentrum nahe Hamburg. Jeder Körper trage in sich dieselbe Seele, über beidem schwebe immer der Geist. In allen Ethnien sind Körper, Seele und Geist gleich, philosophiert er. Verschieden sind nur die Lebensumstände.

Wer bei Minus 64 Grad im Winter in einer Jurte überleben will, muss zusammenhalten. Will er nicht allein sein, kann er es sich mit keinem verscherzen und keinen terrorisieren, weder die Kinder noch den Partner: »Wir brauchen einander.« Er hatte es schwerer als die meisten. Er musste sich nicht nur der Natur, sondern auch der Tante unterordnen, die ihn zum Schamanenanwärter auserkor, erzählt er. Als die anderen Kinder spielten, musste er Felsen besingen und lernen, die Geister zu sich zu rufen.

Er erzählt noch viel mehr von seinem Volk, von seiner Zeit in Leipzig, von der Karawane ...

Plötzlich hält er inne, wendet sich an eine zierliche Frau mittleren Alters: »Komm.« Sie stellt sich vor, »ich bin Tanja«, und hockt sich auf ein Fell, das vor ihm auf dem Boden liegt. »Wie geht es dir?« – »Gut.« Er lässt sich nicht beirren: »Dir geht es nicht gut.« Ihr Widerstand bricht rasch. »Ich habe Schmerzen. Überall.« Er knetet sie, verteilt Klapse. »Hundert sollte man dir geben, immer nach dem Baden.« Sein Gesicht ist streng. Der Schamane holt ihren Partner nach vorne. »Wir drei müssen zusammenhalten. Es gibt aber eine Bedingung, Tanja: Du musst es wollen. Du musst dich hingeben.« Er vergleicht ihren Körper mit dem eines Kamels und erklärt: »Wir müssen die eingeschlafenen Zellen wecken.« Sie weint und schluchzt auf: »Woher kommen die Schmerzen?« Das sind Minderwertigkeitsgefühle, erklärt er, die müsse man versorgen.

»Durchatmen, kräftig durchatmen«, fordert er Natascha auf, die er als Nächste zu sich gebeten hat. Sie erzählt von Schilddrüsenfehlfunktionen. Er tastet. Tastet weiter. »Etwas liegt im Dunkeln«, spürt er. »Du musst es sichtbar machen, es aussprechen.« Er rät ihr, in die Steppe zu gehen und das, was in ihr nagt, in den Bau eines Tieres zu spucken. »Und wenn dort ein Tier hockt?« Alles lacht. »Dann hast du gleich einen Abnehmer.« Der Schamane ist fast fertig mit ihr. »Du kannst mich immer wachrufen. Wir sind nun durch etwas Wesentliches und Furchtbares verbunden. Du und ich sind ein Körper und ein Geist. Wir haben das gemeinsam gemeistert. Ich habe für dich gebrannt. Du bist nicht allein.«

Natascha wirkt sichtlich erleichtert, seufzt auf, »ja«, drückt den Schamanen fest an sich, strahlt und geht zurück an ihren Platz. »Schamanen haben es gut«, wirft er in den Raum. »Die spinnen ein Zeug zusammen und werden noch dafür umarmt.« Alle atmen auf, lachen wie befreit.

Die Arbeit ist getan. Der Jäger hat gehäutet, zerlegt und neu zusammengesetzt.

Aufschrei

»Unsere Nomadenwelt braucht kein solches Ersatzglück«, sagt Galsan Tschinag. Er beschreibt, wie er das Treiben erlebte, das ihn umfing, als er in eine deutsche Unterhaltungssendung eingeladen war: schöne Kleider, inszenierte Freude und inszeniertes Glück, nichts als Hülle und Schau.

»Die Bedingungen waren für mich ungünstig, weil alles auf Oberflächliches eingerichtet war.« Er ging trotzdem hin. Weil ihn seine Verleger baten, weil er für seine Bücher Gutes tun wollte und weil sich aus allem etwas machen lasse. »Ich habe die Gelegenheit genutzt und mein Bestes gegeben.« Der ehemalige mongolische Journalist widersetzt sich nicht der Medienarbeit. Er beobachtet, hält den Spiegel vor: Alles muss schön wirken, Gefühle werden vorgetäuscht oder unterdrückt, an die Stelle des echten rückt das gespielte Leben. Und diagnostiziert: »Zurückgehaltene Gefühle sind Giftpillen, aus ihnen entstehen kleine Knoten, die man irgendwann ausleiten muss.« Die gespielte Freude ebenso wie das, was er »Kult der Korrektheit« nennt: Das Personal wirkte auf ihn verschüchtert, verschämt, überkorrekt, verängstigt. Aus solchen Erfahrungen, warnt er, nähren sich die Angst vor Berührungen und die Furcht, zu nahe zu treten.

Er dürfe den Deutschen so die Leviten lesen, behauptet er, das leitet er ab aus seinem Erbe. Er habe schließlich 2002, als ihm das Verdienstkreuz verliehen wurde, Deutschland seinen Geist vermacht aus Dankbarkeit für die Chancen, die er hier wahrnehmen konnte. Das verpflichte. »Ich habe nicht nur eine streichelnde Hand, sondern auch eine drohende Faust, weil ich nur das Beste will«, sagt er. »Ich fühle mich verantwortlich – für mein Volk, für das deutsche Volk, für die deutsche Sprache, für meine Leser, für alle ... Ich bin Teil des Universums und für das Universum verantwortlich.«

Manuela sitzt bei ihm, den Rücken an seine Beine und den Kopf an seinen Arm gelehnt, schweigend. Manuela stammt aus dem Schwarzwald. Er erzählt viele Geschichten aus der Steppe und vom Gesang in Kopf und Seele: »Durch Fleisch, Knochen und strömendes Blut fließt die Resonanz weiter.« Er erzählt und erzählt, massiert sie, erzählt, tastet, erzählt. Mehr und immer mehr, rythmisch, mit wohlgesetzten Pausen.

Plötzlich unterbricht er sich. »Ich habe sie aufgemacht, aufgeknöpft, aufgeschnitten, jetzt ist sie schutzlos in meinen Händen.« Sie ließ sich öffnen, floss ihm entgegen. »Das ist der Moment, in dem man als Heiler helfen kann. Doch sie muss es wollen.« Aus dieser Trance, die er »die weiche Seele« nennt, und aus dieser Verschmelzung, die inniger sei als manche seit 40 Jahren dauernde Ehe, können Wunder erwachsen. »Du brauchst mir nichts zu erzählen, ich höre jetzt die Sprache deiner Haut.«

Er erzählt vom Schönen der Liebe, von seelischer Verwandtschaft zweier Menschen, vom inneren Strömen, von Goethe und seiner eigenen, inneren Verwandtschaft mit ihm, und von schönen Seelen. »Um eine schöne Seele zu entdecken, muss man auf den richtigen Menschen treffen...«

»Ich kriege wieder Luft«, sagt Manuela. Sie hält ihren Kopf weiterhin gesenkt, hängt tief in seinen Armen. »Du warst dir selbst ein Gefängnis. Atme tiiieeef. Atme. Tiiiieeeef.« Sie zieht Luft ein. Und stößt sie aus. Und zieht sie ein. Und schreit sie aus.

Schreit. Schreit. Schreit.

»Schluss jetzt, ich schließe dich wieder. Ich sitze hinter dir und hinter mir sitzt mein weißer Berg. Zu dritt sind wir unbesiegbar. Du hast all die Erniedrigungen, die Ungerechtigkeiten und Schmerzen hinausgeschrien. Du hast für alle geschrien hier im Raum, für die ganze Wohlstandswelt. Du hast gute Arbeit geleistet.«

Keiner spricht.

»Ich war in Manuela und Manuela war in mir. Wir waren ein paar Augenblicke Mann und Frau, Mutter und Kind, Vater und Kind. Sie war mein Gehäuse, weil sie mich in sich eingelassen hat. Ich war mächtig, ein großer mächtiger Schamane. Indem sie sich mir hingab, wurde sie meine Partnerin.«

Stille. Entspannte Stille.

»Du bist mir auf Lebenszeit gegeben. Du kannst mich jederzeit herbeibe-schwören.« Er verschreibt ihr zwei Bücher: »Der weiße Berg« und »Der Wolf und die Hündin«. Worte wie Arzneimittel, sagt er. Sie sollen ihr Ruhe bringen. Nacht für Nacht.

Maria Kaluza schlägt eine Kaffeepause vor.

*

Eine Ehe, in der es nichts zu sagen gab. Arbeit bis zur Erschöpfung im eigenen Gastronomiebetrieb. Die Angst, dem behinderten Kind nicht gerecht zu wer-den. Verlassen sein, scheitern, immer wieder. Sich auf Altenpflege umschulen lassen, für andere da sein, sich verloren fühlen – Ach, es gibt noch viel mehr, so viel, fängt Manuela später, am Abend, irgendwann ganz von selbst an und un-terbricht sich dann – ach, ich fühle mich jedenfalls viel besser jetzt ...

LYDIA

»Ich wühle in euch.« Er will »den Brocken Salz hinter dem Brustbein zer-bröseln«, der aus verhärteten Tränen und Trauer wuchs, und ihn abflie-ßen lassen. »Meine Aufgabe ist es, einen Patienten gesund zu entlassen.« Wie er das mache, sei seine Sache. Warum wagt er solche Worte in einer Welt der Regeln, in der er nicht sicher sein kann, ob er verstanden wird? Was man von Herzen tut, wird verstanden, sagt er. Letztlich. Nur wer sich auf ihn einlässt, hat Garantie auf alles ihm Mögliche.

Lydia steht vor der Frühverrentung. Sie möchte tanzen. Sie isst nicht. Sie ist so alt wie schwer: gut 40. Seit einem Vierteljahrhundert geißelt sie sich mit Magersucht und Bulimie aus Hass auf sich und die Welt. In ihrem Be-ruf als Stewardess kann sie nicht mehr arbeiten. Auf ihrer Visitenkarte steht, sie ist Tänzerin. Das hat sie in Indien studiert, wo sie lange lebte und ver-heiratet war. Sie kann nicht mehr tanzen, die Muskeln schaffen das nicht mehr. Ihre Kiefer entzündeten sich und wollten nicht heilen, ihr Freund trennte sich, sie brach zusammen. Dadurch kam alles raus: Jahrzehntelang hatte sie auch vor ihrer Mutter verheimlicht, dass sie essgestört war. »Ich habe mich so geschämt.« Ihr Schweben zwischen Leben und Tod ließ sie bald danach das erste Mal zum Schamanen reisen. Zu einer Einzelsitzung. Sie bezichtigte ihn, er wolle sich an sie ranmachen.

Nun sitzt sie im Seminar. Zusammen mit ihrer Mutter.

*

Lydia hat sich gefangen.

Ende 2007 begann sie wieder bei der Fluggesellschaft in ihrem alten Beruf zu arbeiten, nun beim Bodenpersonal. Sie ist sich jetzt sicher, dass sie als Mädchen missbraucht wurde von einem Mann, der im selben Haus wohnte; er ist mittlerweile tot. Sie ist wieder mit ihrem Freund zusammen. In ihrer Wohnung steht ein Bild von Galsan Tschinag: »Er begleitete mich damals im Geiste tagelang, ich fühlte mich beschützt.«

Was wirkte?

Essen erträgt sie noch immer schwer in ihrem Körper; erbricht sie nicht, kommen oft Albträume.

DES HEILERS GLÜCK

»Wir haben keine Regelungen wie ihr, das ist unsere Stärke«, behauptet Galsan Tschinag. Er erzählt.

Eine 30 Jahre alte Nomadin kam zu ihm, siedend heiß vor Fieber und ausgelaugt wie ein leerer Sack. Sie zogen sich aus, legten sich ins Bett und umschlangen sich, »ich, der alte, kalte Mann, und sie, das heiße, fischige

Kindchen«. Die ganze Nacht. Er redete. Er klopfte sie. Sie sagte wenig, ihr Körper sprach. Sie war offenbar einsam. Doch sie nahm den Schamanen an und fühlte sich von ihm angenommen, geborgen, beschützt, verstanden.

Anderntags wachte sie auf, mit geröteten Wangen und viel kühler.

»Wie habe ich das Kind gelobt. Mein Ehrgeiz war, sie gesund zu kriegen, egal, was sie dachte«, schildert er. »Zu heilen ist für mich der höchste Lohn. Meine Opferbereitschaft hat sie bewusst oder unbewusst honoriert. Heilung wollten wir beide.«

Im Westen würde er das der Rechtslage und der christlichen Moral wegen nur unter Zeugen oder auf Bitten des Patienten machen.

»Bei uns fragt keiner, ich mache einfach.« Ähnlich wie auch Mütter, die ihre fiebernden Babys einfach an ihre kühlen Körper drücken.

Nach zwei Tagen ging die Frau. »Ich küsste sie zum Abschied. Ich war der glücklichste Heiler der Welt.«

DAS LICHT AM ENDE DES TUNNELS

»Zwei Stunden und fünfundvierzig Minuten war ich tot«, erzählt Galsan Tschinag fast in jedem seiner Seminare. Nach einer Operation im August 1995 war er ins Koma gefallen und schwebte in einem lichten Tunnel zwischen Hier und Dort. Der Familie zuliebe habe er sich zurückholen lassen, fühlte sich jedoch betrogen um die Unendlichkeit des Todes.

Solche Nahtoderlebnisse sind bekannt, aber nicht bewiesen. Die Quantenphysik liefert erstaunliche Zusammenhänge, auch für manches, was Schamanentum charakterisiert. Schamanentum versteht sich als Lehre aus dem »anderen Wissen«. Das spricht den »großen Geist« an, die alles einende Seele, das Wissen, von dem man nicht weiß, woher man es hat. Dieses Wissen bringt das Neugeborene mit auf die Welt, es ist von den Ahnen ererbt und ein Urwissen, das in allen Leben, in Katzen, Hunden und Delphinen steckt.

Der Wissenschaftsjournalist Rolf Froböse wagte sich in der *Welt* (25. April 2008) an eine Zusammenstellung einiger aktueller Forschungsmeinungen. Ausgangspunkt dabei sind Erzählungen von Menschen mit Nahtoderlebnissen. Wie Galsan Tschinag fühlten sie sich in einem Tunnel, an dessen Ende Licht strahlt. Gäbe es hierfür Nachweise, wäre wohl bewiesen, dass es eine Seele gibt und dass dieses unsterbliche Bewusstsein – wie auch Raum, Zeit, Materie und Energie – zu den Grundelementen der Welt gehört. Diese Nachweise würden dann auch die Brücke bilden zwischen Wissenschaft und Religion.

In dem Zeitungsartikel kommen Naturwissenschaftler zu Wort. Ihr Ansehen ist ambivalent, ihre Positionen polarisieren: Die einen verehren, andere verhöhnen sie. Albert Einstein wird zitiert. Er habe bereits das Fundament für die These erkannt, dass es eine physikalisch beschreibbare Seele gibt. Der Effekt des quantenphysikalischen Phänomens der Verschränkung ließ den Wiener Quantenphysiker Anton Zeilinger nicht ruhen, bis er den experimentellen Nachweis für diesen Effekt hatte. Für den Quantenphysiker Hans-Peter Dürr, ehemals Leiter des Max-Planck-Instituts für Physik in München, ist der Dualismus kleinster Teilchen allgegenwärtig und damit auch der Dualismus zwischen Körper und Seele. Es gebe einen universellen Quantencode, in den die gesamte lebende und tote Materie eingebunden ist. Dieser Code überspanne seit dem Urknall den gesamten Kosmos. Logische Konsequenz: Nach dem Tod geht es weiter. Dürrs Heidelberger Kollege Markolf H. Niemz ergänzt, da verabschiede sich die Seele mit Lichtgeschwindigkeit. Aber sie existiert weiter, sollte die Geschichte stimmen, mit der der amerikanische Chemiker James Grant zitiert wird: Ihm sei eines Nachts ein Mann begegnet, der sich als sein bereits verstorbener Vormieter »erwies« ...

»Wir hören auf, Mensch zu sein, doch wir bleiben, als Wind oder als Gras«, übersetzt Galsan Tschinag in seine Bildsprache. Materie kann man nicht vernichten – Physiker haben den Beweis erbracht für das, was seit jeher seine Überzeugung und die Überzeugung seines Volkes ist, triumphiert er: »Das All ist belebt, beseelt, be-geistert. Wir sind Teile dieses Großen und Ganzen.« Diese Weltsicht macht das Sterben leicht und das Leben: »Wir gehen, um wieder zu kommen.«

»Eine Bestellung der Zeit«

Es ist zehn Minuten nach dem offiziellen Beginn der Lesung »Mein Altai« mit Galsan Tschinag im Völkerkundemuseum in München. Nochmals werden Stühle in den Vortragssaal gebracht. Die Kassiererin im Foyer ist längst angewiesen, niemand weiteren mehr einzulassen. Der »Goethe der Tuwiner«, wie er in der *Süddeutschen Zeitung* angekündigt wird, beginnt mit drei Gedichten. Er erzählt von seiner Zeit in Leipzig und von den »verpreußten Sachsen«, die ihn die Pünktlichkeit gelehrt haben.

Dann erzählt er aus seiner Heimat, von einem Festival für Kehlkopfgesang – »die Dichter werden bei uns noch immer Sänger genannt« – und von den Häuptlingen hier wie dort: »Gerhard Schröder, George W. Bush, Galsan Tschinag, jeder Häuptling denkt, er sei der Größte.« Die Lesung ist eingebettet in die Ausstellung »Dschingis Khan und seine Erben«.

Der berühmte Mongolenfürst wurde zum Werbeträger für ein Land, das gegenwärtig eine Aufmerksamkeit erfahre wie nie zuvor, erklärt Galsan Tschinag. Für seinen Geschmack hätten die Offiziellen seines Landes zu viel des Guten getrieben. Sie überhöhten den Reiterfürsten zum Übermenschen und Heiligen, wollten zum 800sten Staatsjubiläum 2006 dem Flughafen und am liebsten auch noch der Hauptstadt Ulan-Bator den Namen Dschingis Khan aufdrücken. Auch er widmete einen Teil des Jubiläumsjahrs dem zum Mythos gewordenen Weltherrscher, doch sein

Bild ist anders: Im Spiegel der Zahl Neun, der heiligen Zahl der Nomaden, ließ Galsan Tschinag den sterbenden Eroberer in neun Tag- und Nachtträumen Rückschau halten auf sein Leben.

Die Zeitläufte, so sagt er, lassen ihn hoffen für sein Land, und für sein untergehendes Volk klingen in seinen Worten Klage und Trost zugleich: Als Häuptling und Heiler, als Brücke nach außen und nach innen, sieht er Hoffnung und Licht auf beiden Seiten. Er will aufklären. »Heilung bedeutet Aufklärung und Aufklärung ermöglicht Heilung.« Er verwende mittlerweile 95 Prozent seiner Zeit auf das Heilen. An manchen Tagen behandelt er bis zu zwanzig Menschen. Die Menschen scheinen kränker geworden.

Doch es ist anders, erklärt er: Viele bilden sich nur ein, krank zu sein, weil sie unter vielfältigem Druck stehen – von Pharmakonzernen, Ärzten, Moden und von »Familie Müller, die auch viele Medikamente hat«. Das beobachte er nicht nur in westlichen Ländern. Überall treffe man auf Menschen mit gesunden Körpern, die sich krank fühlen.

Die Ursache ihrer Störung liege im Kopf. Hier forme sich die Einstellung zu sich und zum eigenen Leben. »Anfangs dachte ich, das Leben besteht aus Rechten, dann glaubte ich, es bestünde aus Pflichten, und heute bin ich überzeugt, dienen zu wollen ist das Ziel und der Sinn.« Mit den verschiedenen Einstellungen veränderte sich auch sein Leben.

»Zunächst dachte ich, es ist ein Zufall, dass ich in deutscher Sprache Bücher schreiben kann.« Dann fand er, »ja, es ist ein Zufall. Ein Zufall ist, was einem zufällt.« Ihm fielen Leipzig zu, die deutsche Sprache und Kultur, Goethe, Beethoven, Mozart und die anderen Schamanen, deren mit Hand, Mund und Herz geschaffenen Werke er als Lehrstücke in sich aufsog: Die Walpurgisnacht aus *Faust II*, die fünfte Sinfonie ... – »Es war eine Bestellung der Zeit, dass ich nach Deutschland kam und hierhin meine schamanischen Wurzeln ausstreckte.«

UNTER BLUTDRUCK

Luisa sitzt bei ihm.

Sie hat zwei erwachsene Kinder, keinen Mann.

Der Seminarraum liegt im ehemaligen Verwaltungs- und Kantinenge-
bäude der Nürtinger Seegrasspinnerei. Es wurde zu einem sozialen, öko-
logischen und kulturellen Zentrum für Familien ausgebaut. Lange Zeit
wurden hier Möbel produziert, dann zog die Deutsche Post ein, mittlerweile steht das Gebäude als Beispiel für Industriearchitektur unter Denk-
malschutz. Einst wirkte hier ein Pionier: Der Bäckersohn Gustav Lorch
gründete 1870 eine der ersten mechanischen Werkstätten Nürtingens. Er
hatte rasch Erfolg, wurde dann krank, verlor viel Geld und konnte froh
sein, in der Nürtinger Seegras- und Rosshaarspinnerei Gustav Schmid
und Söhne einen Käufer zu finden.

Luisa hält die Augen geschlossen. »Sie war wie eine Ziege. Nun ist sie wie
ein Schaf«, sagt Galsan Tschinag. »Ich esse nur Schafe und Murmeltiere«,
keine weiße Frau.« Manche kichern, alles schaut wie gebannt auf den
Schamanen und die Frau, die er nun abklopft. Wegen der Schmerzreso-
nanz, sagt er. Er stellt kaum Resonanz fest. »Herr Doktor, kann ein Schmerzempfinden bei hohem Blutdruck zurückgehen?«, fragt sie.

»Nein.«

Vor dreißig Jahren zog sie mit ihrem Mann nach Nürtingen, gibt sie dem
Schamanen Auskunft. »Die Bäcker backen nur ein Brot. Ich werde die
Bäcker zu einem Brot backen«, antwortet er. Wieder Kichern. Kichern
und Wundern. Er klopft weiter. Sie beharrt auf ihrem hohen Blutdruck:
»Ich habe 180.« – »In den Adern oder auf der Autobahn?« – »Ohne meine Blutdrucktabletten hätte ich heute gar nicht herfahren können. Ich
messe regelmäßig. Drei Mal am Tag. Das Gerät ist überprüft.«

Er erzählt von jenen Jahren in Leipzig, als Ärzte bei ihm einen Herzfehler diagnostizierten und er von da an täglich Tabletten schluckte. »Wahrscheinlich hatte ich nur Angst und das folgte daraus.« Er handelte, wie ihm vorgeschrieben wurde, doch eines Tages ließ die Wirkung der Tabletten nach. Das brachte ihn ins Krankenhaus und fast ins Grab. Als er sein Leben umstellte, wurde er gesund.

»Vielleicht ist dein Blutdruck nur Einbildung.« – Sie entrüstet sich: »Nein, das glaube ich nicht.« – »Bewege dich mehr, lebe ein, zwei Tage anders.« – »Aber mein Blutdruck...« Sie will aufstehen und das Gerät aus dem Auto holen. »Muss sein. Ohne geht nichts. Alle, das sagen alle«, sagt sie, sich immer mehr verhaspelnd, Röte steigt ihr ins Gesicht. »Warum bestehst du darauf, dass du krank bist?«

Kein Thema, über das häufiger geredet wird als über Krankheiten, erklärt Galsan Tschinag später. Krankheiten sind ein Druckmittel, das wunderbar wirkt: Um den widerspenstigen Gatten zu gängeln, um die Mutter zu tyrannisieren. »Die Menschen sind ja verliebt in ihre Krankheiten.«

KLARE SICHT

Auch in den Augen ist ein Sitz der Seele, sagt Galsan Tschinag. »Leckt euch morgens gegenseitig die Augen aus, lasst die Zunge rundherum, zwischen Lidern und Augapfel kreisen. Gleich am Morgen, wenn der Schlaf, das Korn mancher Träume noch in den Augenwinkeln steckt.« Das mache man in seinem Volk und verstehe das als eine Liebesäußerung erster Güte, um die Augen und um die Seele zu reinigen. So gebe man sich gegenseitig ein Gefühl von Schutz und Geborgenheit, das durch den Tag trägt. Morgenspeichel verhilft zu mehr Klarheit und als Sehhilfe auf dem Weg hin zur Weisheit. In seinem Volk habe dies auch praktischen Nutzen. Der Steppenwind bläst fortwährend Staub in die Augen, die Zunge wischt ihn weg und klärt.

VERRÜCKEN

Weisheit kann nahe beim Ver-Rücken liegen. »Wir haben dazu ein norma-
les Verhältnis«, berichtet Galsan Tschinag. In seinem Volk beunruhigt das
nicht. Jeder kennt dort die Schamanenkrankheit, die den Weg eines Schamanen einleitet. Wer an dieser Form von Wahnsinn erkrankt, weiß nicht
mehr, wer er ist und wo er ist. Der fühlt sich mal als Kamel, mal als Adle-
rin ... – das geht zwei, drei Wochen so. Danach erst werden diese Menschen im schamanischen Handeln und Erfassen ausgebildet, im Grunde
aber lernen sie ihr Leben lang und das ganze Volk arbeitet daran mit: »Mit
jedem, den ich heile, werde ich selbst wieder ein bisschen besser.«

Wird jemand in der Steppe verrückt, gilt das nicht als ein solch großes
Unglück wie in Europa, weil man derartige Zustände durch die Schamanenkrankheit kennt. Und es kommt auch nicht so häufig vor, dass jemand,
der kein Schamane wird, in diese Zustände fällt und auf Dauer verrückt
wird. In einer schnelllebigen Gesellschaft drehe man rascher durch als in
der Stille und Stressarmut der Steppe.

Er wehrt sich gegen den missverständlichen Kult, den manche mit Schamanen treiben und sie zu Wundermachern krönen. Seine Definition klingt
pragmatisch: »Ein kluger Mensch mit gut funktionierenden Antennen, ein
Logiker, ein Dichter, ein Heiler und ein Volksarzt in einer Haut.«

Hier wie dort gebe es Scharlatane und Etikettenschwindler und solche, die
das Böse wollen. In Ulan-Bator inserieren Menschen, die über das Handy
anbieten, andere zu verfluchen, zu verwünschen und ihnen Krankheiten
zu schicken. Sie verrücken das Bild und die Botschaft, die Schamanen wie
er vertreten.

Galsan Tschinag sieht sich als Wanderer zwischen Welten und Zeiten und
vergleicht seine Entwicklung mit einem Wettrennen von der Steinzeit
und Urgeschichte bis ins Heute, durch Sturm und Drang und Klassizis-

mus. »Drei Monate war ich auf diese Weise sogar bei den Esoterikern. Dann erkannte ich, hier darf ich nicht stehen bleiben, heute reagiere ich schon auf manche ihrer Vokabeln allergisch.« Jeden Morgen schöpft er in sich aus dem Vollen, den ganzen Tag über läuft diese Fabrik auf Hochtouren, bis er abends todmüde in den Schlaf sinkt. Er verabschiedet sich von den Seminarteilnehmern in der alten Seegrasspinnerei mit einem Auftrag an alle: »Täglich verausgabe ich mich und bin jeden nächsten Morgen wieder frisch. Eine solche Fabrik trägt jeder in sich.«

GALTAI

Botschafter Tschinag stellt im Zentrum für Zukunftsmusik in Heidelberg seinen Nachfolger vor: Galtai Galsan.

Der jüngste Sohn des Tuwa-Häuptlings und von ihm als sein Nachfolger für diesen Posten auserkoren, musste sich von klein auf an das Leben in zwei Welten gewöhnen. Der Vater, der am eigenen Leib erfahren hatte, was es hieß, die heimische Jurte jung verlassen zu müssen, wollte, dass Galtai ebenfalls beide Welten kennt. Er lebte die ersten Jahre bei den Großeltern im Altai und studierte später Musik und Kulturwissenschaften an der Staatsuniversität in Ulan-Bator. Sein Vater brachte ihm schon als Kleinkind die deutsche Sprache bei. Als 20-Jähriger kam Galtai erstmals nach Deutschland und studierte nach Abschluss seiner Ausbildung in der Mongolei in Heidelberg Germanistik – wie einst sein Vater.

In einem Kostüm aus schwerer Seide mit aufwändigen Stickereien, Filzstiefeln und Kappe leitete Galtai Galsan das Seminar ein mit traditioneller, mongolischer Musik auf einer Pferdekopfgeige, einem Instrument, das er als Studienschwerpunkt gewählt hatte. Sie hat einen kastenförmigen Resonanzkörper und nur zwei Saiten aus Pferdehaar, die traditionell in einer Quinte gestimmt sind. Das obere Halsende trägt einen Pferdekopf. Das Instrument wird wie ein Cello zwischen den Knien gehalten und verfügt über ein großes Klangvolumen. Die Mongolen erinnert der Klang an den Wind der Steppe und das Wiehern ihrer Pferde.

Es gibt mehrere Legenden zum Ursprung der Pferdekopfgeige, die heute von der UNESCO zum immateriellen Weltkulturerbe gezählt wird. Eine erzählt von einem Hirten, dem ein geflügeltes Pferd geschenkt wurde. Auf seinem Rücken flog er jede Nacht zu seiner Geliebten. Als eine andere Frau dem Pferd aus Neid die Flügel abschneiden ließ, starb es und der Hirte fertigte aus den Knochen eine Geige, zu deren Musik er seine Trauer besang. Mit Trauermusik endet auch eine andere Legende, in deren Mittelpunkt ebenfalls ein Hirtenjunge steht. Ein böser Fürst tötete sein geliebtes Pferd. Dessen Geist erschien ihm im Traum und riet ihm, aus seinem Körper ein Musikinstrument zu bauen. So könnten sie immer zusammen sein.

»Galtai wird kein großer Schamane, ein kleiner und guter Volksheiler schon«, erklärt sein Vater stolz.

HELLSICHTIG

Ein Seminarteilnehmer schildert, wie er sich immer wieder mit Selbstzweifeln plagt. Galsan Tschinag bietet ihm ein kleines Figürchen aus der Mongolei an. »Möchtest du?« – Kopfnicken. Er wünscht einen guten Geist hinein, der das Selbstvertrauen stärkt und Angst nimmt; symbolträchtiger Schmuck könne Ähnliches bewirken. In die Sprache hiesiger Mediziner und Therapeuten übersetzt, spräche man jetzt beispielsweise von Suggestion. Galsan Tschinag nennt das anders: Wer sich einlässt, gewinnt eine helle Sicht auf das Leben, sagt er.

»Die Hälfte meines Geheimnisses ist, an den Menschen etwas Schönes zu finden«, sagt Galsan Tschinag. Vieles krankt an einer negativen Sicht. Manche möchten ihre Mitmenschen klein sehen und schleudern ihnen entgegen: »Du siehst heute müde aus.« Er will Mut machen: »So wie ich das Leben behandle, werde ich vom Leben behandelt.« Wer nach der Sonne schaut, nach dem Hellen, Edlen und Weichen, finde allein durch diese Überzeugung sich auch in dunklen Zeiten besser zurecht.

NACHWIRKUNGEN

Die Seminarzeit ist um. »Seid gläubig, nicht abergläubisch, lernt die guten Omen erkennen«, verabschiedet sich Galsan Tschinag, »ich hoffe, der Tag hat euch durcheinandergebracht. Vieles werdet ihr erst in einigen Tagen oder Wochen spüren, eines Tages werdet ihr es sehen. Ich bin da.«

SPIRITUALITÄT AUF DER BÜHNE

Willigis Jäger, Clemens Kuby, Daniel Schönbächler und Galsan Tschinag kommen aus vier Erfahrungs- und Denkrichtungen. Bei einem Kongress zu »Führung und Spiritualität« im Mövenpick-Hotel in Zürich-Regensdorf sollten sie rund 1200 Führungskräften nahebringen, wie sie ihren Alltagsaufgaben mehr geistige Tiefe verleihen können und dank Spiritualität bessere Manager werden.

Es ist noch Frühstückszeit. Das Publikum tröpfelt in den Saal, auf der Bühne verspritzt Galsan Tschinag Schnaps. Er will sich die Götter gewogen machen. Und er räuchert. Der Rauch von getrocknetem Wacholder soll spirituell reinigen. Das Programm beginnt, Galsan Tschinag ist als Erster dran. Er spricht über Rituale und Mythen im nomadischen Alltag, erzählt von der heilenden Wirkung des Augenausleckens und berichtet, dass Nomaden sich mit dem Mittelstrahl ihres Morgenurins die Zähne putzen und innerlich »em bol, dom bol« murmeln. »Em« und »dom« bedeute »Heilung Bringendes«, das erste von außen, also Arznei, das zweite von innen, sei also Beschwörung; »bol« bedeute »werde«.

So mancher im Saal rutscht etwas verlegen auf dem Stuhl, der Redner scheint das zu spüren. Im ersten Moment mag man Bedenken haben wegen der Hygiene, tatsächlich gehe es um anderes. »So wie wir denken und sprechen, so wirken die Dinge in und um uns herum. Wer mich nicht verstanden hat, den möchte ich an das Phänomen Placebo erinnern.« Rituale strukturieren das Leben – ob Schwangerschaft, ob Tod – und jeden einzelnen Tag eines Nomaden. Morgentee, Jagd, ein neues Kleidungsstück, Nachtessen: Nichts geschehe in der Nomadenwelt ohne Rituale. Sie versichern einen ständig, dass alles verbunden ist – Menschen, Tiere, Landschaften, Gestirne, die Teilchen im All – und die Geister gewogen sind.

»Rituale drücken sinnhaft und erfahrbar die Spiritualität aus, die ihrerseits dem Glauben Boden und dem Alltag Flügel gibt«, erklärt er. »Sie bringen Innerlichkeit und Tiefe in das Leben und verleihen ihm Farbe, Duft und Geschmack.« Wer die Harmonie im Göttlichen schätzt, lebe den Alltag leichter, gefestigter und achtsamer.

Spiritualität entstehe, wenn sich Glauben und Alltag verbinden. »Spiritualität ist die sprudelnde Mitte meines Körpers. Sie hält meine Seele, jene Wolke aus unzähligen, leuchtenden Bläschen, und meinen Geist, jenen Wind aus unzählig funkelnden Flammen, zusammen, verleiht dieser Raum und jenem Richtung, bindet sie zu einem lodernden Paar, das meinen Körper bewohnt und belebt.«

Seine Spiritualität half ihm über Heimweh und Schmerzen hinweg, er hielt sie durch Gebete und Rituale aktiv, fühlte sich auf diese Weise mit allen Wesen seiner Geisterwelt in Verbindung und konnte sie um Rat bitten.

Einige im Saal machen sich Notizen.

»Ich sehe mich als von Geistern behütetes Wesen und ich behüte selbst Geister.« Die Grenzen verschwimmen, manchmal wisse er nicht, habe etwas wirklich oder in seiner Phantasie stattgefunden. Solche Phantasien führen zu den Mythen und Legenden, aus ihnen bestehe letztlich die gesamte Weltgeschichte, sie sind Rückgrat aller Rituale.

*

Für Abt Daniel Schönbächler, katholischer Theologe und Vorsteher der Klostergemeinschaft Disentis im Vorderrheintal, bedeutet Spiritualität vor allen Dingen, sich seiner selbst bewusst zu werden. Aus dieser Position heraus lasse sich die »eigentliche Bestimmung« besser umsetzen. Er analysiert messerscharf, jedes Wort ist durchdacht, Gefühle scheinen untergeordnet.

Jeder sollte sich ganz nüchtern vergegenwärtigen, worin die tatsächliche Motivation seines Verhaltens liegt. Dazu muss er sich zuallererst bewusst werden, was er wahrnimmt, fühlt, denkt und wie er handelt. Sich dessen bewusst zu sein, mache souverän. Dann lernt man zu unterscheiden zwischen dem, was ein Mensch muss, und dem, was er darf. Spiritualität bedeutet für Schönbächler, das zu werden, was man im Grunde ist.

Spiritualität werde oft als Modewort benutzt und viel zu weit gefasst. Ernst genommen, benenne sie eine geistige Dimension unseres Lebens: In die Horizontale von Ort und Zeit dringt die Vertikale der »Ewigkeit«, »Himmel und Erde vermählen sich«. Spiritualität verlange, »das Wort einzulösen, das Gott gesprochen hat, als er mich ins Leben rief«, erklärt der Theologe. Für ihn ist Spiritualität nicht zeitgeistiges Wohlfühlen, sondern die »harte Arbeit der mitleidlosen Selbstbeobachtung, das Erkennen und Ausräumen meiner Einschränkungen, damit ich offen werde für den großen Horizont meines Lebens und ein weites Herz erhalte«.

Deshalb ist für ihn nicht die Analyse einer Situation wichtig, sondern die Frage, was eine Situation mit einem macht und warum dies so ist. Erst diese Reflexion versetze einen in die Lage, anders mit dieser Situation umzugehen. Schönbächler plädiert für Stolz: im Sinne von »besser sein als andere«, also kritisch. Und im Sinne von »Ich habe etwas geschafft«. Stolz ohne Demut erzeuge Hybris, Demut ohne Stolz mache kriecherisch. »Es genügt, sein Bestes zu geben. Für sich – und für die anderen.« Worte, die nach starker Führung riechen ...

*

Wirkten nach dem ersten Vortrag manche der Schweizer Manager noch etwas irritiert durch die für sie ungewohnte Art zu denken, so herrscht nach dem zweiten Vortrag Klarheit: An diesem Tag waren weder spirituelle Schnellbleichen noch einfache Rezepturen zu erwarten. Die gewonnenen Erkenntnisse, die an den Stehtischen beim Mittagslunch ausgetauscht werden, sind nicht spektakulär: »Man müsste mehr in seiner Mitte sein«, »achtsamer werden«, »den Blick weiten« ... Nichts würde sich direkt auf das Geschäft übertragen lassen. Es ging offenbar nicht um die anderen, sondern um jeden Einzelnen, um die harte Arbeit an sich selbst. »Wenn ich mir selbst bewusst bin, überträgt sich das auf meine Arbeit und damit nutzt es letztlich dem Betrieb ...«, sinniert ein Teilnehmer. Die folgenden Vorträge vertiefen solcherlei Erkenntnisse.

*

Als nächster spricht Willigis Jäger. Der Benediktiner und Zen-Meister gründete den Benediktushof in Holzkirchen und die Würzburger Schule der Kontemplation. Seine Vision einer integralen, die Grenzen der Religionen überschreitenden Spiritualität verschmilzt die Erfahrungswelten der östlichen wie der westlichen Weisheit. Er verwebt sie zudem mit neuen Erkenntnissen aus der Wissenschaft.

Die »existentielle Liebe« bildet seiner Ansicht nach die Grundstruktur des Universums. Sie meint die Fähigkeit, sich öffnen zu können und sich selbst als ein Ganzes zu erfahren. Wir verstoßen gegenwärtig genau gegen diese Struktur, analysiert Willigis Jäger und führt als Belege Hunger, Kriege und Despoten aller Zeiten an, Menschen wie Alexander der Große, Hitler, Stalin, Mao, Dschingis Khan, ebenso wie manches Verhalten Mitmenschen gegenüber. Grund dafür sei die »katastrophale Einheit mit dem Ich«, die das Ego auf das rein Rationale reduziert.

Die Spiritualität will dieses Ich öffnen. Wer existentielle Liebe erfährt, lerne, das despotische Ego loszulassen. »Wir müssen auf die zweite kopernikanische Wende zusteuern«, plädiert Willigis Jäger, »wir sind etwas anderes, als wir meinen. Das Ego ist nicht unser Zentrum. Es ist der Hausmeister unseres Wesens, spielt sich aber als Hausherr auf.« Wer das erkannt hat und seinem Leben die entsprechende Wende geben möchte, muss auf den spirituellen Weg, behauptet der Zen-Meister. Nur durch Ruhe und Rückzug lerne man die Zusammenhänge und das wahre Wesen der Welt begreifen, wo Macht nicht gleich Recht ist. Sein Credo: Eine bessere Welt ist nur über eine Veränderung im Einzelnen möglich.

Viele Teilnehmer dürsten offenbar nach mehr. Sie belagern die Redner, die übrigens alle den ganzen Seminartag dableiben, spätestens in der ihrem Vortrag folgenden Pause mit Fragen und Signierwünschen.

Geistiges Fundament, Struktur, Selbstermunterung, Weitblick, Eigenverantwortung – die drei bisherigen Redner empfahlen Spiritualität als Wege hin zu mehr Ordnung, Heil und Erfolge, jeder wählt die Route, die zu ihm passt. Manchmal sind radikale Schnitte die Voraussetzung, erläutert der vierte Redner.

*

Clemens Kuby betreibt eine Selbstheilungsakademie mit Sitz im bayerischen Fuchstal und macht Filme. Durch einen Fenstersturz erlitt er eine Querschnittslähmung. Er nahm dies zum Anlass, sein Leben aufzuräumen. Er trennte sich von Mutter, Frau, Heim und Beruf. Als er neue Lebensperspektiven sah, so behauptet er, spürte er die innere Kraftquelle der Heilung und erlangte nach vielen Mühen über eine Spontanheilung seine Beweglichkeit wieder. Seither will er Menschen empfindsam machen für das Wunder, welches sie über eine Krankheit durch die Heilung erfahren können.

In seinem Menschenbild steht das geistige Wesen im Vordergrund. Wird es geschult, kann es helfen, Krankheiten vorzubeugen. »Wie ich denke, so bin ich«, sagt er. »In unseren Gedanken liegt unsere stärkste Kraft, aus ihnen erschaffen wir die Wirklichkeit.« Er beruft sich auf die Physik: Atome bestehen zum größten Teil aus einem Vakuum, Informationen wirken auf den Körper. Der Satz »Du bist entlassen« sei ein Beispiel. Er könne bei dem Adressaten Übelkeit erzeugen. Die reine Information verändere sich offensichtlich durch die eigenen Gedanken, der Körper sei die Ausdrucksfläche der Information. Hieraus leitet Kuby das Kernprinzip der Geistheilung ab: Über die richtige Information lasse sich der Körper beziehungsweise sein Befinden verändern.

Krankheiten (und auch Unfälle) enthalten oft den Hinweis, dass ein Mensch kein Lebenskonzept hat. Das mag dem Betroffenen selbst noch gar nicht bewusst sein, aber seine Seele weiß es. Leid motiviere, etwas zu ändern. Das sei aber noch immer einfacher als der nächste Schritt: Lernen. Fällt einem Menschen eine Erkenntnis zu, kann er noch immer entscheiden: erlaubt er ihr, sich einzunisten, oder vertagt er diesen Lernprozess auf ein nächstes Leben . . .

*

Pascal kommt zu spät. Dem Perfektionisten und überaus erfolgreichen, innovativen Manager stellen sich Hürden in den Weg, die er nicht kontrollieren kann. Ihm bleibt deshalb nur noch ein Platz am Referententisch. Dem großgewachsenen Mann bricht kalter Schweiß aus, ihm steht ins Gesicht geschrieben, wie peinlich es ihm ist. Seine knochige, konzentrierte Miene wirkt wie ein Panzer.

Was über Small Talk hinausgeht, verweigert er. Nachdem es nun mal so lief, bittet er nach der Veranstaltung Galsan Tschinag um eine Widmung in ein Buch. Das bringt ihn eineinhalb Jahre später nach Bern, in ein Seminar... –[2]

An ein anderes Gesicht, in das ich zum ersten Mal bei diesem Kongress blickte, erinnere ich mich, als ich ihm zwei Jahre später für dieses Buch in seiner Psychotherapie-Praxis in Neu-Ulm gegenübersitze: Wolfgang Gans.[3]

*

Ein paar Tage später erzählt Galsan Tschinag in einem Seminar von diesem Kongress. »Die Menschen erschlagen einen mit Visitenkarten, die sind nur dazu da, einen klein zu machen.« In Seminaren fühle er sich wohl und groß, auf Podien dagegen wie ein Welpe. Er habe nicht recht verstanden, was der Moderator mit seinen Nachfragen genau wollte und einfach irgendetwas geantwortet, fühlte sich winzig, die anderen erschienen ihm im Vergleich hochgeistig... Er hadert. Und er widerspricht sich selbst: »Derjenige, der heilen kann, kann darüber nicht reden. Derjenige, der reden kann, kann nicht heilen.« Für den Moment teilt er die Welten, verstrickt sich.

KÖRPERSPRACHE

Der Gong verklingt, die Gespräche verstummen, 40 Augenpaare blicken zur Mitte des Raumes, wo Maria Kaluza einen Wacholderzweig anzündet und den Rauch in alle Himmelsrichtungen wirft. Galsan Tschinags Seminare beginnen in der Regel mit einem Ritual, meistens übernimmt sie das. Viele Seminarteilnehmer reisen am Vorabend an. Da findet oft bereits eine Lesung aus den Büchern statt, bei der sie ihn zum ersten Mal erleben. Andere sind schon zum zweiten oder dritten Mal in seinem Seminar, ein siebenzehnjähriges Mädchen kuschelt sich an Maria Kaluza – eine zerbrechliche Gestalt, weißhäutig, immer frierend, magersüchtig vor Zorn auf sich und ihre Welt. Dieses Mal sitzt auch ihr Vater im Seminarkreis.

Galsan Tschinag hockt leicht erhöht auf einem Podest mit weinrotem Sitzkissen vor seinem Publikum. Die Teilnehmer haben sich auf Meditationskissen am Boden, auf Stühlen, auf einem mitgebrachten Schaffell niedergelassen. Er trägt ein weißes Hemd, eine dunkelgraue Hose, Brille, an den Füßen stecken mongolische Hausschuhe aus Leder mit nach oben gebogenen Spitzen. Wie immer verkündet er sein großes Ziel: »Ich will schamanische Heilweisen und Schulmedizin verbinden.«

In seinem Stamm ist er Häuptling und kann das verordnen: Kein Tuwa darf einen Arzt konsultieren, ohne vorher bei ihm, dem Schamanen, oder bei einem seiner Vertreter gewesen zu sein. In den Westen kommt er als Botschafter, der auf die Macht der Überzeugung angewiesen ist.

Er wiederholt die Kernsätze: 90 Prozent aller Krankheiten sind Störungen, in jedem steckt ein Heiler, die westliche Welt braucht wieder den Gesamtblick.

Die moderne Welt verkompliziert alles und sie zerhackt alles, kritisiert er. Auch die Medizin: Arm, Bein, Leber, Niere – alles wird getrennt betrachtet, zerschnitten. Selbst das Gehirn sieht man als zwei Hälften, die eine für dieses, die andere für jenes zuständig. Er setzt dem Vereinfachung entgegen und ein Welt- und Menschenbild, das alles zusammenführt: Jeder trägt alles in sich und ist ein Universum für sich. Und wenn das stimmt, kann sich jeder selbst helfen.

Ines sitzt bei ihm. Er wärmt ihr die kalten Hände.

»Wenn ich eine Weile die Hand auf Ines habe, spricht ihr Körper zu meiner Hand«, erklärt er. »Derweil spinne ich etwas zusammen.« Ines gelange dabei in einen Schwebezustand, der sie wegführt von ihrem Leiden. Der Augenblick, in dem das gelinge, sei der richtige Zeitpunkt für die Vereinigung mit ihrem Heiler. In diesem »Augenblick des Genusses« erzähle sie ihm durch ihren Körper ihre Geschichte. In diesem Moment sei Ines für ihn der Inhalt seines Lebens, er sei nun für sie da: »Auf mich ist Verlass«, sagt er: »Wir müssen füreinander brennen, fließen und strömen.« Er massiert ihr den Rücken. »Vielleicht kommt sie so an anderer Stelle aus unserer Vereinigung heraus und ihre Leiden sind weg.« Er »knete, bis der Körper normal klopft, so viel kann ich sagen. Auf die Frage, wie ich das mache, muss ich nicht antworten. Hauptsache, ihr geht es gut.«

Westliche Psychoanalytiker drücken das anders aus, handeln aber ähnlich. Auch sie deuten Bilder, die sie wahrnehmen, für ihre Patienten. Doch sie beneiden ihn um diese gegenseitige Hingabe, behauptet Galsan Tschinag. Im Westen müssen Ärzte, Patienten und Pflegende kalt sein wie Eis, sagt er. Ein mongolischer Volksheiler behandle aus nächster Nähe, er besitze ja nur seine Erfahrung und seine Hände als Leistungsausweis. Ein westlicher Mediziner hingegen dürfe nichts anderes als fernbleiben, und obwohl er sogar Zeugnis, Arztkittel und Rezeptblock besitzt, so dürfte er doch niemals erklären, er brenne für seine Patienten. »Oh kaltes Europa, da möchte ich heulen«, sagt der Schamane. Für ihn steht fest: Gesetze und Vorschriften, die eine solche Distanz erzwingen, behindern die Heilung.

»Zu Hause im Nomadenland muss ich nichts erklären.« Es herrscht Vertrauen. Ohnehin gäbe es wenig Alternativen, wenige Krankenwagen und Medikamente. Im Westen ist das anders. Hier verlangt man Erklärungen.

»Ich mache ein paar Witze, rede dummes Zeuge, knete, klopfe, gebe an, nichts weiter«, erklärt er. »Ich mache ein bisschen Hokuspokus. Das hilft, dass sich jeder, der sich darauf einlässt, selbst heilen kann. Es wirkt. Wieso, das ist unwichtig. Das weiß ich nicht«, behauptet er und beschreibt, wie er »von beiden Seiten« arbeitet. Seine Finger kneten den Körper an den kranken Stellen, sie glätten und »schieben den Körper zurecht«. Währenddessen redet er fast ununterbrochen. Erfundene, erlebte, gehörte Geschichten fließen ihm aus dem Mund. »Die Zunge glättet die Seele«, sagt er. Die Zunge bringt den Patienten eine Viertelstunde von seiner Krankheit weg und schenkt diese Zeit der Seele, um für den Körper aus eigener Tiefe Heilkraft zu schöpfen. »In diesem Moment identifiziere ich mich mit ihm und seiner Geschichte. Mein Körper wird heiß, sein Körper wird heiß, ich erzähle immer mehr, um ihn weiter abzulenken von seinem Leiden. Und ich höre erst auf zu kneten, wenn der Körper ruhig wird.« Die meisten bestätigen dann, nun gehe es ihnen besser. Manche fragen, wie das funktioniert. Er gibt immer dieselbe Antwort: »Ich weiß das nicht.«

Dann zitiert er Sokrates: »Ich weiß, dass ich nichts weiß.« Bei ihm sei das anders: »Ich denke, dass ich alles weiß.« – Pause. »Aber muss ich denn alles wissen?« Sein Publikum lacht. »Was ist überhaupt wichtig zu wissen?« Stille. »Wir wissen zweierlei: Es gibt die Geburt und den Tod und damit gibt es zwei Kernfragen: Wo komm ich her, wo gehe ich hin?« Pause. »Was mir aus dem Mund springt, muss man nicht wörtlich nehmen.« Manchmal sei es seitenverkehrt, wie Träume.

Entscheidend sei die Berührung. Berührung durch Worte und Hände. Die westliche Psychotherapie arbeitet mit Ausnahme weniger Methoden ohne Berührung, bedauert er. Er könnte auf deren Weise nichts bewirken. »Deine Brüste interessieren mich nicht«, sagt er und massiert Gabi das Sonnengeflecht. Sie hat sich als Nächste gemeldet für eine Heilung und sagt, sie sei Asthmatikerin.

»Wichtig ist, dass Fremdes in dich eindringt, dich erschüttert und in dir wühlt.« Ähnlich wirke manches Mal auch große Musik, ein gutes Buch, ein kluger Film, ein befruchtendes Gespräch. Viele leben unter hohem Luftdruck, weil sie zu viel schlucken. Daraus bildet sich ein Klumpen aus Salz hinter dem Brustbein. »Den möchte ich auflösen, um deine Seele in Fluss zu bringen.«

Jeder Heiler müsse seinen eigenen Weg suchen, seinem Herzen folgen, sich Mühe geben, erläutert er, während er weitermassiert. Ein Lehrmeister kann einen ein paar Methoden lehren, zur Heiler-Persönlichkeit muss sich jeder selbst formen. Schamanen seien weder fehlerfrei noch unfehlbar. Sie sind launisch. Er erzählt, wie seine Patentante aus Zorn sogar ihren Ehemann verprügelt hat. Oft können Schamanen sich bei ihren eigenen Problemen nur schlecht helfen, unter ihnen gibt es Scharlatane und Betrüger. Schamanen bleiben, wie ihre Patienten, einfach Menschen. »Ich bin weit davon entfernt, allmächtig zu sein.«

SPRACHHEILKUNDE

Er beginnt den nächsten Seminartag bei der Sprache.

Am Anfang war das Wort, heißt es in der Bibel. Auch sein Volk kennt diesen Satz, doch etwas anders: Am Anfang steht das Wort. Der Unterschied ist wesentlich, erklärt Galsan Tschinag. Er liegt zwischen Vergangenheitsform und Gegenwartsform, zwischen Sein und Stehen. »Wir leben vom gesprochenen Wort«, legt der Häuptling eines Volkes ohne Schrift, dem Publikum in einer Welt, dessen Schriftsprache er trefflich beherrscht, ans Herz. Die Sprache verrät den Seelenzustand.

Worte spiegeln Emotionen. Diese Erkenntnis ist unbestritten. Sigmund Freud formulierte: »Durch Worte kann der Mensch den anderen selig machen oder zur Verzweiflung treiben.« Worte stimmen hell oder dunkel, sagt der Germanist Tschinag.

Schon am hellen Morgen benutzt ein Westmensch das Wort »leider«. »Leider regnet es heute«, »leider muss ich früh raus«. Solche Sätze blasen kühlen Atem in den heraufziehenden Tag. Wie anders wäre es, ihn mit hellen Gedanken, mit einem Gebet, mit dem Gefühl »schön« – »schön, dass ich heute dieses oder jenes machen kann; schön, dass ...« – zu beginnen. Menschen leben, wie sie reden, sagt er. Das sei wenigen bewusst. »Das Schicksal liegt in unserer Hand und in unserem Munde, sagen die Mongolen.«

Worte sind der Pulsschlag von Galsan Tschinags Heilweise. Er schönt die Sprache, überhöht, reimt, reichert sie an, heilt mit Worten. »Das eigentlich Schamanische ist bei mir das Schreiben.« Eines fließt ins andere: Er verfasst Bücher und Zeitungstexte, unterrichtet, singt; stets trägt ihn das Spiel mit den Worten. Und immer heilte er durch sie, sagt er: im Kommunismus, als man offiziell von Schamanerei nichts wissen wollte; in Zeiten, in denen er selbst von der Schamanerei möglichst wenig wissen wollte; und heute.

Ein Schamane sieht sich als Heiliger, als heiliger Heilender. Galsan Tschinag begreift Sprachen als ganz spezielle Heiligtümer. Sie zu pflegen sei eine weitere Aufgabe, zu der jeder selbst heilend beitragen kann. »Vermeidet Anglizismen«, verlangt er von seinem Publikum und wettert gegen das »Okay«. Es erinnert ihn an die mongolischen Intellektuellen in den Siebzigerjahren, die in jeden Satz mindestens ein russisches Wort eingebaut haben. Ein Armutszeugnis, findet er: Wie wenig sagt »Okay« aus im Vergleich zu »gut«, »in Ordnung«, »das mache ich«. Er möchte mehr. Jeder sollte der Welt Kinder zurücklassen, Bäume pflanzen und für seine Sprache neue Wörter hinzuerfinden.

Sein Plädoyer erinnert an die Dichterpriester, an die deutschen Dichter Anfang des zwanzigsten Jahrhunderts, die überzeugt waren, heilige Poesie zu erschaffen. Seine Gedichte erinnern an Gebete und Gesänge, wie sie in vielen Völkern überliefert sind. Sind sie im Grunde Zauberformeln? Grenzphänomene? Wie auch Fiktionalisierung und Sensibilisierung? Wie Symbolik und Ritual? Was geschah nach der »Entzauberung« der Welt, wie Max Weber sich ausdrückte? Was geschah, nachdem schamanisches Denken in andere Bereiche verlagert wurde – oder verlagert schien?

THEO

Galsan Tschinag blickt in die Runde, ein älterer Mann meldet sich. Der Schamane legt ihm von hinten die Arme auf die Brust. »Ich bin Theo«, stellt er sich vor. Seine Haut wirkt gegerbt wie das Leder seines Hemdes, er ist schlank und etwas ungewöhnlich gekleidet: Lederhemd und alte Armeehosen. Knieschmerzen plagen ihn.

»Bist du beweibt?« – »Ja.« »Bekindert?« – »Ja, zwei.« – »Beenkelt?« – »Einen.« – »Behundet?« – »Einen.« – »Bekatzt?« – »Keine.« Alle in der Runde lachen. Theo schmunzelt, ganz kurz nur, spannt schnell wieder die Mundwinkel an, wenn er sich kurz das Lachen doch nicht verkneifen kann.

Der Schamane holt ihm zwei Frauen aus der Seminarrunde, an jede Seite eine. Sie sollen seine Hand streicheln. Zwei Männer streicheln seine Füße. Galsan Tschinag massiert sein Knie. Er fragt, was ihm auf der Seele lastet. Theo will nur über sein Knie reden. –

»Ich bin transplantiert. Ich würde gerne ohne Medikamente leben, trau mich da aber nicht ran«, sagt er einige Zeit später. Und: »Die Schmerzen im Knie sind weniger geworden.«

In der Pause erzählt Theo mir von seinem Lebensweg. Er ist Elektroniker, Betriebswirt und Schafhirte. Mit 41 Jahren stieg er aus allen Sicherheiten aus und zog sich zurück, um Schafe zu hüten. Im Gepäck ein Vorsatz: Nie wieder zurück nach Deutschland.

Theo blieb aus dem Gleichgewicht. Wurde eine Beziehung enger, floh er. »Ich habe die Frauen einfach nur benutzt«, sagt er heute. Manchmal blieb er für längere Zeit. Das schenkte ihm Kinder und Enkel. Er glaubte, er sei frei. Doch sein Leben ging ihm an die Nieren. Er merkte das nicht, übersah alle Warnzeichen. Ziepte es, trank er Tee. Nierenbeckenentzündungen ignorierte er. Dann, 1999, folgte der Totalausfall. Von jetzt auf gleich versagten ihm seine Nieren ihren Dienst. Theo verstand die Welt nicht mehr. Dialyse. Er begab sich auf einen spirituellen Weg. Heute nennt er sich selbst einen Schamanen und arbeitet als solcher zeitweise auf Korsika.

Metaphorisch gesehen sitzen in den Nieren die Gefühle. In ihnen wird Gut und Böse unterschieden, hier lagern die innersten Gedanken und geheimsten Absichten, zu denen nur das Göttliche Zugang hat. Die Autoren der Bibel, später auch die Autoren des Talmud, waren sehr vertraut mit der Niere, sie kannten allerdings noch nicht ihre Rolle bei der Bildung von Urin. Wissenschaftlicher Rationalismus und die Vorstellung von Griechen und Römern, das Hirn sei Sitz der Seele, bewirkten, dass die Verknüpfung mit der Niere in Vergessenheit geriet.

Theo musste sich stellen. Und er musste zurück nach Deutschland. Genau dort, nirgendwo sonst, wartete eine Niere. Er wurde transplantiert. Das Organ eines mit 41 Jahren tödlich verunglückten Motorradfahrers arbeitet nun für ihn. Eigentlich wollte er nichts über den Spender wissen, eine übereifrige Ärztin verriet es ihm. Damit machte er ebenso seinen Frieden wie mit manch anderem.

Längst nicht mit allem. Das verspannt. Der Schamane hört aber einfach nicht auf, Scherze mit ihm zu treiben. Im Gruppenraum erzählt Theo lange Zeit nur von seinen Knieschmerzen. Er war bis kurz vor den Seminartagen noch im Wallis auf der Alp, wo er das Vieh hütete und wohl das Gelenk durch die vielen Steilstrecken einfach zu sehr beanspruchte. Irgendwann machen ihn die Schamanenscherze dann offensichtlich mürbe. Er kommt endlich aus sich heraus und sagt allen, was ihn umtreibt: »Ich möchte gerne die Medikamente absetzen, die ich wegen einer Transplantation brauche, traue mich da aber nicht ran.«

Der Schamanenfürst nimmt die Verantwortung nicht auf sich. Er gibt keinen Rat.

Eliane meldet sich. Sie klagt über Ohrrauschen. Die Ärzte sagten ihr, damit müsse sie zurechtkommen. Er empfiehlt Hammelbrühe. Vom Kopf eines achtjährigen Mutterschafs und von vier Hufen die Haut absengen und anbraten und ihn dann in fünf Liter Wasser mit Ingwer und Zwiebeln auskochen, bis der Sud reduziert ist auf drei Liter, davon alle Stunde einen Liter trinken, dabei ins Bett legen, schwitzen und sich die Ohren zustopfen...

EVIS WITZ

»Ich grüße die Leute und mache ein freundliches Gesicht; da kommt meistens etwas zurück. Und wenn einer trotzdem mürrisch schaut, seine Sache. Mir tut es gut, wenn viele eben dann auch freundlich zu mir sind«, sagt Evi. Sie wollte unbedingt als Nächste drankommen. Sie sprudelt. Ständig sind ihre Arme und Hände in Bewegung, wenn sie redet. Ihre Stimme ist rauchig, ihre Haut ledrig und braungebrannt. Eine schlanke Frau voller Lebenskraft. Sie redet fast ohne Pause, schüttet Sätze in den Raum: Bei einem Motorradunfall starb sie und wurde reanimiert. »Irgendwie haben sie mir da mein Brustbein beschädigt.« Einige Jahre später verunglückte sie mit dem Auto, der Griff der Beifahrertür steckte im Bein. Das Schleudertrauma beachtete sie nicht, haute ab aus der Klinik, weil zu Hause ihre kleine Tochter wartete. Natascha ist 11, ihr Bruder 21, dazwischen lagen drei Fehlgeburten. Der Meniskus bereitete Probleme, weil er ins Knie blutete. Sie folgte dem ärztlichen Rat, das Bein zu belasten, bis ein anderer Arzt ihr vorwarf, die Entzündungen entstünden durch die zu frühe Belastung des Beins. Die Schleimbeutel wurden entfernt, die Beschwerden blieben. »Ich ignoriere jetzt einfach meinen Körper. Das ist nicht gut, ich weiß, aber ich mache das.«

»Wir suchen jetzt Evi«, kündigt der Schamane an, eine Hand an ihrem Solarplexus. Er massiert. Knetet. »Ach ja, ein Kaiserschnitt ist leicht missglückt.« Er bereitet sie vor: »Es wird dir heiß werden, uns beiden wird heiß werden, wir werden brennen.« Sie kontert: »Wenn ich schwitze, dann riecht das ja, das kann ja eklig werden.« Alle lachen.

Für einen Heiler gibt es keinen Ekel, erklärt Galsan Tschinag dem Publikum. Da wäre er arm dran in einem Nomadenvolk, das nicht gerade Luxusbäder in der Jurte hat. Angst, Ekel, Neid – all das gebe es für einen Heiler nicht. »Ich schaue nur auf das Schöne und Angenehme. Das Überhören und Übersehen ist charakteristisch für Schamanen.« Evi schleudert er entgegen: »Rede nicht so dummes Zeug.«

Vergewaltigten Frauen rate er, die fünf Minuten, in denen ihnen dies widerfuhr, zu zerkauen und sie dann auszuspucken. Was sei das schon gegen neun Monate Schwangerschaft und den Reichtum, mit einem Kind zu leben!

Er fordert Evi auf, zu genießen, in der Zeit zu reisen, durch die Dimensionen zu streifen. »Es ist ein Spiel. Alles ist ein Spiel.«

Sie will jetzt lieber weg. Zurück auf ihren Platz, mag nicht ruhig werden.

Sie empfinde es nun zusehends als peinlich, wie viel Zeit er alleine für sie aufwende, wirft sie ein und erzeugt dadurch schallendes Lachen. »Dumme Frauen«, sagt Galsan Tschinag, »dumme Frauen sind lieb. Sie tun nur so, um aufzufallen.«

»Und um die Männer nicht so zu erschrecken«, ergänzt Evi, ebenfalls unter Lachen.

Er empfiehlt ihr die Parabel von der kleinen Maus im Buch »Die graue Erde«, einem gefräßigen, geschäftigen Wesen, das so eilig mal hier, mal dorthin trippelt, dass es in eine Falle gerät.

Also eigentlich, erzählt sie ihm in der Pause, suche sie Rat für ihre Tochter, die operiert werden soll. Die Elfjährige war vor vier Jahren vom Hochbett gesprungen. Seitdem schwillt der Fuß in unregelmäßigen Abständen stark an. Die Ärzte diagnostizierten bei ihr einen Knochensplitter und leicht brüchige Fersenknochen. Am nächsten Tag bringt sie das Mädchen mit.

HINWEISE ZUM NIEDERSTRECKEN VON MÖRDERN

Konstantin fühlt seit Wochen mehrmals täglich ein Messer in seinem Kopf. Außerdem klagt er über immer wieder plötzlich auftretende Schmerzen in Rücken und Gliedern. Seine Frau rutscht zu Maria Kaluza und weint bitterlich. Tschinag befragt seine Orakel: seine Steine und seine Schafknochen. Er rät Konstantin zu einem weiteren Arztbesuch, das würde ihn beruhigen. Er solle besser mehrere Ärzte befragen, weil er innerlich so sehr verunsichert sei. »Schade, dass ich heute mein Messerchen nicht dabeihabe, dann würde ich diese kleinen Würmchen schon rausmachen«, beschreibt er ein unter sibirischen Schamanen sehr verbreitetes Ritual, durch das Negatives aus dem Körper entweichen soll. Das Gefühl, in sich sicher zu sein, trage viel zur Gesundheit bei. Das sei etwas anderes als Esoterik.

Schamanentum habe nichts zu tun mit Esoterik, erklärt er. Schamanerei sei ein logisches Spiel mit viel Humor, Klugheit, Hingabe und Weitblick. Ein Schamane verausgabe sich bei jeder Sitzung, werde aber reichlich belohnt. 90 Prozent der Rechnung sind wie ein Trinkgeld, scherzt er. Dem Gehirn fällt das Vergessen schwer, sagt er. Hinzu kommt die Angst. Er habe mal Thomas Kaluza gefragt, weshalb so viele Menschen Angst haben vor dem Arzt. Der, selbst ein Arzt, trennte: Sie fürchten den Mediziner, der sich mit Apparaten umgibt, nicht den Arzt, der sich um den Menschen kümmert.

»Ich weiß nicht, was ich wirklich mache«, sagt Galsan Tschinag, »ist das Wissenschaft, ist das Wunderheilerei?« Gelinge ihm, einem Menschen eine Richtung für sein Leben zu zeigen, fühle er sich als Heiler. Gelinge es ihm nicht, behalte er dennoch sein Gleichgewicht. Sonst würde er unter der Last der Leidensgeschichten längst ersticken. »Ich kann nichts weiter als den Weg zeigen. Jeder Mensch trägt seinen Schamanen und seinen Mörder in sich.« Er will den Arzt im Menschen stärken und den Mörder niederstrecken helfen.

»Nina, glaubst du an mich?« Sie schüttelt den Kopf. »Ich kann nur jenen helfen, die mir glauben und mir vertrauen«, sagt er und erklärt: »Hast du einen Gegenstand verloren, hast du nichts verloren, hast du eine Gesundheit verloren, hast du einiges verloren, hast du deinen Glauben verloren, hast du alles verloren. Nina, du stehst dir selbst im Weg.«

Schamanerei ist ein großes Spiel, erklärt Galsan Tschinag. »Ich kann nichts geben, aber helfend beistehen.« Jeder bleibe am Ende sich selbst überlassen, seinem Glauben und seinem erweckten Glauben. Die Seele sei der Schlüssel der Heilung, doch oft vernachlässige man ausgerechnet sie und achte auf sie weit weniger als auf Organe und Glieder. »Ein Widersinn«, sagt der Heiler. Er verabschiedet sein Kurspublikum mit einem mongolischen Wiegenlied.

Alle stehen auf und fassen sich an den Händen, er singt. Alle stimmen mit ein. Er nimmt seine Flasche Schnaps aus Yakmilch, den er immer in seinem Gepäck hat, wenn er aus dem Altai kommt, wie auch den Wacholder. Er versprüht Schnaps in alle Richtungen: »Das ist für die Geister und für alle, die mich mögen.«

SIMONE

Das Wiegenlied stimmt auch den zweiten Seminartag an. Der Duft frisch verbrannten Wacholders hängt im Raum. Galsan Tschinag spritzt wieder mit etwas Schnaps, nun, um die Geister zu wecken.

»Ich möchte meine Heilkraft wiederfinden«, sagt Simone. Die 32-Jährige lehnt an der Brust des Heilers, er bearbeitet sie. Er thront in einem prächtigen, ockerfarbenen Gewand aus glänzendem Stoff auf einem Stuhl. Seine Füße stecken in großen, knapp kniehohen Stiefeln. Die Spitzen sind nach oben gerichtet, symbolisch, um der Mutter Erde keinen Schaden zuzufügen. Es sind sehr steife Stiefel, die sich hervorragend eignen zum Reiten, weil sie den Druck des Steigbügels abfangen – und bei einem Sturz des Reiters darin hängenbleiben, während dieser leicht aus dem Schuh rutscht und sich weniger verletzt. »Der Suhrkamp Verlag hat einen Fotografen geschickt, deshalb bin ich hier im Sonntagsstaat«, erklärt er.

»Nina, hast du heute Nacht geträumt? Ich habe von dir geträumt«, wirft er ihr zu und fordert dann Simone auf, zu reden. Sie berichtet von einer chronischen Darmentzündung, von Durchfall, Schmerzen, einer bevorstehenden Operation.

Galsan Tschinag nennt Hausmittel aus seinem Volk. Gegen Verstopfung hilft kalte Flüssigkeit in großen Mengen, am besten Hammelbrühe, wie er sie auch beim Ohrenrauschen empfahl, aber kalt und einen Liter. Nützlich sei auch abgekochtes Wasser, das über Nacht in einer Silberschale stand und morgens in einem Zug getrunken wird. Bei Durchfall müsse das Getränk heiß sein. heiße Milch wirke verstopfend, kalte fördere Durchfall. Auch Holzkohle nütze, fett- und salzloser, harter Käse. Jedenfalls bei normalen Verdauungsstörungen.

»Simone braucht mehr.« Er befragt sein Orakel und liest ihr günstige Konstellationen vor, sogar hervorragende. Nur eines müsse ihr zuerst noch gelingen: »Simone, du musst zu dir stehen. Räume Überflüssiges weg aus deinem Leben, werde sicherer in dir.«

Simones Jeanshose schlottert, unter dem schwarzen, locker fallenden Pullover glaubt man ihre Knochen klappern zu hören, weich fallendes, mittellanges Haar rahmt das sehr weißhäutige Gesicht ein, die dunklen Augen sitzen tief in ihren Höhlen, blicken scheu, ängstlich. Die Stirn liegt leicht in Falten. Sorgen und Verzagtheit scheinen ihr die Augenbrauen hochzuziehen. Eine Sekunde später, als der Schamane eine seiner komischen Geschichten erzählt, lässt sie los und fällt in das Lachen der Gruppe ein. Für kurze Zeit sind ihre Sorgen vergessen – je länger das Seminar dauert, desto öfter. Ebenso regelmäßig versinkt sie wieder in ihr Leiden.

»Was er sagte, sagen mir alle Therapeuten«, berichtet Simone später im kleinen Kreis. Sie arbeite da auch dran, endlich sicherer zu werden. Aber es falle ihr schwer. Fast ihr halbes Leben lang plagt sie sich. Enttäuschte Liebe war der Ursprung, vor 15 Jahren. Ihr damaliger Freund betrog sie, sie stürzte sich in die Krankheit. Er sieht sie leiden: Sie ist bis heute Kundin in seinem Frisörsalon. »Ich habe ihm das auch gesagt, dass ich das nicht gut fand. Ihm habe ich verziehen. Nur mich selber mag ich nicht. Ich denke, ich verdiene nicht, dass es mir gut geht.« Sie lasse schon nicht mal ihren Zwerghasen nahe an sich, andere Menschen noch weniger, und einen Mann gleich gar nicht. »Obwohl ich danach Sehnsucht habe.«

Simone arbeitet als Sachbearbeiterin im Sozialamt. Dort begegnet sie täglich einem Mann, der ihr sehr dankbar ist. Sie hat dem über 50-Jährigen eine Stelle vermittelt, von deren Vakanz sie zufällig wusste. Gibt ihr seine Reaktion nicht auch Kraft und Zuversicht? Sie weint. »Ich denke immer, ich habe nicht verdient, dass es mir gut geht. Davon komme ich nicht los.«

Seit zwei Jahren ist ihre Darmentzündung so schlimm, dass sie zeitweilig in die Klinik musste und wochenlang krank bei ihrer Schwester lag. »Ich muss etwas ändern, ich habe das begriffen«, sagt sie. In ein paar Tagen ist sie wieder in der Klinik angemeldet, um eine stark verengte Stelle im Darm weiten zu lassen. Geht das nicht, muss das Stück entfernt werden.

Es könnte alles noch schlimmer kommen. Doch sie behauptet, sie wolle alles tun, um Boden unter die Füße zu bekommen.

Der Schamane verschreibt ihr Nähe.

Und er wendet das an. Mit beiden Händen nimmt er Simones Kopf, zieht ihn zu sich und leckt ihr mit seiner Zunge beide Augen aus: »Ich wisch dir alles Trübe weg.«

Sie lässt es geschehen.

Er erzählt von seinem Klinikaufenthalt 1980, als er überzeugt war, er müsse wegen seines Herzklappenfehlers sterben, und er berichtet, wie er danach um sein Leben joggte, Tag für Tag im Dauerlauf. Geschichten am eigenen Leib lassen ihn noch sensibler nachempfinden, woran seine Patienten leiden. »Wir müssen unser Haus festigen«, sagt er. Seine Weisheiten sind so alt wie die Bequemlichkeit, die viele hindert oder abhält, nach besserem Wissen zu leben. Galsan Tschinag rannte, schwitzte, schnaufte und kehrte ins Leben zurück als Sieger. »Über andere zu siegen ist einfacher als über sich selbst«, sagt er. »Aber auch die Genugtuung, die Freude am Sieg ist höher.«

Von einem gefestigten Haus aus erreiche man Ziele besser, muss aber bereit bleiben, jederzeit ganz zu gehen. »Ich will 50 Bücher schreiben«, sagt er, doch keine Reise tritt er an, ohne dass der Arbeitstisch in Ordnung und das Unaufschiebbare erledigt ist. »Ich könnte ja nicht mehr zurückkommen und keiner kennte sich aus.«

Simone, die so schwer Nähe erträgt, lehnt noch immer an seiner Brust. Ihre Gesichtszüge sind ruhig, gelassen. Was er ihr sagt, sagt er allen. Immer wieder schweift sein Blick durch den Raum, erfasst alles mit den Augen eines Adlers. »Vergiss Menschen, mit denen du dich nicht verstehst, vergiss und vergib deiner Feindin, deinen Feinden. Fang an, an dir zu arbeiten. Disziplin, Simone, kämpfe mit eiserner Disziplin. Ich habe den faulen Hund in mir auch so besiegt. Nach einem Jahr werden sie dich spielend durch das Leben rennen sehen und sich darüber vielleicht ärgern. Spielerisch, sportlich, nicht mehr als die Grübelnde.«

Er wünscht ihr den inneren Frieden, im Sinne des Dalai Lama, dessen Bild er in diesem Seminarraum, im Tibetzentrum Frankfurt, im Rücken hat.

Simone sitzt wieder in der Seminarrunde, Galsan Tschinag spricht ihre Schwester an. Claudia möchte, dass Simone manche Verhaltensweisen ablegt und wieder ins Leben zurückfindet. Er rät ihr, aus ihrem Wunsch einen Traum zu erspüren. »Lege ihn in Gedankenbahnen morgens in deiner Schwester ab.« Vor ihm sitzt nun Nina, die Ungläubige. Sie träumten voneinander.

Sie gibt zu, dass sie Angst hat, bei ihm zu sitzen. Galsan Tschinag sortiert Träume in drei Kategorien: schöne, gewöhnliche, schreckliche. Sehr gute behält man für sich, auch in den besten Partnerschaften brauche jeder so ein kleines Geheimnis. Schöne Träume hegt man, pflegt sie, zieht sie groß und lässt ihnen eine Zukunft. Die gewöhnlichen Träume kann man beim Frühstück erzählen – »das sichert schon mal ein Thema« – und dann verschwinden sie. Albträume gehören ins Klo und dreimal hinterher gespuckt. »Welche Art Traum ist es? Erzählst du ihn?«, fordert er Nina auf. Sie sagt nichts, überlegt eine Weile, steht wortlos auf und geht hinaus aufs Klo.

»ICH BIN EINE VERWANDELTE SCHLAFTABLETTE«

»Glaube versetzt Berge«, sagt Galsan Tschinag. Es kann sein, dass ein von Leiden geplagter Mensch lange, zuweilen tagelang reist, über viele Berge und Flüsse hinweg, um zu ihm zu gelangen. An seiner Jurte angekommen, ist er erleichtert. Der Schamane bittet ihn zum Tee. Sie reden. Er bringt den Patienten mit albernen oder komischen Geschichten zum Lachen. Irgendwann fragt er ihn, was ihn plage. Bauchschmerzen, erfährt er, und er leide unter Schlaflosigkeit. Nur: Jetzt seien die Schmerzen einfach weg, sagt er, und schläft im Arm des Schamanen ein.

»Wer hat etwas abzuladen, wer braucht Klarheit?«, unterbricht sich Galsan Tschinag.

An ihm lehnt Siegbert. Er wälzt sich nachts im Bett und erwacht wieder nach wenigen Stunden. »Wir werden nun nicht esoterisch, sondern bleiben schamanisch-wissenschaftlich«, sagt der Heiler. Er empfiehlt ihm Urin, einen Schluck aus dem Mittelstrahl, und seine Bücher: »Ich bin eine verwandelte Schlaftablette. Wer mich konzentriert liest, nomadisch langsam, jedes Wort lutschend, spürt die beruhigende Wirkung. Nehmt meine Bücher mit ins Bett, lasst die Sätze wirken, kaut Wort für Wort.«

Hinter diesen Worten stehe die weite mongolische Landschaft. Er zitiert Friedrich Schiller. Mit ›seid umschlungen, Millionen‹ habe er genau das gemeint: »Wer alles auf sich bezieht, die Gestirne, Steine, Mäuse, beruhigt mit dieser Lebensphilosophie seinen Körper.« Das wirke auch bei Kindern. Erzählt man ihnen von der Steppe, von der Urheimat des Lebens, der sanften Weite, wirke das wie eine beruhigende Droge.

KINDERSEGEN

Galsan Tschinag erzählt weiter von den Nomadenkindern. Sein Arm liegt um Christina. Die Mutter von zwei Kindern im Alter von sechs und acht Jahren klagt über Gliederschmerzen.

Nomadenkinder schreien vielleicht zwei, drei Mal im Jahr. »Wir vergessen sie nicht, wir lassen sie aber aus dem Blick wie eine Stute ihr Fohlen.« In Deutschland empfinde sich eine Mutter, die ihre Kinder nicht dauernd beschäftigt und ihnen vorschreibt, wann sie essen sollen und dies und das tun müssen, als eine schlechte Mutter. »Sehe ich europäische Kinder in der Steppe, könnte ich weinen. In meiner Muttersprache, auf Tuwinisch, gibt es gar kein Wort für Erziehen.«

»Und zudem fehlt den meisten Bewegung, wie auch ihren Eltern.« Der Schamane massiert Christinas Gelenke, zieht ihr die Arme lang und sich das Hemd über den Kopf. So, und jetzt alle, hundert Mal, fordert er alle im Raum auf zum Armkreisen. Er lässt nicht nach im Tempo, sein Körper wirkt durchtrainiert, sehnig im grauen Unterhemd.

Pause.

Kerstin meldet sich. Die knapp Siebzigjährige erzählt von einem Knochen-
bruch, dessen Heilung ihr zu lange dauere. Ein Lebensjahr entspricht
einem Genesungstag, rechnet ihr der Schamane vor. Von Kind auf plage
sie eine Neurodermitis, erzählt sie weiter. Nimm Urin, rät er und fragt, wie
vertraut ihr Mann ihr sei. Sein Mittelstrahl würde ihren besonders ju-
ckenden Körperstellen sehr guttun. »Da ist noch was...«, zögert sie. Sie
ist zum zweiten Mal verheiratet, doch nicht ganz zufrieden. »Ich habe die
Lust verloren.« Das entstehe durch viele Verletzungen, interpretiert Galsan Tschinag. Wir schaden uns und unserem inneren Frieden. Wer sich vor
Anfeindungen schützen möchte, sollte so oft wie möglich in Güte reagieren. Am Alter liege das nicht. Aus der nomadischen Welt kenne er Orgas-
musschwächen überhaupt nicht.

Aber Kinderlosigkeit und das damit oft verbundene große Leiden der
Frauen gibt es auch dort. Die Männer kommen meist nicht auf die Idee,
das könne auch an ihnen liegen. Sie schieben die Verantwortung auf die
Frauen und bezeichnen sie als unfruchtbar. Der Schamane empfiehlt die-
sen Frauen zu handeln und sich einen Geliebten zu nehmen für ein paar
Nächte. Viele gingen darauf ein, sagt er, manche wurde schwanger.

»Ich will das Beste für den Menschen, auch wenn es kleiner Mögelchen
bedarf«, diminuiert er die Kuckuckskinder. »Ich bin als Schamane mora-
lisch nicht befangen.« Der Ehemann werde, obwohl er das Kind nicht gezeugt habe, der tatsächliche und wirkliche Vater sein.

GIFT

Stephan ist vergiftet. Der 55-jährige Patentanwalt leidet unter Müdigkeit
und fühlt sich erschöpft. Folgen der Rückstände, die seine Amalgamfül-
lungen in ihm hinterließen. Er kämpft dagegen an, leitet das Gift aus seinem Körper. Es schwächt ihn weiterhin. Galsan Tschinag rät ihm, viel zu
trinken – Milch, besser noch: Schnaps –, »Gift gegen Gift« und viel zu

schwitzen, am besten in der Sauna. Nach dem ersten Durchgang sollte man den Körper einsalzen, um die Wirkung zu verstärken.

Ihm sei Vergleichbares widerfahren, eine Folge von zwei Stiftzähnen, die ihm 1979 in der damaligen DDR eingesetzt wurden. Bei ihm meldeten sich die Zähne bereits nach einem Jahr wieder. Es waren Olympische Spiele, er wollte als Journalist hinfahren und berichten. Rasende Zahnschmerzen plagten ihn. Die Zähne wurden entfernt, ehe sich in seinem Körper das Gift des Zahnmetalls weit ausbreiten konnte. Das Gift war Auslöser der Schmerzen. »Es ist auch ein Training für den Körper, ein kleiner Tod, der festigen kann und wappnet gegen andere Gifte.« So wie Krankheiten das Abwehrsystem trainieren. Jedenfalls solange bestimmte Mengen und Belastbarkeiten nicht überschritten sind.

GEDULD

Elisabeth erzählt von Schmerzen, die mal am Bein, mal in den Armen, mal sonst im Körper auftauchen und verschwinden, ohne dass sie die Ursache kennt. Galsan Tschinag ertastet ihr Leiden. »Weiser Egoismus nutze allen, dummer Egoismus schade anderen. Willst du etwas für dich erreichen, muss dieser Wunsch so verpackt sein, dass die anderen auch etwas davon haben«, sagt er. »Ich sehe keinen Mann neben dir.« – »Ich auch nicht«, gibt sie zurück und amüsiert alle mit ihrer Schlagfertigkeit.

»Ich wünsche mir mehr Geduld«, sagt die Mutter von drei Kindern. Kurzes Schweigen. »Heute früh war ich bei meiner Mutter. Sie hat seit zwei Jahren Krebs. Ich pflege sie. Aber ich wünschte mir mehr Geduld dafür.« Ihrer Mutter wurde eine Brust amputiert und täglich schluckt sie 21 Tabletten. »Heute früh haben wir entschieden, dass wir die Chemotherapie abbrechen werden, und sie nahm diese Tabletten heute nicht mehr.« Galsan Tschinag erzählt, wie die Menschen im Altai ihr Leben abstellen können. »Bei uns gäbe es kein Leiden, das viel länger als ein paar Stunden, längstens zwei Wochen andauerte. Die städtische Kultur zieht den langsamen Tod vor.«

Nina sitzt wieder bei ihm. Ihren Traum hat sie inzwischen ausgespuckt. Sie scherzt nicht mehr. Nina nestelt mit den Händen an ihrer Bluse. »Jeden Morgen wache ich steif auf vor Rückenschmerzen.« Der Schamane knetet den Rücken, er spricht nichts. »Die Schmerzen sind feige, sie verstecken sich«, sagt er dann. Ihr fehle die Sendeantenne. Sie nehme auf, könne aber nicht abfließen lassen. Wer nicht manches von dem, was auf ihn einströmt, weiterleitet, wird verrückt. »Ich muss die schönen Seiten meines Schamanenschicksals ganz groß machen, sonst würde ich es nicht aushalten. Ich bin so oft von leidenden Menschen umgeben, die auf mir abladen.« Und zuweilen von Anfeindungen. Manches Mal erwarte man Blumen für das, was man mache, empfange aber Neid oder werde mit Steinen beworfen: Menschenhasser, Weiberquäler, Tierquäler. »Ich muss diese Steine zerbröseln und in Blumen verwandeln. Erst dann kann ich weiter wachsen.«

Er verabschiedet sich mit einem Lebensrezept: »Bleibt offen für alles. Das größte Übel kommt von unverdautem Glück.« Viele verblöden über ihrem Glück und bemerken das oft erst, wenn es ihnen schlecht geht. »Ich kann euch nichts geben, nur etwas in euch erwecken. Pflegt das Erwachte, arbeitet mit euch, lasst eure Hände, eure Körper, euren Geist arbeiten!« Das trägt Feuer, Wärme und Licht in die Augen und in das Leben. »Jeder muss für sein Glück kämpfen und wird es dann dankbar, heiter und demütig in sich spüren.«

Einer seiner letzten Blicke gilt Elisabeth: »Sei gelassen, wenn deine Mutter geht. Du wirst sehr glücklich darüber sein, was du getan hast.«

»ICH MÖCHTE MIT HELLEN GEDANKEN IMPFEN« – EIN GESPRÄCH ÜBER KRANK SEIN, HEIL WERDEN, SCHAMANISMUS UND SCHULMEDIZIN

■ *Sie behaupten, 80, 90 Prozent der Krankheiten sind nur gespielt, das heißt, die meisten haben nur leichte Störungen seelischer Art und keine eigentlichen Krankheiten. Warum fühlen sich so viele krank?*

Die Welt ist so, wie man auf sie schaut. Die meisten Menschen sind kerngesund. Sie haben nur kleine Unregelmäßigkeiten und Störungen. Wenn du jetzt in diesem Augenblick traurig bist, muss ich dich nur anfassen und muss nicht viel reden. Ich habe viele Menschen in deutschen Zügen behandelt, weil ich gesehen habe, sie waren sehr gestört und sehr traurig.

■ *Lassen die Leute sich einfach darauf ein?*

Sie waren anfangs erschrocken, wenn ich sagte, geben Sie mir die Hand. Zögernd folgten sie mir, haben aber ganz fragend auf mich geschaut. Bei einem Mann wird der erste Gedanke sein, ist der schwul, bei einer Frau, will der mich verführen oder ist er ein Betrüger, der mir meinen goldenen Ring wegziehen will. Dann spüren sie plötzlich, dass sie sehr zur Ruhe kommen. Ich muss nicht reden, ich halte ihre Hand. Meine Fingerkuppen registrieren alles sehr genau. Irgendwann spüre ich, die Angst, das Missverständnis, der Verdacht und alles Negative hat sich gelegt, jetzt fängt der Mensch an zu denken, es hat angefangen zu fließen. Das ist sehr angenehm. Er fängt an, mich zu genießen. Die fest verschlossene Tür öffnet sich langsam.

Ich frage, wie empfinden Sie es. Schön, sagen sie. Nach einer Weile stelle ich eine Frage: Was ist der Grund, weshalb Sie so traurig sind? Viele sagen zuerst, wie kommen Sie darauf, dass ich traurig bin? Ich bin doch gar nicht traurig. Ich antworte, lassen Sie das beiseite, ich sehe doch. Manche zucken dann zurück, fragen: Wer sind Sie?

Dann antworte ich, Sie grübeln zu viel. Schauen Sie, welch ein schöner Tag draußen ist. Woran denken Sie, wenn alle Knospen an einem Baum aufgehen? Sind das nicht wir? Hunderttausende von grünen Sperlingen, die plötzlich losflattern wollen! Ja, so könnte man denken, kommt oft als Antwort und ich fordere sie auf: Denken Sie weiter. Woher kommt das alles? Ist es nicht wunderschön in der Natur? Ja, allerdings, sagen sie. Ich lasse nicht locker: Finden Sie das Leben nicht schön?! Nun sinken manche wieder ein: Ach, schon lange nicht mehr.

Eigentlich sind Sie doch ein schöner Mensch, sage ich. Sie haben wunderschöne Augen, eine zarte Haut. Wenn ein Mensch so etwas hört, wird er schon anders. Diese europäische, christliche Kultur sagt zwar »Liebe deinen Nächsten«, sie ist aber nur darauf ausgerichtet, beim anderen Fehler zu entdecken. Keiner ist so großzügig zu sagen, das ist ja ein lieber Mensch, ein Glückskerl, einfach ein paar anerkennende Worte.

Hat man eine Weile so geredet, steht die Tür offen. Dann erzählt ein Mensch von seinen Sorgen – Kinder, Ehefrau, Ehemann, Firma, Krankheit. Das ist nicht so schlimm, sage ich. Ich könnte Ihnen helfen. Wie bitte? Ich könnte Ihnen helfen, wiederhole ich.

Einer sagt plötzlich, er habe schreckliche Kopfschmerzen, er wolle nur Ruhe und eigentlich gar nicht reden. Ich sage ihm, ich könnte ihm die Schmerzen runterziehen. Abziehen. Meinen Sie?, fragt er. Ich meine es nicht, ich weiß es, antworte ich, schließe die Abteiltür zu und mache es. Meist sagt er bald, das tut gut. Sagt er nichts, mache ich sieben, acht Minuzen, höre dann auf und sage: Jetzt sollten die Schmerzen weg sein. Ja, tatsächlich, kommt als Antwort, und: Wie haben Sie das erreicht? Das ist eine andere Frage, entgegne ich, Hauptsache, Sie haben keine Schmerzen mehr. Dann geht der Mensch und bedankt sich tüchtig.

Wenn ich sagen würde, ich bin ein Schamane, gäbe es eine kleine Katastrophe. Die bekommen Angst, die bekommen einen Schrecken und die sehen in mir sofort einen Betrüger. Das darf ich nur zu Menschen sagen, die wirklich auf der Suche nach einem Schamanen zu mir gelangt sind. Zu einem unvorbereiteten Menschen darf ich das nicht sagen. Ich darf nicht einmal sagen, ich bin Nomade. Die haben hier eine Meinung über Nomaden, das sind so heruntergekommene Menschen. Ich sage einfach, Hauptsache, es geht Ihnen besser ...

■ *Und wie geht es dem Heiler?*
Ich habe auch ein ganz anderes Gefühl. Ich bin nicht nur Zug gefahren, habe dagesessen und geschwiegen. Ich habe einem Menschen geholfen. Diese Gewissheit, dieses Selbstwertgefühl, einem Menschen und der Menschheit gedient zu haben, ist ein wunderbares Gefühl. Viel Besseres erwarte ich vom Leben nicht!

■ *Erleben Sie auch Widerstand?*
Es gibt welche, die sich nicht mehr öffnen. Das ist traurig, aber das ist auch von Wert. Denn so ist die Welt. Ein solcher Mensch ist derart in seiner christlich-humanistischen Erziehung gefangen, dass er in jedem Menschen einen Feind vermutet. Wahrscheinlich schon deswegen, weil ich anders ausschaue. So ist es halt. Ich würde ihm gerne helfen, aber er ist dazu nicht bereit. Das ist auch ein Gesicht des Lebens.

■ *Viele Menschen klagen über die Zeiten, in denen wir leben, über die Umweltverschmutzung und über Zivilisationskrankheiten. Sehen Sie ebenfalls Grund zu solcher Klage?*
Die Welt ist so, wie man auf die Welt schaut. Wer ständig an Krankheit denkt, findet an allem und jedem irgendetwas auszusetzen. Schaut man

auf die Schafe einer Herde, findet man immer etwas: Der eine Bock ist zu jung, der andere zu alt, der eine hat zu dicke Hörner. Stellt man sich die giftigen Ablagerungen in der Welt vor, findet man beim Blick in den Himmel selbst die Sonne und die Sterne krank.

■ *Die andere Möglichkeit ist, dass man behauptet, trotz alledem ist alles in Ordnung, und positiv an die Dinge herangeht.*

Diese Art zu denken kennzeichnet einen Menschen, der hellsichtig ist, der das Licht sieht. Das macht alles weniger schmerzhaft. Wer das Licht, das Helle, das Positive an einer Sache sieht, lebt sehr viel schmerzärmer. Der glaubt an eine große eherne Beständigkeit, an ein ehernes Gesetz: Die Erde fliegt nicht auseinander, sie bleibt auf der Umlaufbahn. Aber es wird vielleicht eine etwas andere Umlaufbahn sein. Grönland, das Grüne Land, ist heute Eis. Alles ändert sich in der Natur. Jeder menschliche Eingriff ist nur einer der Faktoren, auch so ist das ganze Universum ständig in Bewegung, es gibt innere Katastrophen, die hat es immer gegeben und sie wird es immer geben. Alles ist im Fluss.

■ *Wie ist Ihre persönliche Einstellung?*

Ich sehe in jedem das Gute, die Erde ist ein Paradies. Trotz allem. Zum Paradies gehört immer auch ein bisschen Hölle. Ein Paradies ohne Hölle kann es nicht geben. Wenn ich so auf die Sache schaue, sehe ich immer das Gute, das Lichte, das Erträgliche. Das Leben ist etwas Großartiges. Trotz des Todes, trotz der Krankheiten, trotz der Armut, trotz der Schmerzen. Gerade weil es den Tod gibt, die Krankheiten, die Armut und den Schmerz empfinden wir das Gegenteil als etwas sehr Schönes. Gäbe es den Tod nicht, wüssten wir nicht, wie schön das Leben ist!

■ *Was lässt sich mit einer solchen Denkweise bewirken?*

Ich kann in mein Gegenüber das Positive oder das Negative hineinsehen. Wie man mit einem anderen umgeht, geht er auch mit einem um. Geht man mit einem harmlosen Pferd ruppig um, kann man es in eine Mordmaschine verwandeln. Denke ich mir in mein Gegenüber alles mögliche

Schlechte, wirkt er mit jedem Gedanken immer noch ein Stück gefährlicher auf mich. Sehe ich mir seine hellen Seiten an, finde ich ihn erträglich. Durch meine Gedanken dirigiere ich ihn unbewusst in die Richtung meiner Sicht auf die Dinge. Er bestätigt dann mein Urteil und wird zu mir ruppiger sein oder freundlicher.

■ *Und wenn einem das Gegenüber einfach von sich aus blöd kommt?*
Ich würde zunächst in seine Richtung verstärken und ihm immer noch blöder kommen, bis er müde wird, einen noch weiter zu erniedrigen, einfach als Schutzmaßnahme. Wenn aber eine Grenze erreicht ist und er sich nicht abbringen lässt, einen anders zu sehen, kann man ihn fallen lassen. Aber bewusst. Macht man das bewusst, ist man beschützt. Macht man es unbewusst, ist man verloren.

■ *Wann beginnt Heilung?*
Sie beginnt, wenn ein Mensch wieder Licht sieht. Ich möchte jeden Menschen mit guten Gedanken, mit hellen, linden, lieben, warmen impfen. Ich möchte ihn mit Lebensfreude, Lebenslicht und Lebenswärme auftanken. Das ist mehr als ein Schulmediziner gibt, der nur ein paar teure Tabletten verschreibt, die oft noch Nebenwirkungen haben.

■ *Warum machen das Schulmediziner nicht einfach auch so?*
Ein Schulmediziner ist im Grunde ein Angestellter, ein Knecht der Krankenkassen und der pharmazeutischen Weltkonzerne, auch wenn er das nicht zugeben mag.
Ich als Volksheiler, dem Himmel sei Dank, brauche das nicht und gehe einen anderen Weg. Ich will in jedem Menschen das Gesunde erwecken, zur Selbsterhaltung, und ihm eigentlich ohne Kosten zu verursachen etwas mitgeben für das ganze Leben.

■ *Worin liegen die Schwächen der Schulmedizin?*
Ich bin überhaupt nicht gegen die Schulmedizin, vor ihr habe ich eine heilige Achtung. Ich bin selber hin und wieder gezwungen, zu einem Schul-

mediziner zu gehen. Aber sie ist unpersönlich und dagegen bin ich. Der Arzt ist dem Patienten nicht nahe. Er kommt an den Patienten nicht ran, denn er kann nicht den Menschen in ihm, also seine Seele ansprechen. Das gefällt mir nicht. Zwischen Arzt und Patient muss menschliche Nähe bestehen. Ich bin dagegen, wenn man Patienten durch das kalte, offizielle Sie abfertigt und Fragen an sie richtet wie bei einem Verhör. Und ich bin dagegen, dass immer jemand dabei ist und Buch führt.

■ *Würden Sie Medizin studieren?*
Sehr gerne. Ich lese viele medizinische Texte, beschäftige mich viel mit Schulmedizin und wälze dicke Bücher. Manchmal verstehe ich wenig, manchmal doch einiges und entdecke sogar Fehler. Dann beschäftige ich mich noch mit Quantenphysik und mit Genbiologie.

■ *Wie würden Sie Schamanerei und Schulmedizin verbinden?*
Schamanerei ist etwas Wertvolles, aber allein ist sie nur eine halbe Sache. Schulmedizin hat viel erreicht, aber Schulmedizin allein ist nur eine halbe Sache. Mein Traum ist, dass beide zusammenkommen. Ich bin der glückliche Mensch, der von beiden Bescheid weiß. Ich glaube, ich bin in der Schulmedizin wenigstens ein halber diplomierter Arzt. Das merke ich, wenn ich mit Ärzten zusammenkomme. Ich tausche gerne Erfahrungen aus mit ihnen und habe viele Ärzte als Freunde. Die Zukunft der Heilung wäre, dass das Schamanische und das Schulmedizinische miteinander verschmelzen. Jeder Schulmediziner müsste zwei Semester Schamanismus lernen.

■ *Wie? Viele sagen doch, Schamane kann man nicht so einfach werden. Schamane ist man.*
Das ist richtig. Es gibt Schamanen des schwarzen Himmels und des weißen Himmels. Des schwarzen Himmels Schamanen sind von Geburt her Schamanen, wie sie kann man nicht werden. Aber man kann zu einem Schamanen des weißen Himmels werden und sich anstecken lassen. Ich habe mich anstecken lassen. In jedem Menschen hockt ein kleiner Schamane

und wartet drauf, dass ihn der Pfeil des guten Geistes erwischt und erweckt. Das ist ein Urwissen, eine Urfähigkeit eines jeden Lebewesens. Jeder Steinbock ist ein Schamane und jedes Reh. Menschenheiler haben oft Tiere beobachtet und geschaut, was sie tun, wenn sie Knochenbrüche haben und Blut verlieren. Die Weisheit zur Selbsterhaltung sitzt in jedem drin.

Es gibt mehr und mehr Ärzte und Psychotherapeuten, die sich schamanischen Heilweisen öffnen. Ist da eine Entwicklung im Gang, die eine Verschmelzung in Ihrem Sinne möglich macht?

Ja, es gibt zwar immer mehr aufgeschlossene Mediziner. Aber das Haupthindernis ist geblieben: das deutsche Gesetz. Die deutsche Justiz hält mich für einen Scharlatan. Ich habe kein Diplom, wie ein Arzt es hat. Ich besitze nur mein Wissen, das ich nicht beweisen kann, es ist nur gefühlsmäßig belegbar.

Es gibt eine immer größer werdende Gruppe von Menschen, die sich Ihren Heilweisen unterzogen haben. Sie könnten zu Anwälten werden.

Jeder, der von mir behandelt wird, spürt, dass das besondere Hände sind und dass das ein besonderer Blick ist und eine besondere Sprache. Diese würden mich beschützen. Aber das reicht nicht. Da können Hunderte und Tausende ehemalige Patienten zusammenkommen und Einspruch erheben gegen die deutsche Justitia, sie werden nichts erreichen. Auch ein Richter würde mich wider besseres Wissen und ungern verurteilen. Aber er würde es tun, weil es auf dem Papier verlangt wird. Hierin liegt die Tragik der heutigen Wirklichkeit: Menschen machen wissentlich Falsches und Ungerechtes, weil es irgendwo so steht. Das geschriebene Wort gilt, die Tatsachen zählen nicht. Die Zeit wird das ändern. Ein Land nach dem anderen wird toleranter werden gegenüber den Volksheilern und der Schamanerie.

Ein Schlüssel für die Art, wie Sie heilen, ist die Berührung. Viele überrascht das, Sie sind nicht gewohnt, dass man sie anfasst. Wie reagieren sie?

Wenn ich einen Menschen abtaste auch an sehr intimen Körperstellen, frage ich manchmal, wann sind Sie das letzte Mal angefasst worden von einer lebendigen, menschlichen Hand. Oje, überlegen sie und antworten »vor langer Zeit«, »vor zehn Jahren«, »vor dreißig Jahren«, »als Kind« oder gar »noch nie«. Sie lebten so steril, ich war der Erste, der es wagte, diese Tabugrenze zu überschreiten und die Schranken zu zerbrechen und diese menschliche, wunderbare Haut mit meiner menschlichen, heißen, liebenden Haut anzufassen. Da sind viele sprachlos. Viele bekommen zunächst einen Schreck. Aber nach einer Weile finden sie das schön und wollen angefasst bleiben. Sie schwärmen und sagen, sie könnten ewig so dasitzen. Mit geschlossenen Augen. Dankbar und völlig gelöst. Das kann einen als Heiler schwindlig machen vor Freude.

■ *Hierzulande wird Berührung oft auch in eine Ecke gedrängt: Das ist ein Grapscher. Wie gehen Sie damit um?*
Taste ich Frauenbusen, Frauenschenkel oder Männernacken ab, dann sind das für mich schutzsuchende Wesen, niemals Gelüste stillende Objekte. Die schwerkranke, magersüchtige Lydia sagte immer, ich wollte sie ja wohl nur verführen. Ich sagte, bei den vielen attraktiven deutschen Frauen muss ich ja nun wirklich nicht gerade auf sie zugehen, nicht einmal, wenn ich in Not bin. Selbst diesen Satz begriff sie nicht. Sie hält sich für die Schönste. Aber nach einer Weile, nach zehn Minuten, hat auch sie sich frei gemacht von dieser Vorstellung.

■ *Was wirkt, wenn Sie untersuchen und heilen?*
Während ich den Menschen – in Gänsefüßchen – untersuche, rede ich über alles, nur nicht über Krankheit. Der Mensch muss abgelenkt werden. Für zehn Minuten vergessen, dass er krank ist. Er muss Sachen hören von mir, die für ihn komisch sind. Ich bringe mich sehr oft bewusst in eine komische Lage, dass er denkt, das ist ein komischer Kauz, sich über mich lustig macht. Ich tu ihm dann auch ein bisschen leid, er denkt vielleicht: »Und das soll der große Heiler sein?«. Also, er ist ja eigentlich ein lieber Mensch, aber auch ein komischer Kauz, wenn er solche Geschichten erzählt. Ich bin ja ein Mensch, der sehr viele Geschichten kennt und der in seinem Leben sehr viel erlebt hat. Die Geschichten, die ich so er-

zähle, die werden nicht alle gut, das weiß ich. Und an einem Tag klingen sie so, am anderen ein bisschen anders. Ich spinne einfach hier und da etwas hinzu. Ich brauche einen Schwebezustand, wo nicht deutlich hervorgeht, ist das nun gesponnen oder ist das wahr gewesen. Wenn man diesen Zustand erreicht, ist es am leichtesten. Das ist eine Art Schwerelosigkeit. Der Patient ist dann mit mir beschäftigt und nicht mit sich. Ein kranker Mensch ist ja sonst ständig mit sich beschäftigt.

■ *Das Verhältnis zwischen Heiler und Heilsuchendem wirkt aus westlicher Sicht sehr ungewöhnlich. Die Berührung bringt offensichtlich rasch nahe. Alles wirkt wie ein Spiel, Sekunden später wie Ernst. Mal scheint nicht klar, wer führt und wer geführt wird, mal sind Ihre Augen voller Ernst, dann voller Schabernack. Was geht vor?*

Ich gebe gerne den heiligen Clown. Ich bin das freiwillige Opfer, indem ich mich dem Heilsuchenden so in die Finger begebe. Ich begebe mich freiwillig in diese komische Situation. Das Schamanische liebt diesen heiligen komischen Moment. Der Mensch soll sich ruhig lustig machen über mich, mich ein bisschen bedauern, bewundern, sich fragen, ist das nun ein Kind, ein erwachsener Mann, ein glücklicher Mensch, eine traurige Figur? Ein bisschen Don Quichotterie gehört dazu. Daraus entsteht eine menschliche Nähe. Er sucht Schutz bei mir und ich suche Schutz bei ihm. So sind wir ein Körper, ein Geist und vor allem eine Seele.

Diese Wirkung wird dadurch verstärkt, dass ich mit diesem Menschen in Hautkontakt komme. Ohne Hautkontakt kann ich mit keinem Menschen ernsthafte Gespräche führen. Meine Haut redet mit der Haut des anderen. Schön wird es, wenn Haut eins und zwei zu einer neuen Haut werden, wie zwei Teigstücke, die durch unser Gespräch, durch unsere Intimität zu einem Teig geknetet werden. Dann können wir unser heilendes Brot backen.

Ich identifiziere mich in dem Augenblick völlig mit dem Kranken und ich beginne zu leiden. Hat er eine Enge in der Brust, spüre ich diese Enge, weil ich dieses Leiden am eigenen Körper jetzt fühle, und weiß, wie das rauszureiben ist.

Wir haben das bei Manuela gesehen, welche Brocken sie rausgeschrien und rausgespuckt hat. Mir war auch ganz elend zum Schluss. Ich habe sie bewusst zunächst zurückgehalten und ihr dann gesagt, spucke aus. Dann habe ich rechtzeitig wieder zugemacht und gesagt: »Schluss jetzt«. Wenn ich weitergemacht hätte, hätte sie sich erbrochen. Das wäre zwar genauso gut gewesen und wären wir in der Steppe gewesen, dann hätte ich das auch gemacht. Aber ich war weder darauf vorbereitet, noch ist das in einem solchen Kreis mit Publikum angebracht. Aber ihr hat auch das sehr wohl getan.

■ *Sie war in Trance. Was geschieht da?*
Trance ist nicht so, dass man alles vergisst. Es ist so, als fasste man etwas durch dicke Handschuhe an. Du weißt, da ist etwas, doch die Empfindung ist sehr weit weg. Sie war in diesem Schwebezustand und das ist genau der Zustand, den ich brauche.

■ *Nach welchen Gesichtspunkten benennen Sie in einer Seminarrunde die Menschen, die sie zu sich rufen?*
Man sieht den Menschen vieles an. Ich schaute, wem geht es in dieser Runde am schlechtesten – Gabi, Angelika, Manuela... Ich entschied mich für Manuela, weil sie einen weiten Weg zurückgelegt hat, sie fuhr fast tausend Kilometer wegen des Seminars.

■ *Wie stellen Sie das Vertrauen her zu den Patienten?*
Das geht meistens sehr schnell, es ist eine wirklich natürliche Gabe. Ich durchbreche jeden Panzer. Diese Gabe hast du einfach in dir. Ich kann das auch durch meine Leichtigkeit – dadurch, dass ich spiele. Das Leben ist ja für mich immer ein Spiel. Wir haben das Recht zu leben, nicht die Pflicht. Viele empfinden das Leben aber als Pflicht und deshalb machen sie es sich so schwer. Für mich ist mein Leben eine wunderbare Gelegenheit, die ja hätte so leicht ausbleiben können. Nun aber ist sie mir gegeben, also spiele ich. Darum ist für mich alles schmerzarm – ganz schmerzlos würde ich nicht sagen. Ich bin ja ein verletzlicher Mensch, der schnell

launisch werden kann. Ich kann mich schnell freuen und schnell traurig sein. Für einen Heiler passt das aber genau: Als Heiler darf ich weder zu dickhäutig noch zu dünnhäutig sein. Kommt jemand mit Zahnschmerzen, darf ich nicht sagen, du tust mir so leid, es tut ja so weh, dann verschlimmert das die Sache. Ich fange ihn auf und ich lenke ihn ab, indem ich eine komische Situation erschaffe. Er denkt nicht an seine blöden Zahnschmerzen, sondern an die Geschichten oder an mich: Was ist der für ein komischer Kauz, da sehe ich den zum ersten Mal, aber dieser Schamane tut so, als würden wir uns seit zehn Jahren kennen...

■ *Woher kommt Ihr Wissen?*
Jeder trägt das ganze Wissen des Universums in sich. Doch es verkümmert bei den meisten. Dieses Urwissen ist eine Intuition: das, was man spürt, wenn man in sich alle Türen in alle Himmelsrichtungen offen hält.

■ *Sie wollen das Wissen einer archaischen und das einer modernen Welt verbinden. Verlieren Sie sich dabei?*
Im Gegenteil. Ich komme aus einer Welt, die viele als rückständig ansehen, mit meiner natürlichen Unschuld, wie ein Schaf oder ein Kamel. Ein Kamel kann schmatzen wie ein Kamel und das stört keinen. Würde es aber sich so ein bisschen menschlich verteidigen, wäre es verloren. Das ist auch meine Rettung. Ich muss genauso ankommen – ohne Angst, ohne Scham, aber auch ohne irgendwelche Vorsätze. Ich komme und inzwischen weiß ich, die Menschen brauchen mich genau so, wie ich eben bin. Es ist Sache der Menschen, aus mir herauszugraben, was sie brauchen. Ich weiß, wenn ich so bleibe, wie ich bin, dann nutze ich den Menschen und dann kann ich ihnen etwas geben. Ich bin ein Mensch, der sich vor den Deutschen als Volk und vor allen guten deutschen Geistern in Schulden weiß, dafür, dass sie mir ihre Sprache gegeben und ihre Kultur anvertraut haben. Ich bin durch die Moderne zu dem geworden, was ich heute bin. Ich wäre ja in der Steppenwelt das geblieben, was ich war: unwissend. Das alte Wissen in mir wäre vergangen, ohne von anderen Menschen genutzt zu werden, abgesehen von den Leuten meiner Sippe.

■ *Lässt sich dieser Anspruch global einlösen?*

Es bedarf nur der Sprache, um zu vermitteln, keiner globalen Tradition. Ich brauche zwischen den Menschen und den Ländern nicht zu unterscheiden. Bei einem Seminar fragte ich einmal ins Publikum: Ist denn das wirklich Deutschland, wo wir hier stehen? Und bewies – in Anführungszeichen gesprochen – am Ende, das kann keinesfalls Deutschland sein. Allenfalls das Land, wo gegenwärtig und im Augenblick am meisten Deutsche leben. Denn überall auf der Welt, in allen Ländern, leben ja auch Deutsche. Ähnlich ist das mit vielen Nationalitäten. Es kommt also auf die Menschen an sich an. Und die sind gleich, überall.

■ *Wo stoßen Sie an die Grenzen Ihres Wissens?*

Ich weiß viele Dinge nicht. Das sage ich auch und ich schicke die Menschen zum Arzt. Das hat auch meine Lehrerin immer gesagt. Sie hatte drei Antworten, wenn jemand zu ihr kam: »Ach, keine Sorge, das ist ja nichts« – dann wusste man, das war nicht schlimm. »Das wollen wir uns mal anschauen« – dann wusste man, sie kann helfen. »Geh zum Arzt« – dann wusste man, es war ein schwieriger Fall. Sie hatte nie die Scheu zu sagen, ich weiß das nicht.

■ *Wann können Sie helfen?*

Wenn keine Organe richtig ernsthaft erkrankt sind, kann ich helfen. Psychische Störungen – Kränkungen, Ängste und so weiter – sind leicht zu beseitigen. Und beim Beseitigen von Verspannungen bin ich Großmeister. Ich kann Verspannungen sofort runtermassieren. Kopfschmerzen zum Beispiel, außer bei einer Migräne. Zeitweilige Kopfschmerzen brauche ich nur runterzukneten. Da sind Flüssigkeiten, die hochgestiegen sind, auf falschem Weg. Die müssen wieder runtermassiert werden.

■ *Spüren Sie die Grenzen, wenn Sie jemandem wirklich nicht helfen können, wieder gesund zu werden?*

Ja, man spürt sie. Doch wie viel leichter wäre es gerade auch in solchen Fällen, wir würden zusammenarbeiten: Der Schamane nimmt die linke

Hand, der Schulmediziner die rechte Hand des Kranken. Die künftige Menschheit muss diese Toleranz unbedingt erreichen.

Wie reagieren Sie auf jemanden, der schwerkrank ist?
Auch dann versuche ich herunterzuspielen. Ich sage nicht, du hast eine grausame Krankheit, du wirst sterben, sondern rede in verschlüsselten Bildern, also über die Zeitweiligkeit des Lebens und den großen, schönen, erlösenden Schlaf.

Bedeutet das auch, dass Sie heilen, indem Sie ihn mit sich ins Reine bringen?
Ja. Hat einer Krebs schon im fortgeschrittenen Stadium, bin ich gegen die Krankheit machtlos. Ich kann diesem Menschen aber die Ängste abnehmen. Ich lenke ihn von dem Gedanken an die unheilbare Krankheit ab, sage ihm, er habe nun vielleicht noch ein halbes Jahr Zeit und könne dieses halbe Jahr doch nutzen wie ein halbes Leben. Er könne sich in dieser Zeit mit dem Tod befreunden. Er kann ihn auch hassen, wenn er wütend ist, weil er so früh gehen soll, und sich dann, wenn es so weit ist, auf den Tod losstürzen voller Mordlust: Entweder bringt der Tod mich um oder ich ihn. Im Todeskampf zu fallen ist wie Fallen auf dem Schlachtfeld.

Ich habe ein Beispiel, Gerhard, ein Krebsarzt, der Krebs hatte. Ihm sagte ich genau das und es gelang. Wir trafen uns bei einem Kongress, ich habe ihn jeden Tag behandelt. Mit ihm geredet. Gewitzelt. Geblödelt. So haben wir mit Gerhard gelebt. Er starb ein halbes Jahr später, schrieb mir aber einen Brief. »Lieben Dank Bruder, dass du mir die Ängste genommen hast.«

Und wie gehen Sie mit Schmerzen um?
Der Mensch soll möglichst ohne Schmerzen sein dürfen. Auch hier kann man ihm am besten helfen, wenn beide Systeme zusammenwirken.

Manche Leute lehren Sie die Traurigkeit und das Weinen. Mit welchem Ziel?
Es geht vor allem um Männer. Manche, die vierzig Jahre lang nicht ein einziges Mal geweint haben, fangen plötzlich unter meinen Fingern zu

weinen an und ich lasse sie sich ausweinen. Das ist ein schwieriges, ein schmerzhaftes Weinen, ein schweres Röcheln, verbunden mit vielen inneren Krämpfen. Aber wenn sie dann einmal angefangen haben, läuft es, ich halte sie fest, drücke meinen Kopf an ihre Schläfen und stehe ihnen bei wie eine Hebamme, bis sie sich leer geweint haben. Es ist ja alles Salz. Ein großer Salzklumpen ist zerbrochen und wird als Träne abgeleitet. Das erleichtert.

■ *Wie gehen Sie mit sehr skeptischen Menschen um?*
Wie mit allen: mit Geduld. Aber sie müssen sich einlassen. Wenn ein Mensch sich gehässig und giftig gegen den Heiler stellt, erreicht er nichts. Wir müssen zusammen gehen Hand in Hand.

■ *Sie begeben sich, juristisch gesehen, auf einen schmalen Pfad, weil Ihre Art zu heilen, nicht den typischen, hiesigen Standards entspricht. In Ihren Seminaren könnten auch Menschen sitzen, die Sie einfach kontrollieren und einer Prüfung unterziehen wollen. Spüren Sie das?*
Ja, dann fängt das Orakel an zu spinnen. Es zeigt mal dieses oder jenes Bild. Das sind dann sinnlose, blöde Bilder. Ich kann einfach nicht glauben, dass so etwas zustande kommt, werfe wieder, erhalte ein völlig anderes Bild, werfe ein drittes Mal und denke mir, das ist heute kein gutes Tag zum Orakeln.

Doch später stellt sich dann heraus, das war ein Tester, das war kein Patient. Diese Leute wollen mich nur entblößen, Scharlatanerie feststellen, aber gut: das ist allein deren Sache. Ein Tester bleibt verspannt, er panzert, unter seinen Fingerkuppen ist kein menschliches Fleisch, sondern ein harter Panzer.

■ *Was machen Sie dann?*
In jedem Seminar versteht von 50 Menschen einer nicht, worum es geht. Und dieser eine könnte jemand sein, der etwas im Schilde führt gegen mich. Ich kann dagegen nichts tun. Ich vertraue auf die Kraft, auf meinen Gott, meine Schutzengel, meine guten Geister. Ich gehe nicht dagegen

an. Leiste ich da großen Widerstand, gehe ich kaputt und es vergeht wertvolle Lebenszeit. Ich lasse meine guten Geister dagegen angehen, das muss nicht ich machen.

■ *Wie fühlt sich ein Mensch an, der wirklich Hilfe sucht?*
Bei ihm kommt schnell der Augenblick, in dem sein Körper sich öffnet. Meine Finger sind zwar außen an diesem Menschen, ich selbst aber bin drin. Dann ist diese mächtige Haut meine Schutzhülle. Ich bin wie ein Kind, ein Embryo. Das ist der schönste Zustand, wenn du so in einem kranken Menschen bist, der bei mir Schutz sucht und der mir Schutz bietet. Er hat mich aufgenommen... – es kann ja sein, das ist Einbildung. Aber wenn es Einbildung ist, dann wenigstens eine schöne.

■ *Woher wissen Sie, was jemandem fehlt?*
Das allermeiste geschieht intuitiv. Manchmal weiß ich es aus eigener Erfahrung, weil ich selber Kinder habe, und alte Eltern, die diese oder jene Krankheit hatten oder weil ich als Schamane schon viele kranke Menschen getroffen habe. Bei Nina spürte ich sofort, das ist meine Patientin. Und ich habe ihr gleich großkotzig erklärt: Du wirst gesund werden, blamiert soll ich sein vor dem Publikum, vor dem blauen Himmel, ich gebe dir mein Wort. Sie jubelte zum Schluss: »Leute, ich bin gesund«, gab mir einen Kuss und huschte weg. Was gibt es Schöneres für einen Heiler! Besonders schwierig war Uta aus Zürich. Sie war am zweiten Seminartag wie verwandelt. Sie kam gleich morgens: »Was haben Sie nur mit mir gemacht?« – »Ich habe in dir gewühlt, gewütet, dieses und jenes weggefressen, dieses und jenes hineingeschmissen.« Sie erzählte, sie konnte in jener Nacht keine Minute lang die Augen zumachen. Es war so erotisch. Und gegen drei Uhr hielt sie es nicht mehr aus und ging in die Dusche und hatte einen Orgasmus; sie hielt den Wasserstrahl zwischen die gespreizten Beine. »Sie waren neben mir und wenn ich mich hinlegte, waren Sie neben mir und Sie haben mich in die Duschkabine geführt und mir den Wasserstrahl hingehalten«, berichtete sie. – »Wie war es?« – Sie sagte nur: »Wunderbar.«

■ *Sie sehen in einem kranken Menschen eine Gabe des Himmels. Wie lässt sich das verstehen?*

Sucht ein kranker Mensch den Weg zu mir, ist dies für mich immer ein Beweis, dass der Himmel Vertrauen zu mir hat und mit mir rechnet. Ich bin seines Vertrauens offenbar würdig und muss beweisen, dass ich das kann, und ich gebe mein Bestes. Dann leide ich mit, brenne ich mit, fließe ich mit. Bin Windwehe, bin Feuer. Brenne. Flamme. Und wenn uns gelingt, zu einem guten Ergebnis zu kommen, bin ich der fröhlichste Mensch und freue mich so, als wäre ich selbst gesund geworden.

■ *Und wenn es Ihnen misslingt? Wie verarbeiten Sie das?*

Ich bin traurig, tröste mich aber: Es gibt bessere Heiler als mich, es gibt gute Mediziner, es gibt größere Schamanen. Ich muss mich ja mit irgendwas trösten und darf nicht mit einer misslungenen Behandlung sitzen bleiben. Dieser Brocken würde mich irgendwann erschlagen. Ich tröste mich mit dem besseren Heiler, den es gibt oder auch nicht gibt. Und ich gebe diesen Fall auf und verabschiede mich von dem Menschen.

■ *Von Schamanen erwartet man ein wildes Aussehen. Warum sieht man Ihnen den Schamanen nicht an?*

Die Novizen sind päpstlicher als der Papst. Das ist bei den Schamanen auch so. Die kleinen Schamanen springen, hüpfen, schreien, fallen in Ekstase, spucken Blut... Das ist einfach, jeder, der Zähne hat, kann das innerhalb von zwei Sekunden, er muss nur in das innere Fleisch im Mundwinkel beißen. Das alles braucht der Meister nicht.

Die ganz großen Schamanen haben weder Tracht noch Schlegel. Sie haben nur sich selbst. Der junge Schamane braucht all dies aber noch, um an die Schwelle zu kommen, hinter der das Unergründlich-Schamanische liegt und um hinter diese Linie zu gelangen, hinein in die Welt der Geister und des Unbewussten. Ich habe das früher auch gebraucht. Der Meister braucht all das nicht. Er braucht nur sich und seine Erfahrung. Mir genügen ein bisschen Gesang, meine Worte, ein bisschen Wacholderrauch und mein Orakel.

▪ *In Ihren Seminaren wird oft gelacht, obwohl es um Krankheit geht.*
Die Ärzte hier sind so ernst. Man kann durch Heiterkeit manches erleichtern. Der Mensch, der aus Bedrängnis kommt und leidet, braucht Momente, die ihn aufbauen, nicht solche, die ihn noch kleiner drücken, es ihm noch schwerer machen. Er braucht Ablenkung.

▪ *Sie sind ein Häuptling, ein Heiler und ein Dichter, der seinen Patienten die eigenen Bücher als Medizin zur Beruhigung und zum Einschlafen »verschreibt«. Wie viele Seelen schlagen in Ihrer Brust?*
In meinem Fall ist das gar nicht verzweigt, sondern eine Sache. Von der einen Seite bin ich ein Häuptling, den Stein um 45 Grad gedreht, ein Heiler, dann ein Schriftsteller, ein Dichter – also alles in allem heißt das, ich bin ein Mensch, der seine Pflicht erfüllt gegenüber der Welt und den Menschen.

Das hört sich sehr hochtrabend an. Aber diese Höhe, dieser Vorrat wird mir immer sichtbarer. Im Seminar erzählte ich, dass ich mich verantwortlich fühle für alle Lebewesen, für alle Menschen. Was die Menschheit falsch macht, das sind meine Niederlagen. Ich fühle mich auch verantwortlich für die Schöpfung. Die große Meisterin Pürwü sieht auf mich, obwohl sie seit vielen Jahren tot ist. Sie hat zweierlei Augen – ein männliches und ein weibliches. Ich habe sie um Beistand gebeten, für mich, für uns alle.

▪ *Ihre Geschichten wirken wie verschriftete Bilderbücher. Inwiefern verbünden sich hier die Weite der mongolischen Steppe, die Herkunft aus einem Volk ohne Schrift und die deutsche Schriftsprache?*
Ich bin in einer sehr klaren Landschaft aufgewachsen, mit viel Farbe, mit klaren Strukturen und so gut wie ohne Nebel. Die Altailuft ist die klarste Luft, die es gibt. Meine Muttersprache ist sehr bildhaft. Für mich ist jedes Kunstwerk ein Bildwerk, Erzählungen sind für mich Bilder, Gedichte und Romane ebenso. Jedes Wort ist ein Ziegelstein.

Die Wörter müssen klar und geordnet liegen wie die Mauer eines Hauses. Ist ein Ziegelstein an einer Seite ein bisschen beschädigt, kann ich ihn nicht nehmen. Ich suche nur nach ganz unbeschädigten, gesunden Ziegelsteinwörtern, um die Mauer so unbeschädigt wie möglich nach oben zu ziehen. Ich kann vielleicht nicht so gut schreiben wie jemand, dessen Muttersprache Deutsch ist. Aber ich bemühe mich. Mein Deutsch ist ein kräftigeres, helleres, weicheres und wärmeres, gefühlsbetontes, kein preußisches. Es ist ein Deutsch aus dem Land der Seele. Eichendorff-Deutsch. Heine-Deutsch.

■ *Wie wird aus den Bildern in Ihrem Kopf eine Geschichte?*
Der erste Satz entscheidet, er zieht den nächsten hoch, bis die Geschichte fertig ist. Oder ich schreibe über eine Beobachtung. Ich habe zwei verliebte junge Leute beobachtet, aus dem Abteilfenster. Die haben ganz locker mit ihren Fingern gespielt. Ich überlegte, das ist ja überall so, in Polen, in Russland, überall. Die beiden waren kein bisschen verkrampft. Sie machten sich diese Kuhle aus fünf und fünf Fingern zu ihrer kleinen Höhle, darin war ein Nest der Liebe.

Ich sah weiter zu und mir fiel ein, das ist eine Jurte zwischen ihren Händen, und was mag wohl mit ihr geschehen, wenn die Jahre vergangen sind? Dann ist sie wohl wie weggefegt, dann stehen da stattdessen Festungen, Fäuste... – so wuchs aus einer Beobachtung ein ganzer Gedichtband, »Alle Pfade um Deine Jurte«.

■ *Hunderttausende lesen Ihre Bücher, Sie erhalten Auszeichnungen. Erleben Sie als Autor noch Tiefpunkte?*
Es gibt kleine Wunden. Die braucht man, damit man nicht hochtrabend wird. Auf meinen Lesereisen habe ich überfüllte Säle. Vor Kurzem aber kam ich an, und da saßen nur dreißig Leute.

Das war im ersten Moment ein Schock – nur ein Drittel des Raumes war voll. Aber als weiser, erfahrener erwachsener Mensch fällt dir dann ein: Das brauchst du jetzt gerade, nun bist du wieder einmal geerdet. Bleib schön tapfer. So wie du gestern gebrannt hast, musst du heute auch brennen. Diese Menschen hier im Saal haben das gleiche Recht auf deinen vollen Einsatz.

■ *Wo sind Ihre Schwächen?*

Neulich habe ich eines meiner Gedichte vorgetragen und mich immer wieder versprochen. Es ist eine Grundschwäche, dass ich eigene Gedichte nicht auswendig zitieren kann. Maria hat sich krummgelacht.

WIE GEHT DAS MIT DER HEILEREI? – REFLEXIONEN UND VISIONEN ZUR »GESUNDHEITSDIPLOMATIE« ZWISCHEN ALTEN UND NEUEN WELTEN ...

Jeder Schamane ist ein Psychiater, ein Logiker, ein Denker, ein Philosoph, ein Heiler, behauptet Galsan Tschinag. Was ich bislang geschrieben habe über die Art seiner Heilerei, ist nur ein Teil der Wirklichkeit. Manches lässt sich nicht in Worte fassen. Wir erfahren nie, was tatsächlich alles wirkt, wenn Heilung geschieht – das ist bei der konventionellen Medizin so wie auch in der Naturheil- und Volksheilkunde. Hier soll nur versucht werden, einer Antwort möglichst nahezukommen.

Es kennzeichnet die westliche Mentalität, dass wir das Fragen und Bohren nur schwer lassen können. Was passiert da? Wieso funktioniert das? Gibt es Belege? In vielen Naturvölkern interessiert das gar nicht. Man glaubt einfach. In unseren Breiten hingegen liebt man solche Fragen. Wir möchten nachforschen, wissen, belegen können, sind verliebt in Zahlen und in alles, was »schwarz auf weiß« zu haben ist.

Das entspricht unserer Zivilisationsgeschichte und das hat uns wichtige Erkenntnisse und Fortschritte ermöglicht. Aber das ließ uns auch unsensibel werden gegenüber uns selber, misstrauischer und ängstlicher vor allem, wenn wir uns nicht an den geliebten Fakten festhalten können. Glauben bereitet vielen von uns zusehends Mühe. Glauben und vertrauen, dass alles irgendwie einen Sinn hat, glauben und akzeptieren, dass etwas so ist und dass etwas eben einfach wirkt, auch wenn wir es nicht verstehen, steht im Widerspruch zu einer Gesellschaft, die am liebsten alles unter Kontrolle hält.

Doch zu den Fragen gesellt sich immer mehr auch das eigene Hinterfragen. Hierzulande wird allerorten über den steigenden Kostendruck im Gesundheitsbereich geklagt und über die zunehmend knapper werdende Zeit von Ärzten und Pflegepersonal. In diese Klage mischen sich immer wieder Zweifel der Behandelnden, ob all das, was viele in den Kliniken und Arztpraxen so rastlos wirbeln lässt, wirklich Sinn ergibt und tatsächlich hin zum Wesentlichen führt. Immer mehr Menschen, die von einer schweren Krankheit heimgesucht wurden, schildern, wie sie erst dieser Schlag aus ihrem Trott und aus einem sie zusehends von sich selbst entfremdenden Leben gerissen hat. Viele sagen, sie haben das schon geahnt, es aber verdrängt. Ihre Krankheit zwang sie zu Selbstachtung und Veränderung. Muss das sein? Wie viel Krankheit ist nötig, um den Wert von Gesundheit zu begreifen?

Mir geht es hier nicht um die Analyse vielfältiger Missverständnisse, vom echten oder vermeintlichen persönlichen Erwartungsdruck bis hin zu den schier endlosen Diskussionen über die »richtigen« Ziele und Maßnahmen in der Gesundheitspolitik. Dieses Kapitel soll die Art schamanischen Heilens, die Galsan Tschinag betreibt, einbetten in ein Wegenetz hin zu einer beseelteren und beseelenderen Heilkunde.

Dabei kann auf keinen Fall ein Anspruch auf Vollständigkeit noch auf eine umfassende Analyse eingelöst werden. Anliegen ist es, einige Bilder und Informationen, die Galsan Tschinag uns als Botschafter seiner Art der Volksheilkunde übermittelt, in Bezug zu setzen zu den Positionen einiger weiterer, stellvertretend ausgewählter »Botschafter« und Erforscher einer beseelten Heilkunde. Daraus soll sich eine Vorstellung davon erschließen, wie »mongolisch«, wie »nomadisch« und wie »global« solche Prinzipien sind.

Das Kapitel schließt mit einer Widerrede, gegeben durch die Ethnologin Amèlie Schenk, die über Schamanen forscht und mit Galsan Tschinag lebte.

WO ANPACKEN?

Was heißt eigentlich »Heil«? Packt man an der Krankheit an? Oder bei der Gesundheit? »Heil« kann Erfolg bedeuten, Ganzheit und Gesundheit, und im religiösen Sinn meint »Heil« auch Erlösung. »Heilung« ist ein Prozess. Auf diese Weise soll das Gleichgewicht zwischen Körper, Seele und Geist, aber auch unserer (sozialen Umwelt) wiederhergestellt werden. Die »Ars medicina«, die Heilkunst, lehrt, wie man Krankheiten vorbeugen, erkennen, behandeln und lindern kann.

Die Geschichte der Medizin ist durchzogen von nebeneinander bestehenden Heil-Konzepten. Die einen sind auf Aberglauben ausgerichtet, andere auf metaphysische Vorstellungen oder auf Erfahrungswissen oder auf die Anwendung von Forschungsergebnissen. Und es gibt Mischformen. All die Diagnose- und Behandlungsverfahren, die die »wissenschaftliche« Medizin nicht anerkennt, bündelt man in Begriffe wie »Alternativmedizin«, »Komplementärmedizin« oder »Erfahrungsmedizin«.

Der Begriff »Salus« reicht etwas weiter. Er bezeichnet die Gesundheit von Menschen und meinte im Römischen Reich auch das Wohlergehen des Staates und seiner Bewohner. Aus dieser Wurzel bildete der israelisch-amerikanische Medizinsoziologe Aaron Antonovsky (1923–1994) in den Siebzigerjahren das Wort »Salutogenese«. Das heißt so viel wie »Gesundheitsentstehung« oder »Ursprung von Gesundheit«. Er wollte ein Gegenbild entwerfen zur Pathogenese der klassischen Medizin, der Behandlung von Krankheitsbildern.

Die Salutogenese begreift Gesundheit nicht als Zustand, sondern als Prozess. Antonovsky beobachtete, wie ein guter Teil der Menschen, die zeitweise zum Beispiel in Konzentrations- oder in Flüchtlingslagern unter schier unvorstellbaren Bedingungen leben mussten, im Kern dennoch körperlich und psychisch gesund blieben. Er wollte wissen, welche Eigenschaften und Ressourcen ihnen dabei geholfen hatten, und kam zu dem Schluss, dass diese Menschen ein sogenanntes Kohärenzgefühl entwickelten, »eine globale Orientierung, die ausdrückt, in welchem Ausmaß man ein durchdringendes, dynamisches Gefühl des Vertrauens hat, dass die Stimuli, die sich im Verlauf des Lebens aus der inneren und äußeren Umgebung ergeben, strukturiert, vorhersehbar und erklärbar sind; einem die Ressourcen zur Verfügung stehen, um den Anforderungen, die diese Stimuli stellen, zu begegnen; diese Anforderungen Herausforderungen sind, die Anstrengung und Engagement lohnen«. (Antonovsky, 1997, S. 36). Kurzum: Wer darauf vertraut, dass alles seinen Sinn hat und eine Herausforderung darstellt, der man gewachsen ist und die anzunehmen sich lohnt, der fühlt sich gesund und bleibt auch gesund. Das gilt generell und global, unter den Bedingungen einer Industriegesellschaft wie unter jenen einer nomadischen.

Eine Heilkunde, die auf diese Weise das Lebensumfeld des Menschen einbindet, muss mehr als medizinisches Fachwissen einschließen. Sie kann nicht am Krankheitssymptom, sondern muss an den Bedingungen für Gesundheit ansetzen. Ein Beispiel: In der Pathogenese wird Kopfschmerz als Krankheitssymptom beschrieben und mit Medikamenten »bekämpft«. In der Salutogenese wird Kopfschmerz als somatisches Warnsignal betrachtet, über das der Körper aufmerksam macht, dass etwas nicht in Ordnung ist. Ergründet wird nicht nur der Auslöser (zum Beispiel Stress), sondern auch die Ursache (zum Beispiel die Neigung, alles zu hinterfragen, welche den Stress erst auslöst), also der Krankheitsherd, an dem man etwas verändern muss, um gesund zu werden. Eine Kopfschmerztablette betäubt nur – und schaltet im Grunde den Brandmelder ab.

Das schamanische Heilen gehört zu den Methoden, bei denen der Kontext eine Rolle spielt und bei denen an den Ursachen angesetzt wird. Das hat auch praktische Gründe: Einem nomadischen Volk stünden betäubende Medikamente gar nicht in dem Maße zur Verfügung. Schamanisches Heilen ist eines von vielen weltweit bestehenden Glaubenssystemen über Krankheiten und den Umgang mit ihnen. Weil sie stark an einzelne Völker, an Ethnien gebunden sind, werden sie zusammengefasst unter dem Begriff der »Ethnomedizin«. Unter diesem Dach lassen sich globale Fragen erforschen: Wie wird heute und wie wurde früher mit Gesundheitsstörungen umgegangen, welche Anzeichen von Gesundheitsstörungen gibt es, wie wird ihnen vorgebeugt, in welchen Regionen und mit welchen Einschränkungen?

HERAUSFORDERUNGEN UND WARNUNGEN I

Ein Heiler bezieht die spirituelle Dimension ein, wenn er eine Krankheit betrachtet und sie heilt, schildert Stanley Krippner. Ein westlicher Schulmediziner hingegen beschränkt sich auf die sichtbaren Aspekte von Krankheit: Er kuriert und therapiert.

Der Psychologieprofessor aus San Francisco wurde international bekannt durch seine Pionierarbeit bei der Erforschung des menschlichen Bewusstseins. Er hat Schamanen in Nord- und Südamerika, Europa, Asien und Afrika beobachtet und mit ihnen gearbeitet. Er forschte über interkulturelle Psychologie und über die Art, wie Menschen über die Jahrhunderte Krankheiten behandelt haben.

Manche Krankheiten gibt es überall auf der Welt, andere nur in bestimmten Gegenden. Jede ethnische Gruppe baut eigene Mythologien auf, also

Bestandsaufnahmen, über die sie definiert, was Menschen brauchen und wie sie sich verhalten sollen. Aus solchen Weltanschauungen (oder Mythen) lässt sich ersehen, wann jeweils ein Körper als gesund, krank, abnormal, gut oder schlecht gilt. Und diese Mythen liefern in den Ethnien jeweils die Erklärungen, wie ihre Krankheiten entstehen, wie sie zu klassifizieren und zu behandeln sind und wie ihnen vorzubeugen ist.

Krippner zieht aus seinen Forschungen einen klaren Schluss: Schulmedizin und Volksmedizin müssen weltweit zusammenarbeiten. Jeder muss vom anderen lernen. Schon aus pragmatischen Gründen. Ein Beispiel: Die westliche Schulmedizin erreicht nur etwa ein Fünftel der Weltbevölkerung, weltweit sind Migranten, Flüchtlinge und kulturfremde Patienten zu versorgen.

Der Auftrag ist bekannt. Im Jahr 1977 rief die United Nations' World Health Organization (WHO) auf, ethnische Medizinsysteme zu erforschen und den Austausch von Heilern, Medizinern und Pflegenden zu fördern. Die Ziele wurden ein Jahr später auf einer internationalen Konferenz festgehalten. Seither gab es viele solcher Konferenzen, die den Dialog und die Annäherung zwischen westlichen und traditionellen Praktiken und Praktikern voran bringen sollen. In Deutschland organisiert das Institut für Ethnomedizin e.V. in München regelmäßig solche Foren des Austausches und bietet interdisziplinäre Ausbildungen für Therapeuten an. Doch die Brücke ist allenfalls ein Steg.

Die Umsetzung der Anwaltschaft der WHO für die Ethnomedizin scheiterte an dreierlei, behauptet Krippner. Es ist teuer, weitere Volksheiler auszubilden, die Medizinalbürokratie erkennt sie nicht an und in vielen Teilen der Welt schwindet das Volksheilwissen.

Der Wissenschaftler verlangt, Volksheilern berufliche Autonomie zu lassen, ihnen aber auch beizubringen, was sich aufgrund von Forschungsergebnissen als nicht nützlich oder gar schädlich erwies. Die Schulmedizin werde überschätzt, die Ethnomedizin teils romantisiert. Der Austausch zwischen beiden »Glaubenssystemen« dränge, weil beide Systeme Defizite haben. In einigen Therapien der ayurvedischen Medizin werde beispielsweise mit Quecksilber oder Arsen gearbeitet, einige in der mexikanischen Naturheilkunde angewandte Medikamente machen noch kränker, mancher westliche Schulmediziner scheitere, weil er wichtige Dimensionen gar nicht in Betracht ziehe.

Ein Arzt, der Patienten aus verschiedenen ethnischen Gruppen behandelt, muss auch deren medizinische Traditionen kennen. Und er muss dem Verlangen von immer mehr Menschen aus westlichen Kulturen nach alternativen Behandlungsmethoden nachkommen können. Es muss möglich sein, dass der Schamane den Allopathen und der Allopath den Schamanen an seine Seite holt.

Die Debatte trägt auch weltpolitische Dimensionen: Der »postmoderne Dialog« zwischen Ethnomedizin und Schulmedizin ist zugleich ein Kampf gegen mächtige Kräfte, behauptet Krippner. Er beginnt damit, dass die Allopathie die ganzheitliche Weltsicht der Volksheiler ablehnt, obwohl die Langlebigkeit ihrer Therapien zeigt, dass sie schon vielen Menschen genützt haben müssen. Die Schulmedizin wird zuweilen zum Instrument, um ethnische Gruppen und soziale Schichten zu diskriminieren. Und sie stützt sich auf ein autoritäres Wissen, das sich in alle Gesellschaftsbereiche ausdehnt. Dafür gibt es keinen Grund, behauptete der Ethnologe Claude Lévi-Strauss bereits in den Fünfzigerjahren. Urvölker unterscheiden sich von modernen Völkern nicht in der Logik und Intelligenz, sondern in der Art, wie sie diese ausdrücken und anwenden.

Krippner hält die Zeit für gekommen um einen Umbruch einzuleiten. Manche »modernen« Lösungen funktionieren gar nicht mehr. Die Weisheit anderer Kulturen könne zur Lösung heutiger Probleme einiges beitragen. Er nennt den Umgang mit dem Tod als Beispiel. Wer den Tod als einen Übergang begreift und Rituale wiederbelebt, die den Schmerz der

Hinterbliebenen lindern, helfe ihnen damit auch, Traumata zu verarbeiten. Er plädiert für eine Haltung, die zum einen Intuition und Vernunft umfasst und zum anderen »von der Vergangenheit ebenso wie von der Gegenwart, vom Körper wie vom Geist, vom Geist wie von der Materie« profitiert. Was er sagt, belegen unzählige neuere Studien, die Allopathie hingegen verleugnet oft weiterhin hartnäckig: Spiritualität hilft heilen.

Die Literatur beschreibt spirituelles Wohlbefinden durch vier Dimensionen: eine Vorstellung vom Lebenssinn, von Werten, transzendenten Erfahrungen und inneren Zusammenhängen. Zahlreiche Studien belegen, wie körperliche Gesundheit und Spiritualität beziehungsweise Religiosität sich fördern: Krankenhausaufenthalte werden kürzer, Herzattacken seltener, das Stressniveau sinkt. Auch hier warnt Krippner vor Verallgemeinerungen. Es gebe auch Menschen, auf die das gegenteilig wirkt. Sie verweigern aus religiös-spirituellen Gründen eine Behandlung, weil sie ihre Krankheit als Ausdruck für Gottes Willen sehen.

Die Hemmschuhe für einen Durchbruch und ein echtes Miteinander dieser Heilsysteme sind noch immer groß, erläutert Krippner. Der Widerstand allopathisch behandelnder Ärzte, mit Volksheilern zusammenzuarbeiten oder ihnen zumindest Legitimität zuzusprechen, bröckle nur langsam. Zweitgrößter Hemmschuh ist die fehlende Datenbasis, mit der sich die Wirkung der Praktiken von Volksheilern belegen ließe. Drittens hemmt das schwindende Interesse junger Leute am Heilwissen ihres eigenen Volkes. Die Anzahl der Volksheiler, Schamanen eingeschlossen, nimmt ab, obwohl die Langlebigkeit ihrer Behandlungsweisen belegt, dass sie über die Jahrhunderte hinweg vielen Menschen geholfen haben. Bald könne man nur noch über ihre Heilweisen lesen und sie immer seltener beobachten. Krippner fürchtet, dass sie durch die Übermacht und die Ehrerbietung für die Allopathie geringe Chancen haben, sich wirklich durchzusetzen.

Gegen den Verlust des alten Wissens will Andreas Reimers ankämpfen, der in Nepal einen Schamanenverbund gründete. Der Nervenarzt und Psychotherapeut unternahm ausführliche Forschungsreisen nach Nepal und lud einige Jahre lang regelmäßig Schamanen in seine Praxis in Altenberge nahe bei Münster ein.

Mittlerweile findet er es dringlicher, sie in ihrer Heimat zu unterstützen. Junge Nepalesen wollen von den alten Heilweisen immer weniger wissen und beugen sich der Übermacht westlicher Medizin. Er möchte ihnen die Konzepte und Studien, die im Westen über Volksheilweisen erstellt wurden, vermitteln und ihnen so den Wert ihres Wissens wieder bewusst machen.

Reimers ist überzeugt, auf diese Weise auch die Brücke in den Westen zu stärken. So lasse sich der Austausch auf eine breitere Basis stellen. Er hat am eigenen Leib erfahren, wie mühsam einem das deutsche Recht hier Überzeugungsarbeit für den Nutzen der Volksmedizin und die möglichen Synergien macht, wenn man nur immer wieder mal einige Schamanen einladen kann. Rechtlich bleibe ja fast nur die Option, sie in Seminaren auftreten zu lassen. Anders als im Falle von Galsan Tschinag gilt es dafür auch, Sprachbarrieren zu überwinden. Die nepalesischen Schamanen wussten oft so gut wie nichts von unserer Gesellschaft. Ihre Heilrituale ermöglichen jedoch, dass sie dennoch Menschen hierzulande heilen können, wenn sie einen Übersetzer haben, weil sie tasten, zu den Geistern reisen und sie versöhnen. Dem Großteil ist ihr Lehrmeister nur die Natur. Manche werden als Kind krank und dann besetzt vom Heiligen Geist. Sie träumen von heilenden Pflanzen und wenden dieses Wissen an.

Reimers benennt zwei weitere heikle Punkte: Es lässt sich nicht alles eins zu eins übertragen, man müsse sich in beiden Heilsystemen auskennen. Außerdem – und damit knüpft er an Stanley Krippner an – gibt es im Westen kein einheitliches Weltbild. Jeder Arzt oder Therapeut habe es, je nach Herkunft seines Patienten, mit sehr verschiedenen Weltbildern zu tun, und viele von ihnen »sind näher an den schamanischen als an den schulmedizinischen« orientiert. Darauf müsse man zwingend eingehen können, nicht nur in der Psychotherapie.

Schamanische Rituale dringen in Bereiche vor, die die Schulmedizin und die konventionelle Psychotherapie nicht abdecken, erklärt er. Ihre Heilrituale können Menschen helfen, für deren Probleme ihm bislang keine Instrumente zur Verfügung standen: Menschen, die durch Krieg und Missbrauch traumatisiert und verwickelt sind in nicht geklärte Konflikte auch mit längst verstorbenen Vorfahren.

Diese Art der Arbeit steht bei Galsan Tschinag zumindest in den Seminaren, die er im Westen gibt, nicht im Vordergrund. Vergleichbar ist, dass alle Schamanen ganzheitlich ansetzen und über alle Sinne arbeiten. Sie setzen sowohl über universale als auch über kulturspezifische Symbole und Mythen seelische Kräfte frei, die einen Patienten positiv in Bewegung bringen können und ihm so ermöglichen, seine eigene Heilung in Gang zu setzen.

Die Ethnologin und Medizinanthropologin Beatrix Pfleiderer geht noch einen Schritt weiter. Eine schamanische Reise könne den Planeten Erde heilen. In der modernen systemischen Therapie sowie in traditionellen Heilweisen werden immer die Person *und* ihre Umgebung betrachtet. Lässt sich mit solchen Heilweisen der Einzelne heilen, müsste dies auf ähnliche Weise auch beim »System Erde« gelingen. Beatrix Pfleiderer unternahm Feldforschungen in Nordafrika, Indien und Hawaii, wo sie den Tara-Process entwickelte. Tara bedeutet in der heiligen Sprache der Hindus »Stern«, die Buchstaben stehen als Akronym für das, was die Forscherin verbinden möchte: Terra (die Erde), Anthropos (den Menschen), Rebirthing (die Wiedergeburt) und Axis mundi (die Weltenachse). Ohne einen Erdbezug lassen sich Körper und Seele nicht heilen, sagt sie. Die Tür zur Heilung öffne sich, indem Menschen sich wieder mit dem Wurzel-Chakra verbinden, mit dem Energiesystem, das sie die Erde wieder als lebendes Wesen wahrnehmen lässt.

Schamanen arbeiten stets mit der Verbindung zur Umgebung, viele Menschen, besonders im Westen, haben hingegen ihre Beziehung zur Erde verloren und dieses Energiesystem aufgelöst. Die Aufforderung, sich selbst wieder in die Schöpfung einzubetten, ist alt. Beatrix Pfleiderer fand Hinweise auch in den Schriften der Benediktinerin Hildegard von Bingen (1098–1179).

Akzeptiert man, dass der menschliche Körper feinstofflich verwoben ist in der Welt aller Lebewesen, mit ihr kommuniziert und aus ihr wahrnimmt, dann folgt daraus eine schamanische Weltbeschreibung, schildert Beatrix Pfleiderer. Ein Schamane würde in der Ausbreitung der Neurodermitis oder des Autismus als Ursache erkennen, dass die Menschen vergessen haben, auf den Rhythmus der Erde zu hören. Sie haben vergessen, Wind zu fühlen, zu hören und dann zu atmen. Weil ein Schamane ein »verwundeter Heiler« ist, der weiß, wie schmerzhaft es ist, den Bezug zur Erde zu verlieren, spüre er dieses Gefühl auch in seinem Patienten. Manche Rituale helfen, diese Verbindung zu Pflanzen und Tiere und Erde sowie zur Sinnlichkeit wiederherzustellen.

Der Begriff des »verwundeten Heilers« veranlasste die Anthropologin Ina Rösing zu einer kritischen Analyse. Mit diesem Begriff verbinde sich der romantische Glaube an die Heilwirksamkeit von Verwundung. Der »verwundete Heiler« werde als Bild genommen für ein Arzt-Patienten-Gefüge, bei dem der Arzt durch seine Verwundbarkeit nicht länger hoch über dem Patienten schwebt. Sinnvoll sei eine solche Diskussion nur im Falle psychischer und psychosomatischer Erkrankungen. Zudem: Ein traumatisierter Arzt oder ein Arzt mit Burn-out operiert sicher schlechter als vor seiner Erkrankung. Die Schamanenkrankheit, wie sie Galsan Tschinag beschreibt, ist ein Beispiel dafür, dass in vielen traditionellen Heilsystemen ein Heiler sich erst als verwundet erweisen muss, um seine Berufung auszuüben.

Der Psychiater C. G. Jung fand durch die Analysen der Träume seiner Patienten Urbilder, die global vorhanden sind. Weltweit gebe es ähnliche Grundmuster wahrzunehmen und zu gestalten. Er nannte diese Muster »Archetypen«, der »verwundete Heiler« gehört dazu. Ina Rösing verknüpft das Bild des »verwundeten Heilers« mit den Faktoren Heilwirksamkeit und Selbstheilungskraft. Weltweit ist der Arzt Heiler und Patient in einer Person und der Patient ebenso. Sieht man genauer hin, gibt es Varianten, was man nun zum Beispiel als Verwundung versteht. Es gibt aber auch übergreifende Faktoren für die Heilwirksamkeit: Dazu gehöre die Erlebensbereitschaft, sowohl des Heilers als auch des Patienten, also die Bereitschaft sich einzulassen, und der eigene Beitrag des Kranken aus seinen Ressourcen heraus, die Selbstheilungskraft.

HERAUSFORDERUNGEN UND WARNUNGEN II

Rolf Verres unterstreicht Krippners Plädoyer gegen die Gedankenlosigkeit und für das Miteinander. In seinem Buch mit dem Titel »Was uns gesund macht – Ganzheitliche Heilkunde statt seelenloser Medizin« (Herder, 2006) verweist der Facharzt für psychotherapeutische Medizin und Leiter des Instituts für Medizinische Psychologie am Universitätsklinikum Heidelberg auf einen weiteren Brückenschlag. Es sei unabdingbar, Natur- und Geisteswissenschaften endlich zu verbinden.

Er stellt das dar am Beispiel der Rolle von Intuition bei der Kommunikation und bei Entscheidungsprozessen. Läuft es schlecht, können intuitive Entscheidungen lebensgefährliche Folgen haben. Er erzählt von einem Künstler in Kalifornien, bei dem er zu Gast war. Er litt unter chronischen Kopfschmerzen und wollte lieber seiner Intuition vertrauen, statt einem Neurologen: Er ging zum Gesundbeter. Einige Monate später erfuhr Verres, dass der 25-Jährige gestorben war. Die Kopfschmerzen war durch ein Aneurysma entstanden, eine Gefäßaussackung im Gehirn, die den Druck veränderte. Intuition beruht auf »spontan und unwillkürlich empfundenen Gewissheiten«. Spiegelneuronen ermöglichen es, sich in einen anderen hineinzuversetzen. Das kann zwar sehr nützlich sein, aber es sind eben auch Irrtümer möglich. Intuition müsse deshalb immer kritisch reflektiert werden.

Verres verschafft einen ähnlichen Zugang, wie viele, die sich einer ganzheitlichen Heilweise verpflichten. Der leidenschaftliche Musiker argumentiert über die Resonanz, über die Schwingungen auf drei Ebenen – zwischen Leib und Seele, Mensch und Mensch, Mensch und Umwelt –, die er zur »Symphonie des Lebendigen« komponiert. Dabei nimmt er Bezug auf Friedrich Cramer, der unter diesem Titel 1996 einen »Versuch einer allgemeinen Resonanztheorie« veröffentlichte. Die psychologische Resonanz, so Verres, müsse man nutzen für eine optimale Kommunikation zwischen Patienten und Ärzten.

In anderen Worten sind hier einige Punkte beschrieben, die Galsan Tschinags Heilweise einordnen helfen. Verres' Institut öffnet sich auch der Ethnomedizin und Musiktherapie und will ein Forum für neues Wissen, Erfahrungen und Austausch sein. Ihn interessierte die therapeutische Arbeit und die Resonanzebene, auf der Galsan Tschinag das Verhältnis zu Patienten gestaltete. Deshalb lud er ihn ein, auf ein Seminar nach Heidelberg zu kommen.

Verres sieht, anders als der Schamane, die heutige Medizin in der Führungsrolle. Er begreift sie als wissenschaftliche Disziplin und als einen Teil der Kultur, zu der alle beitragen. Er will einerseits Verständnis wecken für die »Sachzwänge«, in denen Ärzte stecken, und andererseits den Patienten Hinweise geben, wie sie die Kostbarkeit des Augenblicks seiner Sprechzeit wirklich nutzen können, um ihr persönliches Anliegen vorzutragen. Er vertraut die Qualität einer Arzt-Patient-Beziehung nicht nur dem Arzt an, sondern auch dem »mündigen Patienten«, der seinen Anteil einbringen muss, damit Harmonie und ein guter Klang auf ihrer Beziehungsebene entsteht. Seit einigen Jahren zeigt er, wie tragfähige »Resonanzfelder« in medizinischen Kontexten zustande kommen können.

Für Verres sind neben Fachwissen und Informationsvermittlung immer auch die Gefühle wichtig. Bei einem ingenieurmedizinischen Denken werden sie oft vorschnell als Störfaktoren angesehen, obgleich Studien zeigten, wie lebensrettend gute Gefühle sein können. Speziell die Medizinische Psychologie könne Patienten, Therapeuten und Ärzten Orientierungshilfen für eine »Medizin mit Seele« geben. In seinen Forschungen zur Psychologie lebensgefährlicher Erkrankungen, wie zum Beispiel Krebs, befasste er sich mit der Rolle von Gefühlen für das Erleben von Gesundheit und Krankheit und für die Kommunikation. Wenn das Leben bedroht ist, werde oft die Lebenskunst noch intensiver. Davon könnten alle profitieren, wenn man das aktiv zum Thema macht. So verhindere man am besten eine seelenlose Medizin und ein seelenloses Krankenhaus und kann zugleich eine Art heilsame Atmosphäre aufbauen. Die Qualität der Patient-Arzt-Beziehung wachse, sobald allen Beteiligten das Wesen der Heilkunde bewusst wird.

Galsan Tschinag würde wohl sagen: »Wir müssen füreinander brennen.«

ALLES, WAS RECHT IST ...

»Lässt sich geistiges Heilen in die Medizin einbeziehen?« – wer so fragt, erzeugt in vielen Ländern außerhalb Deutschlands oft ungläubiges Schmunzeln. In Großbritannien arbeiten Heiler seit den Sechzigerjahren in vielen Kliniken. Auch in weiteren europäischen Ländern, in den USA und in Fernost bestehen Kooperationen zwischen Ärzten und Heilern: von festen Beschäftigungsverhältnissen in Krankenhäusern und Arztpraxen bis hin zu einem losen Miteinander vor allem dann, wenn Schulmediziner mit »ihrem Latein« am Ende sind. Der frühere Chefarzt des Kantonsspitals Glarus, Kaspar Rhyner, erhielt enorme Resonanz, als er sich in den Medien zum Förderer und Arbeitgeber einer Heilerin bekannte. Sie beobachtete elektromagnetische Schwingungen im Körper von Patienten. Stellte sie Defizite fest, empfahl sie ihnen Wickel und Umschläge mit Tinkturen und Bäder aus Pflanzen, die sie ebenfalls aufgrund ihrer Schwingungen auswählte. Krebsspezialist Rhyner sieht in solchen Heilweisen eine Ergänzung, keine Abkehr von der Schulmedizin. Er schildert den Fall eines Mannes, der unter schweren Gleichgewichtsstörungen litt und vom Universitätsklinikum Zürich als »Simulant« nach Glarus überwiesen wurde. Nach zwei Interventionen der Heilerin war er sein Leiden los, verpflichtete sich aber auch, künftig einen sensibleren Umgang mit seinem Körper zu pflegen. Rhyner verortet ein großes Defizit der Schulmedizin darin, dass – anders als in der längsten Zeit ihrer Geschichte – das Beobachten unüblich geworden sei. Alles werde nur im Kopf zusammengestellt und Medikamente werden am Computer erfunden. Deshalb haben es Menschen, die anders an Patienten herangehen, seiner Meinung nach so schwer. Bald nachdem er pensioniert war, setzte das Spital die Heilerin auf die Straße.

Das Bundesverfassungsgericht legalisierte mit einem Grundsatzentscheid vom 2. März 2004 das geistige Heilen in Deutschland. Geistig-spirituelles Heilen zählt seither zu den seelsorgerischen (religiösen) Diensten und macht den Geistheiler zum Geschäftsmann und Gewerbetreibenden. Aber geistiges Heilen wurde in diesem Urteil zu einer eindeutig nicht medizinischen Behandlung erklärt. Auch wenn ein Heiler mit einem Arzt zusammenarbeitet, ist der Arzt von der Verantwortung für das Tun eines Heilers entbunden. Ein Arzt oder Heilpraktiker kann seine Patienten nun allerdings auf die Möglichkeiten geistig-spirituellen Heilens hinweisen und einen Besuch beim Heiler empfehlen. Heilrituale darf nur durchführen, wer entlang der vorgeschriebenen Richtlinien Qualifikationsnachweise und Zulassungen beibringt.

Ärztliche Kunst besteht aus der Fähigkeit, Fakten und Beobachtungen zur Diagnose zu verschmelzen und Wegepläne zu erstellen hin zu den Behandlungszielen Vorbeugen, Heilen, Lindern. Im hiesigen Gesundheitssystem muss das in Behandlungsplänen und Krankenakten justiziabel dokumentiert sein. Ein Volksheiler hingegen erschafft sich einen rechtsfreien Raum, in dem er volle Autorität beansprucht. Das gilt aber nur innerhalb seiner Gemeinschaft, seiner Sippe oder seines Volkes. Für ausländische Heiler gilt das Verfassungsgerichtsurteil nicht, sie fallen weiterhin unter das Ausländerrecht, erklärt Jurist Bernhard Firgau. Im Grunde ist gegenwärtig nur zulässig, auf ethnomedizinischen Kongressen sowie in Ein- und Mehrtagesseminaren schamanische Methoden der Diagnose und der Heilung zu zeigen.

Firgau legte für den Dachverband »Geistiges Heilen e.V.« in Deutschland aus, was nun über Heiler im Gesetz steht: Berührt ein Geistheiler seinen Patienten, ist nach wie vor entscheidend, welchen Eindruck dieser hat – er darf nie das Gefühl haben, es handle sich um einen Ersatz für ärztliche oder heilpraktische, also medizinische Behandlung. Ein schriftlicher Hinweis vor Beginn der Behandlung ist daher zwingend.

Der Heiler darf Krankheiten nicht erklären, auch nicht mit Verweisen auf frühere Leben oder Energieblockaden, keine medizinisch-technischen Geräte einsetzen, keine von ihm selbst hergestellten Tees und Essenzen empfehlen. Das ist nach wie vor einem Arzt oder Heilpraktiker vorbehalten. Es soll auf keinen Fall der Eindruck erweckt werden, man übe Heilkunde aus. Fachbegriffe wie »Reiki« dürfen nur mit erklärendem Zusatz verwendet werden, weil der Eindruck eines Expertenwissens entstehe. Der Begriff Praxis ist als einzelnes Wort nicht verboten, dafür aber eine Kombination wie z.B. »Heilpraxis«. Möglich ist dagegen »Heilerpraxis« oder »Praxis für geistiges Heilen« ...

ALLES, WAS BLEIBT ...

In der Nacht vom 29. auf den 30. März 2001 hörte Wilfried Lubberich in einer Vision unmissverständlich: »Jetzt kannst du aus deinem Büro raus.« Anderntags erzählte er seiner Frau davon, zwei Tage später kündigte er seinen Posten als Vorsteher eines Notariats. Im Freundeskreis schüttelten viele den Kopf. Er hingegen hatte das Gefühl, seine Seele sei nun reif, dem inneren Ruf zu folgen, den er schon als Kind vernahm. Ihm erschienen oft Engel. Er vertiefte seine Religiosität durch eine gottverbundene, christliche Erziehung auf einem Klosterinternat und in den Achtzigerjahren zudem durch das Bekenntnis zum Buddhismus. Noch 1997, als ihm anlässlich eines Besuchs bei einem englischen Heiler und einem Medium der Spiritual-Church in London vorhergesagt worden war, er würde im Hauptberuf Heiler werden, glaubte er das nicht. »Dann habe ich mir meine Gabe zur Aufgabe gemacht, das ist vom Göttlichen so gewollt.«

Anfangs fühlte er sich dennoch zuweilen unheimlich. Doch seine Erfolge und die Reaktion seiner Patienten bestärkten ihn auf seinem Weg, der damals noch weit steiniger war als heute. Erst drei Jahre, nachdem er sich seiner Berufung verschrieben hatte, wurde durch die Entscheidung des Bundesverfassungsgerichts das geistige Heilen in Deutschland legalisiert. Es zählt seither zu den seelsorgerischen Diensten.

Lubberich lässt sich unterschreiben, dass er den gesetzlich verlangten Hinweis gegeben hat, dass er kein Arzt ist. Die Auflage, weder eine Diagnose zu äußern noch Heilungsvorschriften zu erteilen, fällt schwerer. »Genau das wollen die Leute doch.« Eine Gratwanderung.

Er arbeitet im Aura-Bereich, hält die Hände etwa zehn Zentimeter über den Körper, fasst aber auch mal die Knochen an. »Die Leute wünschen das.« Wenn sie präzise Informationen wollen über das, was ihnen fehlt und darüber, ob das Leiden wieder weggeht, äußert er sich allenfalls in einer »übersetzten Version«: Baut sich im Zuge der Behandlung bei ihm das Gefühl auf, in diesem Körper wachse Krebs, rät er dem Patienten zu einem großen Bluttest. Wilfried Lubberich spricht von Blockaden, vom Energiefluss, von einem auffälligen Hals-Chakra. Und von einer Sitzung bei ihm geht man nicht mit einem Rezept nach Hause, sondern mit Lebensberatung. Hat er das Gefühl, eine Misteltherapie könne für einen Patienten nützlich sein, schlüpft er in die Rolle des Kommunikators. Er erzählt dann von einem, dem das half, und weist darauf hin, man solle doch einen Arzt um Rat fragen. Die Grenzen sind fließend, räumt er ein... Ihm komme sein starkes Rechtsempfinden als ehemaliger Notar zugute.

Vorsicht ist unerlässlich. Es gibt viele Scharlatane und nur die eigene Intuition, wenn jemand für sich den richtigen Heiler sucht. Verbände geben zwar eine gewisse Orientierung, können dieses weite Feld aber auch nicht umfassend kontrollieren. Ob nun auf Empfehlung oder durch die Wahl der Worte im Internetauftritt – entscheidend für den ersten Schritt sei letztlich die eigene innere Stimme. Und es bedarf der Geduld, sagt er. »Viele kommen erst, nachdem die Schulmedizin versagte. Jetzt wollen sie vom Heiler ein Wunder. Und zwar sofort.« Lubberich unterscheidet zwischen heil werden und ganz gesund werden. Heil werden bedeute, ganz zu werden und mit sich im inneren Frieden zu sein. Auf diese Weise fühlen sich auch Krebspatienten, die nicht gesund sind, einfach viel besser. Wenn sie sterben, dann ohne Ängste und in der Zuversicht, dass dies möglicherweise nur eine Wegstrecke war und es noch weitergeht... »Ich bin hellfühlend«, sagt er, »durch mich fließt göttliche Energie.« Er sieht sich als Medium und Sprachrohr des Göttlichen. Wenn er behandelt – und manchmal auch im Gespräch –, fallen ihm die Augen zu. »Dann kommen Formulierungen aus mir, die könnte ich anschließend gar nicht zu Papier bringen.« Hier liegt auch der Schlüssel, weshalb er all das Leiden verarbeiten kann: »Ich lasse das nicht einsinken, es geht durch mich hindurch.«

Wilfried Lubberich kennt Galsan Tschinag nicht, Wolfgang Gans wies auf ihn hin. Vieles in der Art, wie Lubberich an die Menschen herangeht, ist der Heilweise des Schamanen ähnlich: Er bezieht Informationen aus dem Göttlichen und lässt heil werden, indem er Ängste lindern hilft. In anderen Punkten unterscheidet er sich. Er braucht die Stille, Galsan Tschinag das Wort und die Berührung.

Die Heilpraktikerin und Geistheilerin Elke Weselek, die im Großraum Stuttgart eine Praxis betreibt, hat Galsan Tschinag bei einer Veranstaltung erlebt, nicht im Seminar. Der Hauptunterschied zu ihr wurzelt in der unterschiedlichen Glaubenswelt und in der genauen Rolle des Heilers. Die Grundauffassung ist allerdings ähnlich.

Ein Geistheiler bittet Gott, Geister zu schicken, Engel tragen für ihn die Verantwortung für das Heilen, nicht der Heiler, die (ungeteilte) Seele hat die Aufgabe, den Menschen zu seinem Besten zu führen, der Heiler öffnet nur die Kanäle und löst Blockaden auf, damit die Lebensenergie frei strömen kann. Heilung meint »im Fluss sein« und kann auf dreierlei Weise angestoßen werden: durch Medikamente, die an den Molekülen ansetzen und zudem Zeit schaffen für Heilung, durch Worte und durch Berührungen, die Energien in Bewegung setzen.

Wie Galsan Tschinag so glaubt auch Elke Weselek, dass jeder Mensch heilen kann. Eine Mutter, die ihrem weinenden Baby den Bauch streichelt, lindert durch die Energien, die sie dabei freisetzt, den Schmerz, das Kind wird ruhiger.

Die Fähigkeit zu heilen ist eine Gottesgnade. Außerordentlich wird sie, sobald sie so geschliffen wird, dass derjenige weit mehr vermag als andere. Sie unterscheidet in Heiler (und Ärzte), die den Patienten glauben machen, nur sie und nur ihre Seminare könnten ihre Heilkräfte aktivieren – manche schaffen sogar bewusste Abhängigkeiten und bereichern sich dadurch. Gute Heiler hingegen seien darauf bedacht, allen, die sich öffnen, das Werkzeug mitzugeben, damit sie sich auch selbst heilen können und sich besser fühlen.

Immer gehe das jedoch nicht. Man könne keine Heilkräfte in sich erwecken, wenn man sich gerade verzweifelt fühlt. Zunächst muss also die Verzweiflung aufgelöst werden. Und hierbei sind die Heiler in ganz besonderer Weise gefragt. Galsan Tschinag lenkt beispielsweise durch seine Geschichten, Witze, Albernheiten von der Verzweiflung ab. Jeder habe da seine eigenen Methoden. Wichtig ist, dass der Heiler als Erstes seinen Patienten aus dem Zustand der Verzweiflung und aus anderen Gefühlslagen herausholt, die ihn hindern, seine Heilkräfte zu aktivieren. Elke Weselek: »Ein Heiler hilft, die Ordnung wieder herzustellen. Das Problem aber besteht darin, die Ordnung zu halten.«

Auf Seelensuche

»Ich habe keine Seele, sagte Galsan Tschinag zu mir«, erzählte Wolfgang Gans. »Brillant. Ich wusste das. Doch ich war überrascht, wie schnell er es herausfand. In zwei Minuten, nur durch Abtasten. Das bestätigte mir, dass ich auf dem richtigen Weg bin.« Galsan Tschinag sagte ihm nicht, was er tun sollte. Er sagte ihm nur, wie er ihn behandeln würde, käme er in den Hohen Altai: durch Auspeitschen. »Das ist natürlich eine Metapher. Es geht um Angst und um den inneren Kampf, ob man aktiv werden soll oder nicht. Wird man aktiv, ändert sich die Seele, man hat eine andere Energie.«

Wolfgang Gans sitzt entspannt in seinem neuen Behandlungsstuhl. Braunes Leder, hohe Lehne, gerade angeliefert für seine Praxis in Neu-Ulm, in die er zwei Monate zuvor gezogen ist, weil er künftig mit einer Kollegin hier zusammenarbeitet. »Auspeitschen« übersetzt er als Bild für die Auseinandersetzung mit Gewalt und als Hinweis auf seine eigene Geschichte.

Ein Krieg lasse sich erst innerhalb von vier bis fünf Generationen aufarbeiten. Gans wurde 1953 geboren, in der ersten Generation nach dem Zweiten Weltkrieg. Damals hatten viele sehr angespannte Eltern, denen immer mal wieder die Hand ausrutschte. Das habe verhindert, dass man lebendig wurde. Nach Ansicht vieler Schamanen verlieren Menschen, die von der Aggressivität ihrer Eltern überflutet werden, ihre Seele; sie geht weg. »Ich würde das so ausdrücken: Sie werden überflutet mit Angst und können nicht handeln. Die Angst wird morphologisch vergrößert«, sagt Wolfgang Gans. Man erkennt in computertomographischen Aufnahmen die entsprechend wachsenden Bereiche im Gehirn; andere Areale wiederum werden gehemmt.

Wolfgang Gans machte sein Abitur über den zweiten Bildungsweg, studierte Medizin, ließ sich zum Psychotherapeuten ausbilden, arbeitete als Klinikarzt und als Amtsarzt. 1997 eröffnete er in Ulm eine eigene Praxis als

Facharzt für Psychotherapeutische Medizin. 2003 begann er eine Ausbildung in volkskundlichen Heilweisen am Institut für Ethnomedizin in München. Er machte Selbsterfahrung mit Geistheilern und Schamanen und arbeitet mit ihnen zusammen. Er empfindet seinen Werdegang als einen Weg der Berufung. Ihn habe wohl getrieben, sich mit dem Wahnsinn seiner Familie auseinanderzusetzen und mit Krankheiten, die er selbst erlebt habe und durchlebe. Geistheiler hingegen äußern oft, dass sie letztlich gewissermaßen ihren Fähigkeiten ausgeliefert seien und sich fast zwangsläufig irgendwann zu ihnen bekennen müssen. Bei Schamanen wird von Initiationen durch länger anhaltende Wahnzustände berichtet. »Solche Menschen würden bei uns deshalb möglicherweise in der Psychiatrie landen«, vermutet er. Auch Schamanismus sei eine Art Selbsttherapie, ein Prozess der Selbststabilisierung. Wer sich selbst nicht mag, gerät in eine unerträgliche Situation, und wer diese bewältigt, entwickelt ein Sensorium für die Probleme anderer und könne diese entschlüsseln.

Galsan Tschinags Wandern zwischen den Kulturen machte ihn in besonderer Weise sensibel: Die extreme Armut in seinem Nomadenvolk verschaffe ihm rasch Zugang zu sehr armen Menschen bei uns im Westen. Andererseits gibt es Grenzen, deren Überschreitung aus kulturellen wie aus juristischen Gründen riskant ist. Manches, was in seinem Volk einfach verstanden oder zumindest akzeptiert ist, befremdet hierzulande.

Ein Beispiel liefert Andrea aus Nürtingen, der Galsan Tschinag ebenfalls sagte, ihre Seele sei weg. Sie war aber nicht in der Lage, diese Information zu entschlüsseln und konnte mit dem Hinweis nichts anfangen. Das machte sie sehr hilflos. Ihre Angst schrumpfte nicht, sondern das Gegenteil passierte, die Angst wuchs. Ein anderes Beispiel ist die Massage des Sonnengeflechts, für die er Frauen am Busen vorbei anfassen muss. Bei einer ängstlichen Frau könne dies in unserer Kultur einen Übergriff bedeuten, der sie beschämt und ein Tabu bricht, sagt Gans. Ein Schamane muss das wissen, er muss etwas von beiden Gesellschaften verstehen und bewusst zwischen dem Notwendigen, dem Zumutbaren und dem Vertretbaren abwägen. Habe er kein Gespür für diese Grenzen, riskiere er sogar gerichtliche Folgen, und zwar auch noch, nachdem jemand den Schutzraum der Gruppe verlassen habe.

Auch das hänge mit den verschiedenen Kulturen zusammen. Für Tuwa stehen zuerst die Gruppe und das Gruppen-Ich im Vordergrund, hier ist es das Individual-Ich. Deshalb schweigt hier vielleicht jemand in der Seminargruppe noch, bekommt aber nachher, wenn er mit seinen Gefühlen alleine ist, eine Riesenangst und sucht einen Rechtsanwalt auf. Und als Zweites reisen bei den Nomaden oft Familienangehörige mit zum Schamanen oder sie sind bei der Behandlung zugegen. Der Schamane erklärt auch ihnen, wie sie mit dem Kranken umzugehen haben. Hierzulande kommen die meisten alleine. Es bildet sich keine insgesamt positiv wirkende und gesundheitsfördernde Energie, weil man die erhaltene Information und die intensiven Erfahrungen im Grunde alleine verarbeiten muss, analysiert Wolfgang Gans.

Galsan Tschinag behandle nach einem Grundprinzip, das nicht an den mongolischen Kulturkreis gebunden ist. Der kanadische Psychiater Habib Davanloo arbeite ähnlich. Beiden gemeinsam ist die Herangehensweise. Beide packen Widerstände an, Galsan Tschinag durch Wort und Berührung, Habib Davanloo beschränkt sich auf Worte. Dadurch unterscheiden sie sich grundlegend von der in Westeuropa üblichen Arbeitsweise in der Psychotherapie. Gans zieht eine Zwiebel zum Vergleich heran: In der klassischen, westlichen Psychotherapie soll sich der Patient selber Haut für Haut schälen.

Bei Galsan Tschinag liegt diese Autorität beim Schamanen, bei Davanloo beim Therapeuten. Seine in den Siebzigerjahren entwickelte »Intensive Psychodynamische Kurzzeittherapie« will unbewusste und selbstschädigende Verhaltensweisen und Mechanismen bewusst machen. Der Patient erfährt diese im Gegenüber mit dem Therapeuten unmittelbar und gelangt so rasch und direkt zum Herd seines Problems.

Der Therapieablauf erinnert in manchen Punkten an das Vorgehen von Galsan Tschinag. Ein Therapeut baut durch Wertschätzung und Zuwendung eine Art Allianz auf. Er fragt den Patienten nach seinen Schwierigkeiten und weckt dann durch direkten Druck (»Was fühlen Sie?«, »Wo spüren Sie Angst?«) in ihm Gefühle und Widerstand. Die Patienten kichern, trotzen, weinen oder sagen zunächst nichts mehr. Kern des Ganzen ist das Wechselspiel. Sie fühlen sich mal in Opposition, mal im Arbeitsbündnis mit dem Therapeuten. Er motiviert ihn durch verbale Intervention gegen seine Abwehr und durchbricht seine verdrängten Gefühle. Der Patient durchlebt sie nun körperlich und kann sie in einer beschützenden, therapeutischen Umgebung aufarbeiten. Das Ziel ist, Krankheitssymptome dauerhaft zu heilen sowie eingefahrene Charakterstrukturen aufzulockern und zu verändern.

Davanloo lehnt, im Gegensatz zu Galsan Tschinag, die Intuition als Methode ab. Die Sitzungen werden auf Video aufgenommen, als Supervision für die Therapeuten und um genaue Analysen des Therapieprozesses erstellen zu können. Aus diesen entwickelte Davanloo universal einsetzbare Werkzeuge für Therapeuten. Galsan Tschinag vertritt hingegen eine Erfahrungsmedizin. Er reichert sie an durch Gespräche mit Psychotherapeuten und Medizinern. Er tanzt und kreischt nicht, doch gibt es für ihn individuelle Heilerpersönlichkeiten, Davanloo andererseits will den Therapieerfolg möglichst unabhängig von einem individuellen Charisma erringen.

Beide betreiben Kurzzeittherapien. Schon dieses Wort wirkt angesichts der vielen Wochen und Monate, die Psychotherapien hierzulande in der Regel dauern, wie eine Karikatur. Bei Davanloo war die Kürze der Behandlungszeit auch nicht das Ziel, sondern die Folge seiner Therapieform: Der hohe Druck ermöglicht einen raschen Erfolg. Diese Idee, an Widerständen zu arbeiten, ist klassisch. Sigmund Freud formulierte als Ziel, »das abwehrlustige Ich für eine Weile zu überrumpeln«. Die Dauer der Therapie hängt ab von der Intensität, mit der das betrieben wird, und von der

Umgebung. In einem nomadischen Volk geht das gar nicht anders. Nur eine reiche Gesellschaft kann sich lange Therapien leisten, eine arme Gesellschaft nicht.

Wer eine zweitägige Reise zu einem Schamanen auf sich nimmt, um eine Neurose aufzulösen, braucht sofort und nachhaltig Hilfe. Man kann diesen Menschen nicht nach einer Stunde wegschicken und eine Woche später einbestellen... – schon der Wegstrecken wegen käme der Patient zu überhaupt nichts anderem mehr. Deshalb muss ein Heiler schneller den Fokus finden, er muss rasch wissen, worum es geht, und mit anderen Techniken intervenieren.

Wolfgang Gans sieht hierin die große Kunst schamanischer Heiler. Ihre Armutsbedingungen zwingen und trainieren sie in dieser Geschwindigkeit der Diagnose und Heilung. In Ansätzen werde das auch hier in der Ausbildung von Psychotherapeuten geübt, auch sie lernen, möglichst rasch Probleme zu erkennen. Und auch für sie ist der Körper ein Diagnostikum. Ein Therapeut lässt sich auf den Patienten ein, er kennt das, was dieser in ihm auslöst, kann die Impulse einstufen und bildet daraus eine Arbeitshypothese. Wenn einer, wie Galsan Tschinag, viel durchgemacht habe, könne sich sein Körper regelrecht zu einer »diagnostischen Maschine« entwickeln, die sehr schnell erkennt.

Die eigene Erfahrung ist ein klassisches »Übungsfeld« vieler berühmt gewordener Therapeuten. Siegmund Freud (1856–1939) wurde als erstes von acht Kindern der dritten Frau seines Vaters geboren. Der Vater war bei seiner Geburt bereits Großvater, seine Mutter gerade einmal zwanzig Jahre alt. Freud hatte zu seiner Mutter ein sehr inniges Verhältnis, und ihn plagte die Eifersucht auf seinen Vater. Der Mediziner und Psychologe Carl Gustav Jung (1875–1961) überwarf sich 1913 mit Sigmund Freud, indem er eine seiner Theorien kritisierte, und stürzte dadurch mitten in seiner Laufbahn in eine tiefe Krise, durch die er eine berufliche Auszeit benötigte. Später nannte er diese Jahre eine »kreative Erkrankung«. Sie habe ihn zu einer freiwilligen Konfrontation mit seinem Unterbewusstsein geführt und ihm bahnbrechende Einsichten ermöglicht. Der amerikanische Psychiater Milton H. Erickson (1901–1980) litt als Kind an Legasthenie, die er überwand, indem er schwierige Buchstaben halluzinierend vor sich stellte. Kurz nach dem Abschluss der Highschool erkrankte er an Kinderlähmung, fiel ins Koma und erwachte gelähmt. Sein Wunsch, aus einem Fenster zu schauen, gab ihm die innere Kraft, seinen Schaukelstuhl zu bewegen. Er erreichte Bahnbrechendes in der Hypnose-Therapie, weil ihm solche Erfahrungen ein reiches Sensorium schenkten, durch das er die Impulse und Informationen erhielt, die ihn einem Patienten im richtigen Moment das Richtige sagen ließen.

»Galsan Tschinag arbeitet auch ähnlich wie ich, er ist aber weiter und besser«, behauptet Wolfgang Gans. »Er arbeitet mit wenigen Mitteln, auch in Trance.« Fasse er jemanden an, entstehen vor ihm geistige Bilder. Aufgrund dieser Bilder handle er und harmonisiere sie, wenn es möglich ist. Er muss seine Patienten berühren, weil erst dann sein Körper für ihn übersetzen kann. Das erklärt, weshalb in Zürich, als er mit Nadja arbeitete, plötzlich, ohne ein ausgesprochenes Wort, für manche der Teilnehmer das Bild im Raum erkennbar wurde, sie sei missbraucht worden. »Die Spannung, die er aufbaut, wächst so, dass wir das manchmal ebenfalls wahrnehmen und dann die Information kriegen.«

Gans erlebt oft Ähnliches. Sitzt er einem Patienten gegenüber, steigen in ihm manchmal plötzlich Kopf- oder Bauchschmerzen auf und er spürt, wo dessen Schmerz sitzt. Die neurologische Erklärung dafür sind Spiegelneuronen. Diese Nervenzellen werden aktiv, wenn wir uns in einen anderen hineinversetzen – in seine Stimmungen und Handlungen. Sie verschaffen uns eine Gänsehaut, wenn im Fernsehen eine Vogelspinne zu sehen ist, und das Gefühl von Freiheit, wenn auf der Kinoleinwand ein Boot unter vollen Segeln dahin fährt... – Spiegelneuronen gaukeln uns vor, das alles wirklich zu erleben. Die Multitalente können sämtliche menschlichen Gefühle imitieren, je aktiver sie sind, desto mehr fürchten, freuen, erregen wir uns.

Schamanen benennen oft nicht direkt. Über Fabiennes Ekzem[4] beispielsweise sagte Tschinag nur, die Zellen seien erschöpft, sie sollte nur noch
seine Anweisung befolgen und brauche nichts weiter zu wissen. »Ich benenne«, sagt Gans. Er würde Nadja oder Fabienne auf den Kopf zu sagen,
da gab es eine Vergewaltigung, einen Missbrauch, daraus wuchs Angst
und sie erschöpft dich. Du hast keine Lust an deinem Körper.

Tschinag empfahl Fabienne eine Fastenkur. »Er antwortet immer auch als
Tuwiner. Er greift zurück auf das, was er dort machen würde, sagt mir aber
nicht, was hier zu tun ist.« Hierzulande könne man alternativ auch Well-
ness empfehlen, es gehe ja nur darum, diesen Menschen ein Wohlgefühl
für ihren Körper zurückzugeben. In der Steppe hingegen, wo die Menschen arm sind, ist der Entzug, also das Fasten, sowohl das Besondere als
auch das Machbare.

Galsan Tschinag wolle ähnlich wie er Menschen aktivieren, beseelen, lebendig machen. Er stützt dessen These, dass die meisten Erkrankungen
psychosomatische Störungen sind oder zumindest hohe psychosomatische Anteile haben. Und er stützt dessen These, mehr Bewegung helfe
gegen die Hälfte aller Leiden. Gans nimmt wieder die Trauma-Therapie
als Beispiel. Moderates Training gibt diesen Menschen ein Grundgefühl
zurück, dass ihr Körper durchaus in Ordnung ist, daran können sie sich
allmählich wieder aufrichten.

Galsan Tschinag verspricht in seinen Seminaren, er bleibe allen verbunden. Vorstellbar für Wolfgang Gans: Er arbeite manchmal mit einem Heiler zusammen, der 500 Kilometer weit entfernt sitzt. »Wenn ich mich zur
gleichen Zeit für ihn öffne, habe ich ähnliche Phänomene, als säße er bei
mir, nur etwas weniger intensiv.« Er lässt sich auf ihn ein und stellt ihn
sich bei sich in seiner Praxis vor. Das funktioniert auch bei Patienten.
Eine Frau schilderte, ihre Mutter habe sie immer daran gehindert, lebendig zu sein. Er forderte sie auf, sich vorzustellen, die Mutter sei im Raum.
Da sackte sie sichtbar in sich zusammen.

Galsan Tschinag erzählt oft, die Menschen seines Volkes können sich zu einem von ihnen gewählten Zeitpunkt aus dem Leben hinaus meditieren, weil sie sich als Einzelnen nicht wichtig nehmen und ganzheitlich denken. Das können manche auch in der hiesigen Kultur, behauptet Wolfgang Gans. Die meisten Menschen erhalten zwei, drei Tage, bevor sie sterben, eine Information; manche veranlasse das, noch letzte Dinge zu regeln. Der Unterschied bestehe in der Grundhaltung und in den technischen Möglichkeiten: »Hier will immer jeder leben und kann nicht loslassen. Auch das ist eine Frage des Geldes: Wir können uns das noch leisten«, und er erzählt von seiner Nachbarin, deren betagter Mann plötzlich Herzrhythmusstörungen erlitt. »Ich riet ihr, ihn gehen zu lassen. Sie holte den Notarzt.« Er überlebte, erlitt bald danach Darmkoliken, einen sehr schmerzhaften Darminfarkt, alles kostete viel Geld. Nach zwei Monaten war er tot.

Die Tuwiner erleben die Macht und die Unterwerfung unter die Natur täglich. Ein Nomade sei eher bereit zu sterben, weil solche Erfahrungen ihn sein Leben lang das Resignieren vor der Natur lehrten. Hierzulande reagieren viele hingegen eher aggressiv auf Krankheit. Sie sagen sich: Ich schaffe das. Sie wollen alle Möglichkeiten ausschöpfen. Und viele können sich das leisten. Wolfgang Gans vergleicht das mit dem Flug zum Mond: »Es ist ein Unterschied, ob ich gedanklich dorthin fliege oder auch noch tatsächlich dort Materie hinbringen kann.«

Schamanen, heißt es, wechseln zwischen den Welten des Bewussten und des Unbewussten. Sie reisen ins Land der Geister. »Darin sind sie besser, weil es bei uns offiziell keine Geister gibt«, behauptet Gans. Er übersetzt das: Wenn man sich in eine Studie versenke, könne man dies auch bezeichnen als eine Reise in eine imaginäre Welt, wo Erfahrungen aus vielen Orten der Welt und von verschiedenen Geistern zusammengetragen werden. Das sei eigentlich auch nicht fassbar, aber es ist da. So wie ein Schamane in den Wald geht und den Waldgeist ruft, kann man Studien als einen Geist sehen, als einen Wald aus Bäumen unterschiedlicher Erfahrungen. »Zu diesem Geist, zu dieser Studie, reise ich via Computer, hole mir die Ergebnisse und versuche, mit ihrer Hilfe einem anderen individuell zu helfen.«

»Ich kann es mir meiner Auffassung nach nicht leisten, die Erfahrungsheiler abzuwerten und muss ihre Erfolge anerkennen«, behauptet Wolfgang Gans. Wenn einer gut arbeitet, jedenfalls soweit er ihm folgen könne, frage er sich, wie das funktioniert. Er versucht, es zu lernen, nachzuahmen und innerhalb seiner Theorien zu identifizieren und daraus für sich eine Hypothese zu entwickeln. So vermische sich langsam das Wissen verschiedener Welten.

»Die Auseinandersetzung mit dem Schamanismus macht meine Arbeit lebendiger. Das öffnet neue Tore für unbekannte Abenteuer.« Er deutet auf eine beinahe mannshohe Holzfigur gegenüber seiner schwarzen Therapiecouch: ein Afrikaner mit einem erjagten Tier um den Hals. »Ich will nicht nur der liebe Therapeut sein.« Manchmal wundern sich seine Patienten, erzählt er. Er trommle auch zuweilen und hole Krafttiere herbei, eine Technik, die er eben durch seine Beschäftigung mit dem Schamanismus gelernt hatte. Er erzählt von einer Frau, die ein Problem hatte mit ihrem Chef, der auch privat ihr Partner war. Sie wollte sich trennen, schaffte dies aber nicht. Wolfgang Gans trommelte für sie und sah plötzlich eine Ameise. Dieses Tier, das langsam vorankommt, aber ein sehr großes Gewicht schleppen kann, nahm sie als ihr Krafttier an. Es stärkte sie so, dass sie die Trennung bewältigte. »Wäre ich klassisch vorgegangen, hätte ich langwierig ihre Haltung über Vater- und Mutterrollen aufarbeiten müssen.«

Er erzählt noch ein Beispiel, um zu zeigen, wie Bilder aus der Natur helfen können. Eine Frau, die massiv gemobbt wurde, holte sich im Geiste einen Tiger und einen Panther bei allen Gesprächen an ihre Seite. So überstand sie die bösartigen Gespräche, ohne krank zu werden. Für solche Kraft-Phantasien braucht man nicht zwingend einen Therapeuten. »Schamanisch leben ist eine Lebenshaltung. Man kann sich auch selbst ein Krafttier herbeitrommeln und ihm sagen, es soll bei einem bleiben.«

Auf der Führungstagung zur Spiritualität im Oktober 2006 in Zürich erlebte er Galsan Tschinag auf der Bühne. Als der Mongole seinen Auftritt mit einem Wiegenlied beendete, stiegen Wolfgang Gans Tränen in die Augen. Diese Wirkung machte ihn neugierig. Er besuchte ein Seminar bei ihm und buchte ihn dann für einen Kurs in Weißenhorn, nahe bei Ulm. Der Plan war ein Seminar für Kollegen. 200 Ärzte lud Wolfgang Gans ein, sieben kamen. Er entschuldigt seine Kollegen: Sie sind mit der Explosion des Wissens überfordert, das alle drei Jahre eine Runderneuerung bedeute, schützen sich vor weiterem Wissen, indem sie so viel wie möglich als »nicht relevant« abtun.

Beim Schamanismus falle das besonders leicht. Für Schulmediziner sei zunächst nicht nachvollziehbar, was Schamanen machen. Sie sehen sie ein bisschen trommeln, hüpfen, berühren, sonst nichts... – »Man muss Grundkenntnisse haben und den Glauben, dass man etwas bewegen kann«, behauptet Gans: »Vorher sieht man nichts.«

SCHAMANENGESÄNGE

Zur Stunde unseres Sturzes/
Liefst du aus mir heraus/
Ich war/
Das leere Gefäß/
In dem der Jammer heulte.
(Galsan Tschinag, Alle Pfade um Deine Jurte, 1995)

Am 15. Juli 1993 starb über 80-jährig die große Schamanin Pürwü im Hohen Altai. Sie gilt als die letzte ihrer Art. Keine sonst hat die Verfolgungen der vergangenen Jahrzehnte überlebt. Im Altai fiel Ende 1994 ihre Enkelin Galbe in den Wahn. Sie aß nicht, sondern halluzinierte mit der Stimme ihrer Großmutter. Im Todesjahr Pürwüs wird in Tuwa, wo heute noch die meisten Tuwiner leben, das Schamanentum wieder offiziell anerkannt. In der Hauptstadt dort gibt es heute so etwas wie eine Schamanenklinik ... – sind dies Zeichen für Neuanfänge?

Das Schamanentum gilt als Urreligion und war möglicherweise einst auf allen Kontinenten verbreitet. Es wurzelt in tiefer Naturverehrung und animistischem Glauben. Alles hat eine Seele: jedes Tier, jede Pflanze, die Erde, der Mensch. Die Natur ist beseelt und vergeistigt. Sie ist voller Erd- und Wassergeister. Die jenseitige Welt ist voller Wesenheiten: Geister für alle Lebenslagen – zuständig für Streit und Wetter, Unfälle und Fruchtbarkeit, Reichtum und Schönheit. Und es gibt einen obersten Himmelsgott und Schöpfer allen Seins. Diesseitige und jenseitige Welt stehen in gegenseitiger Abhängigkeit, nur bei gegenseitigem Einvernehmen kann ein Gleichgewicht erhalten bleiben. Schamanen gelten als die Mittler zwischen diesen Welten.

Neben dem Schamanentum breitete sich in der Mongolei ausserdem der Buddhismus aus. Durch die umherziehenden Steppenvölker gab es Kontakte zu vielerlei Hochkulturen in Asien und Europa – vom Taoismus über den Islam zum Katholizismus. Im 16. Jahrhundert setzten sich aus Tibet einwandernde Buddhisten als Richtungsweiser durch und errichteten mit ihren Klöstern religiöse und kulturelle Bildungszentren. Der Buddhismus bot eine Philosophie, die die rivalisierenden Stämme einigen konnte, bekämpfte aber die als Konkurrenz empfundenen volksreligiösen Zeremonien der Schamanen. Der dritte Dalai Lama Sonam Gyatso (1543–1588) beeinflusste den mongolischen Fürsten Altan Khan so, dass dieser etliche schamanische Zeremonien verbot, Lamas privilegierte und zuließ, dass Bilder schamanischer Geister verbrannt und durch buddhistische Abbilder ersetzt wurden.

Die russische Revolution 1917, durch die die Mongolei nach Russland als nächstes Land kommunistisch wurde, verfolgte alle Andersdenkenden und damit Buddhisten ebenso wie auch Schamanen. Beide wurden als ideologische Konkurrenz betrachtet. Bis zur Wende im Jahre 1990 blühte das

Schamanentum nur im Verborgenen weiter, offiziell hieß es, das Land sei religionsfrei.

Es gibt viel Literatur über Schamanismus und vielerlei Beschreibungen. Konsens besteht darin, Schamanismus als einen Weg der Spiritualität und der Mystik zu sehen, durch den irdische und kosmische Zusammenhänge sensibler wahrnehmbar werden, und als ein uraltes Heilsystem, das – wie auch die Religionen, die Philosophie und die Medizin – im Kern Lebenshilfe und Sinnstiftung anbietet.

Schamanen verrichten viele Dienste, beschreibt Mihàly Hoppàl, ein ungarischer Schamanenforscher, der das Institut für Europäische Folklore in Budapest leitet. Schamanen sind Heilkundige, Wahrsager, leiten Opferzeremonien, führen die Seele eines Verstorbenen ins Jenseits, sind Kenner der alten Epen und damit Dichter und Sänger. Manchmal sind sie auch Geburtshelfer und Kriegsführer. Sie segnen, beten, deuten Träume, betreiben Naturschutz, legen Zeichen aus, lesen Spuren, heilen, halten Krankenwache, leisten Sterbehilfe, betreuen und bewachen Tote, befragen Orakel, deuten Omen, stehen für Hellsicht, Weitsicht und Tiefsicht, und sie sind allzeit bereit. Das Wissen hierzu erwerben sie durch Übung und Trance. Sie begreifen das Leben als Veränderung und sehen sich als Fels im Fluss des Wandels. Ihr am häufigsten erwähnter Tätigkeitsbereich ist die Heilung. Für die Urgesellschaften, die vom Jagen und Sammeln lebten, war es ein schwerer Schlag, wenn jemand krank wurde und ausfiel. Er musste ganz schnell wieder genesen.

Schamanen gehen von der bei eurasischen Völkern typischen Vorstellung einer dualen Seele aus. Wird ein Mensch krank, heißt das, seine Vitalseele ist noch im Körper und hält ihn am Leben, doch seine Frei-Seele ging verloren. Die Schamanen müssen sie suchen und zurückbringen. Schamanen sehen Körper und Geist als Einheit. Krankheit bedeutet entweder, ein Stück der Seele geht verloren oder ein böser Geist fand den Weg in den Körper. Durch spirituelle Handlungen reinigen sie die Seele,

böse Geister können entschwinden. Schamanen gelten als ausgezeich-
nete psychiatrische Heilkundige. Charakteristisch für tuwinische Schamanen, schildert Hoppàl, ist, dass sie ihren Dienst nicht erst bei der Heilung sehen, sondern sich stark auch auf das Vorbeugen einer Krankheit
konzentrieren und das gestörte Gleichgewicht zwischen Körper und Seele
herstellen möchten.

Die Grenzen zwischen den Historiendichtern und den Heilkundigen fließen. In einigen altaischen Turkvölkern durchlaufen die Sänger die gleichen Initiationen wie die Schamanen. Oft sind Schamanen zugleich auch
noch die politischen Führer.

Hoppàl kategorisiert fünf Typen tuwinischer Schamanen: Sie können von
einem Schamanenvorfahren abstammen, von einem Erd- oder Wassergeist
berufen sein oder vom Himmel, von bösen Wesen abstammen oder auch
vom bösen Geist. Und sie lassen sich nach ihren Ritualen unterscheiden:
Manche arbeiten mit dem Metallspiegel, manche mit dem Schamanen-
stock, andere wiederum mit der Maultrommel, wieder andere mit Trom-
mel und Gewand.

Die Techniken der Schamanen erleichtern in der unwirtlichen, oft feind-
seligen Umgebung das Überleben. In Sibirien und noch mehr oben ihm
Altai ist die Landschaft karg, versteppt und weit. Das Klima ist rau. Die
Elementarkräfte und Naturgewalten sind spürbar. Mensch, Natur und
Naturereignisse sind eng miteinander verflochten, sie stehen gewisserma-
ßen stets im Zwiegespräch. Alles ist verbunden. Mensch und Tier und
Pflanze, die Menschen als Gruppe, Tod und Leben, Irdisches und Kosmi-
sches, die unsichtbare Geisterwelt und die sichtbare Energiewelt. Die
Vorstellung, dass einem das Land dort gehört, ist bei Galsan Tschinags
Volk so wenig üblich, wie sich als dessen Beherrscher zu sehen.

Die Menschen dort verpacken ihre Welt in Symbole und Mythen. Auf
diese Weise geben sie sich, ihrem Umfeld und der Welt einen Sinn. Diese

Sinngebung bildet die Brücke zwischen innerer und äußerer Wirklichkeit. Schamanen sehen sich als Diener der Natur, des Menschen und des Universums. Sie reisen in Trance und Träumen mit einer konkreten Frage in die spirituelle Wirklichkeit. Dort nehmen sie Verbindung auf mit Pflanzen, Tieren und Bergen, mit Geistführern wie Engeln und Ahnen und suchen bei ihnen Hilfe und Rat. Sie deuten Träume, Visionen, Intuitionen, und sie nutzen das Wissen aus der Natur sowie sozial- und gruppendynamischer Prozesse.

»Meine Begegnungen mit Schontschur-cham und Doshu haben mich als wissenschaftlich denkenden Menschen jedenfalls tief und nachhaltig bewegt«, schreibt Sew'jan I. Weinshtein (Alouette, 2005) und schildert, wie er die beiden tuwinischen Schamanen erlebte. Der Ethnologe nennt Methoden, Tricks und ihm Unerklärbares. Schamanen arbeiten mit Suggestion, einer der ältesten Formen der Psychotherapie, mit Hypnose und teils mit Tricks wie dem Bauchreden. Die Berufung zum Schamanen entspreche in den meisten Fällen dem Ausbruch einer Nervenkrankheit wie Hysterie und Epilepsie. Solche Krankheiten ließen sich leicht damit erklären, dass in solche Menschen Geister gefahren sind. Indem ein Hysteriker seine Anfälle beherrschen lerne und sie dadurch willkürlich hervorzurufen und zu unterdrücken vermag, wirke dies auf seine Umgebung als Gesundung und als Fähigkeit zur Geisterbeschwörung. Weinshtein berichtet ferner über eine »merkwürdige Virtuosität«, etwas anderes zu verkörpern: »Ich werde nie vergessen, wie Schontschur-cham sich beispielsweise in einen Vogel ›verwandelte‹, wie er seine Arme wie Flügel schwenkte und dabei den krächzenden Schrei eines Raben ausstieß.«

Dietrich Grönemeyer ist überzeugt, dass diese Art zu heilen die abendländische Medizin heute mehr und mehr beschäftigen wird. Der Mediziner und Lehrstuhlinhaber für Radiologie und Mikrotherapie in Witten-Herdecke befasst sich selbst auch intensiv mit Ethnomedizin. Er ist überzeugt, dass historisch überlieferte, noch praktizierte Medizinparadigmen, die sich in ihrem kulturellen Hintergrund, der Theorie und der Praxis sehr von den schulmedizinischen Gepflogenheiten unterscheiden, zusehends bedeutsam werden. Die damit verbundene Haltung, sich mit dem Menschen insgesamt, nicht nur mit seinen pathologischen Befunden zu befassen, deckt sich mit seinen Anliegen. Aber er äußert speziell am Ansatz von Galsan Tschinag Skepsis: Er praktiziere eine zuwendungsorientierte Medizin, verankere sie aber nicht im abendländischen Paradigma der Wissenschaftlichkeit und Aufklärung. Galsan Tschinag könnte nicht für sein medizinisches Handeln nachvollziehbar Rechenschaft ablegen. Seine Methoden seien nicht überprüfbar und nicht erlernbar.[5]

Das gilt im Grunde für alle Schamanen und dieser Rechtfertigungszwang mag auch ein Grund sein, weshalb viele nicht aus ihrem Kulturkreis wegwollen.

In Kysyl, der Hauptstadt von Tuwa, fließen großer und kleiner Jenissei zusammen. Dieser Ort gilt als sibirischer Meridian, als Mitte Asiens. Hier betreibt Nikolai Orschak eine Art Klinik. Die Tuwa lebten immer dazwischen – zwischen Mongolen und Russen, Christen und Buddhisten, Taiga und Wüste Gobi. Weil sie vom Zeitgeschehen oft vergessen wurden, überlebte hier die schamanische Tradition besonders gut. In die Klinik kommen Kranke, aber auch ängstliche, verzweifelte, nervöse Menschen. Sie erhalten Massagen, ihnen werden Heilkräuter und Ernährungsvorschriften empfohlen, vor allen Dingen aber behandelt Orschak ihre Seele. Er ruft durch Trommeln die Geister herbei.

Ein Filmteam des Reportage-Magazins Geo[6] reiste zu ihm, um seine Heilerei zu beobachten. In einem Dorf haben sich alle, jung und alt, im Heimatmuseum versammelt. Er beginnt mit einer Strafpredigt. Sie seien vom rechten Weg abgekommen, haben die Geister schlecht behandelt. Nun seien viele Männer kriminell, das mache ihre Frauen krank und ihre Kinder unglücklich. Orschak trommelt sich in Trance, seine Patienten folgen, soweit ihnen das möglich ist. Er trommelt im Rhythmus des Blutes, die Schwingungen der Trommelschläge übertragen sich, die Menschen öffnen sich, der Schamane bittet die Geister, ihnen zu helfen. Die Kraft zu heilen kommt aus dem Herzen, sagt er. Er ist hochangesehen und gefürchtet für seine Kunst, und wurde nach der offiziellen Anerkennung des Schamanentums wieder zur geistigen Mitte der Tuwiner. Schamanen zeigen den Menschen den Weg. Auch in Tuwa bedeutet dies gegenwärtig ein Weg zurück – zu den Wurzeln und zur Natur.

Das Wort Schamane stammt aus Sibirien, benennt heute aber die magisch-ekstatischen Praktiken bei traditionellen Heilern überall auf der Welt. Die World Health Organzisation bestätigte in den Achtzigerjahren Studien, dass schamanische Praktiken bei psychosomatischen Erkrankungen so gut helfen wie schulmedizinische. Ein Forscherteam um Dieter Vaitl an der Universität in Gießen untersuchte, was in Trance passiert, wenn man den Faktor »Geisterglauben« beiseitelässt. Solche Zustände, wie sie vergleichbar auch bei Autogenem Training und bei Hypnose vorkommen, bewirken eine Kreislaufsynchronisierung mit paradoxer Reaktion: Der Pulsschlag steigt, der Blutdruck sinkt. Die Hirnströme verlangsamen sich in den Zustand, der normalerweise beim Einschlafen üblich ist. Die Probanden sagen, ihr Zeitempfinden und ihre Selbstkontrolle schwinde, sie fühlten sich geistig frisch, ihnen war, als konnten sie einfach alles geschehen lassen… Der klinische Nutzen besteht im reduzierten Schmerzempfinden. Das ist bekannt. Menschen in Trance können über glühende Kohlen gehen und auf Scherben sitzen.

Schamanen sagen zum Beispiel, sie haben dem Heilsuchenden die Ohrschmerzen ausgesaugt oder mit einem kurzen Messerschnitt aus einem Körper das Böse entfernt, sie spenden mit einer Bärentatze Kraft oder helfen, indem sie einen Hammelschulterknochen schwenken. Es ist nicht nur Gerede, es geschieht tatsächlich oft etwas. Vorausgesetzt, der Mensch lässt sich ein und glaubt. Es geschieht häufig schon allein deshalb etwas, weil seine Angst geschrumpft oder verschwunden ist. Man kann dies das Werk des Göttlichen nennen, das Werk der Geister oder Placebo oder Suggestion. Schamanen können die Angst nehmen, aber auch ängstigen.

Die russische Ärztin Olga Kharitidi[7] beschreibt das Zwiegespräch mit dem »inneren Zwilling« in sich selbst als Schlüssel zu innerem Frieden, als Tor zur Heilung und zum Erkennen von Zusammenhängen. Sie erfuhr dies durch eine Reise in das Altai-Gebirge, wo sie auf die Schamanin Umaj traf. Durch den Blick mit den Augen ihres inneren Zwillings wurde Olga Kharitidi plötzlich einiges klar: Viele psychischen Schwierigkeiten und Krankheiten sind vor allen Dingen ein Aufbäumen des Körpers. Er will damit die Aufmerksamkeit des Betroffenen auf seine inneren Bedürfnisse lenken. Viele Menschen kämpften jedoch gegen diese Verlagerung der Energie an, und dies auch dann noch, wenn sie viel Leiden und Schmerzen ertragen mussten. Das war ihnen noch lieber, als ihr altes Lebensmuster zu verändern.

Eine Möglichkeit, eine solche Veränderung anzustoßen, besteht darin, sie extrem zu schockieren und zu erschüttern. Dadurch geraten sie aus ihrem falschen Gleichgewicht und haben eine weitere Chance zur Korrektur ihrer Lebenshaltung. Genau so arbeitete auch die Schamanin. Sie brachte Kharitidis Freundin dazu, ihre Heilung selbst in Gang zu setzen, nachdem viele Ärzte bereits vergeblich versucht hatten, sie zu heilen. Olga Kharitidi ließ von da an solche Ansätze in ihre Behandlungen mit einfließen, indem sie das Bewusstsein ihrer Patienten für ihre inneren Räume öffnete. So schlossen sich mit der Zeit Türen auf, durch die neue Kräfte in sie einströmten. Mit diesen neu gewonnenen Kräften konnten sie sich selbst und oft auch noch anderen helfen.

Die mittlerweile in die USA emigrierte Forscherin und Psychiaterin kehrte auch mit einem veränderten Weltbild von ihrer Altai-Reise zurück. Sie erfuhr von Belowodje, einem spirituellen Ort, und sah archäologische Spuren dieser vermeintlichen Legende. Der Ort, wo das heilige Wissen der Zeiten und Welten aufbewahrt werde, Legenden und Mythen, trage vielerlei Namen, Belowodje lautet einer davon: Vor undenkbar langer Zeit, so heißt es, habe eine Katastrophe ganz Eurasien erschüttert. Es zerstob eine Kultur, deren große Errungenschaft die stete Entwicklung der inneren Dimensionen des Geistes war. Nach der Katastrophe wanderten viele aus, die spirituelle Elite blieb und bildete über ihren Tod hinaus einen kollektiven Kern konzentrierter Energie, der mit allen anderen des Volkes in Verbindung blieb... – bis heute und gleichsam im Sinne einer Urreligion bildet er den Samen für andere Religionen.

Die Aufklärer des 18. Jahrhunderts nahmen eine schamanische Denkhaltung ein. Sie beschrieben Landschaft und Klima als die eigentlich bestimmenden Kräfte des Menschen. Die im Westen besonders verbreitete Weltauffassung hat sich davon sehr weit entfernt. Diese Entfremdung rückt immer mehr in das Bewusstsein, vor allen Dingen, wenn es um Heilung geht. Gewisse Kreise im Westen, etwa die in Wien praktizierenden Neoschamanen, vertreten seit Jahrzehnten eine solche Auffassung. Sie werden aber, anders als die Schamanen zum Beispiel in Tuwa und der Mongolei, teilweise sehr kritisch beäugt.

Die Weite des Landes und die Einstellung zu der Zeit lässt die tuwinischen Nomaden ausgeruht sein. Dies schaffe Platz und Zeit für Geistiges und für Spirituelles, behauptet die deutsche Ethnologin Amèlie Schenk in ihrem gemeinsam mit Galsan Tschinag entstandenen Buch »Im Land der zornigen Winde« (1999, S. 90f.). Die Hirtennomaden überdenken zuerst alles von allen Seiten. Sie beobachten ganz genau und erst danach handeln sie. Die Völkerkundlerin sieht die Art der Herdenhaltung als einen Beleg für die große geistige Arbeit, die der körperlichen vorangestellt ist: Die Tuwa-Nomaden zäunen ihre Tiere nicht ein und schaffen es dennoch, dass sie in Herden bei ihnen bleiben.

Im selben Jahr, 1999, veröffentlicht sie eine Beschreibung ihrer »Reise durch die Schamanenwelt«[8], durch die sie das Schamanische und sein Lebensmuster darstellen will. Sie beschreibt die mongolischen Schamanen als hochsensibel, unter hohem Erfolgsdruck und der Kritik sowie Gerüchten ausgesetzt. Ihre Welt sei ein »großes waberndes Energiemuster, wo alle Teile dauernd in Bezug stehen und sich dadurch verändern«. Ein

Schamane könne alles, Geister, Wasser, Berg, Stein... – und eben auch Menschen angehen, sie stimulieren, aber auch blockieren und vernichten. Er überblicke das energetische Muster des Lebens besser als die meisten, bleibe jedoch Teil desselben.

In ihrem Text beschreibt sie, weshalb sie dieses Thema nicht loslässt. Sie erzählt von einem Medizinmann, der bei ihr einige Jahre ein und aus ging und für den sie zudem viele Vorträge und Seminare in Europa organisierte. Durch ihn lernte sie die Lakota-Indianer kennen und über ihn veröffentlichte sie einen langen Text, der eigentlich ein Buch über seine Lebensgeschichte und sein Volk hätte werden sollen, hätten sich ihre Wege nicht vorher getrennt. Sie ging nach Indien und in den Himalaya. Dann entdeckt sie für sich die Mongolei. Sie schildert ihre ersten Begegnungen mit mongolischen Schamanen und erwähnt ihre Zusammenarbeit mit Galsan Tschinag.

Amèlie Schenk behauptet auch, die meisten mongolischen Schamanen sind nicht organisiert. Sie wollen lieber in ihrer Heimat und unter sich bleiben, weil sie das Gefühl haben, die Welten liegen zu weit auseinander. Sie schrieb viel über Schamanen und über Heilweisen in Stammeskulturen[9]. Seit 2001 verbringe sie die meiste Zeit des Jahres in der Mongolei, erzählt sie. Dort liege nun ihr Forschungsschwerpunkt. Sie sammelte viel Material, besitze wohl 50 000 Fotos.

Im Jahr 2006 veröffentlicht sie ein Buch über Galbe, eine Schamanin aus Galsan Tschinags Volk, seine Nichte[10]. Sie sieht als besondere Tragik der Tuwa wie der ganzen Mongolei, dass sie ihrer Traditionen beraubt wurden. Früher waren mächtige Schamanen Lehrmeister für die darauf folgenden Generationen. Das Schamanentum ging in Sibirien zwar nie ganz verloren, doch die Strahlkraft der Schamanen auf die Nachwachsenden müsse erst wieder zu alter Blüte erstarken. Nach wie vor müssen sie schmerzhafte Erfahrungen und Wahnzustände sowie eine lange Ausbildung und Reifung durchleben. Sie schildert, wie Galbes Wahrsagereien und Enthüllungen anfangs Unruhe säten, bis sie lernte anzudeuten; wie sie manche nicht behandelte, weil sie Kasachen waren; und sich über andere wunderte, weil sie nur deshalb zu ihr kamen, um selbst das Schamanen zu lernen...

Die deutsche Journalistin Beatrix Gerstberger traf im Altai Amélie Schenk und Galbe[11]. Die Schamanin, die mittlerweile 33 Jahre alt war, wirkte äußerst schlampig. Es gibt ein Foto, das sie mit einem T-Shirt und einer dreiviertellangen, roten Trainingshose zeigt. Beatrix Gerstberger berichtet, manchen in der Sippe erscheine Galbe der Nachfolge von Pürwü nicht würdig. Sie sei zu ungestüm, außerdem schamlos und versessen auf Süßigkeiten und Alkohol.

Eines Tages rief Galbe zu einer schamanischen Sitzung. Sie verbrannte Wacholder, trank Schnaps, ihr Mann legte Dung in den Ofen. Sie setzte sich die rote Schamanenmütze auf mit den Uhufedern und den Kaurimuscheln und griff zu ihrem Messingspiegel. Sie sang sich in Trance, verspritzte Milch und Schnaps als Opfer für die Geister. »Dann fallen Worte in sie von irgendwoher und fliegen wie Vögel aus ihr heraus«. Jeder durfte vorher eine Frage aufschreiben, sie rief die Journalistin zu sich. Die Übersetzerin der Geister und des Todes sagte Dinge, die alle anderen in der Jurte in Aufregung versetzten und in Beatrix Gerstberger einen Kloß voll Angst wachsen ließen. Galbe brach die Sitzung ab. Angeblich. Nach einer schweren Nacht erfuhr die Journalistin, Galbe sei nicht wirklich zurückgekehrt in die reale Welt. Offenbar versuchte sie, ihren Ehemann mit einem Küchenmesser umzubringen, wurde aber von irgendjemandem davon abgehalten.

Die Ethnologin schlug vor, zu den Heiligen Bergen zu reiten, auf den 4374 Meter hohen Chuiten Orgil im Tawan-Bogd-Massiv, wo der ewige Geistersitz ist. Es war eiskalt. Sie waren zu viert. Alle legten dort oben ihre Hand auf das Herz der Reporterin. Sie verstand kein Wort, das sie dazu sagten. Aber sie fühlte sich offenbar erleichtert und kehrte zurück in ihre

Welt mit einer Weisheit der Tuwa-Nomaden: »Fürchtest du dich, wenn der Wolf kommt, dann kannst du sterben. Fühlst du dich beehrt, wenn der Wolf kommt, dann wächst du. Tötest du den Wolf und isst von ihm, dann wirst du geheilt, du wirst wolfsgleich.«

Amèlie Schenk lernte Galsan Tschinag irgendwann Anfang der Neunzigerjahre kennen. Im Jahr 1999 veröffentlicht er »Sonnenrote Orakelsteine«, Schamanengesänge an den Sturm, einen Hirsch, den Gletscher, an den Himmel...:

»Ich habe mich/weil ich musste/In einen Berg verwandelt/Mein Scheitel zieht/ den Schnee an/schichtet ihn zum Gletscher auf/Meine Kruste fängt den Staub ab/Webt ihn zu Flechten/Lass deine Blitze hernieder/Sende deine versengenden/Wurzeln mir entgegen/Ich will/weil ich muss/bei dir ankommen und/Mich mit dir zusammen tun/damit ich/um das mehr bin/was du bist/und du/um das mehr bist was ich bin.« (Aus: An den Himmel). Er stellt diesen Gesängen die Chronik einer »Wahnsinnsgeschichte« voran – 21 Bilder über die Geburt der Schamanin Galbe (hier Galby).

Amèlie Schenk schreibt in ihrem Vorwort: »Zur Besonderheit des Tuwa-Schamanen gehört: Jeder ist ein Dichter, ein Sänger.« Mit seinen Worten und seinem Gesang verschaffe sich der Schamane Zugang zu allen Bewusstseinsformen. »Die Worte haben Wirkkraft und erzeugen so Wirklichkeit, wie zur ersten Stunde. Das ist der Machtgesang des Schamanen.« In der »Reise durch die Schamanenwelt«, erschienen im selben Jahr, begründet sie, weshalb sie und Galsan Tschinag künftig zusammen arbeiten wollten:[12] Sie wollten »das Nomadisch-Schamanische von innen heraus darstellen«, wollten sich und ihre Welten gegenseitig erforschen, schreibt sie über sich und den »mongolischen Dichter und Schamanenschüler«.

Heute sieht sie anders.

DIE ENTZAUBERUNG –
EINE WIDERREDE

Zwei Menschen/Trennen sich/
Gehen in zwei/Richtungen/
Jede ist die verkehrte/In beider Brust/
Liegt zweischneidig/Ein Messer
(*Aus:* Nimmer werde ich dich zähmen können)

»Galsan Tschinag ist kein Schamane – in der Mongolei würde er sich lächerlich machen«, behauptet Amèlie Schenk.

Ihr hauptsächliches Anliegen klingt dem von Galsan Tschinag sehr ähnlich: Wissen und Kulturtechniken der alten Völker vermitteln. Helfen, dass Kulturen voneinander lernen. Nomadisches Leben, schamanisches Lebensgefühl und das Gespür für die inneren Kräfte von Menschen berühren sie tief.

Darüber forscht sie – und das fördert sie, stößt Projekte an, betreut sie und packt selbst mit an. Ihr Interesse gilt dem Volk, aus dem Galsan Tschinag stammt. Die Tuwa leiden. Unter großen Dürren im Sommer und harten Wintern mit Temperaturen unter 40 Grad, die das Vieh umbringen. Und unter politischem Druck. Im Altai, ihrer ursprünglichen Heimat, leben noch Kasachen. Sie wanderten etwa vor hundert Jahren zu, treten geschäftstüchtiger auf und drängen die Tuwa in die Rechtlosigkeit. 1959 wurde der Tuwa-Nationalkreis Zengel Hairhan dem kasachischen Kreis einverleibt. Deshalb wanderten etliche Tuwa fort, einige kehrten zurück, doch sie waren zunächst besitzlos, sie hatten weder Jurte noch Vieh.

Offiziell heißt es, Kasachen und Tuwa lebten Seite an Seite und friedlich. 1990 wurde eine Tuwa-Grundschule eingerichtet, an der der Obertongesang und die alten Epen gelehrt werden; bis dahin war den Kindern das Sprechen ihrer Muttersprache verboten.

Die öffentlichen Kassen sind leer, ohne Spenden kann nichts aufgebaut werden. Die Schule erhielt mit Fördergeld eine Heizung, ein Begegnungszentrum wird errichtet, Gemüse und Tierfutteranbau werden unterstützt. Amèlie Schenk und Galsan Tschinag gründeten dazu die Stiftung »Die Freunde des Altai«, mittlerweile gehen sie auch bei der Projektförderung oft getrennte Wege. Er habe nach mongolischem Recht eine »Galsan Tschinag Stiftung« gegründet, weil er so mehr Verfügungsmacht über das Geld habe, behauptet die Ethnologin. Bis heute sei die Westmongolei fast vergessen und auf sich allein gestellt. Das sei im Wahlkampf 2008 wieder offensichtlich geworden. Die Leute haben häufig keine Informationen und viele wählten daher Kommunisten, und genau deshalb glaubten sie auch alles, was ein Galsan Tschinag ihnen erzähle, wenn er aus der großen Welt kommt, sagt Amèlie Schenk. »Aber als Schamane anerkennen sie ihn nicht.«

»Ein richtiger Schamane ist anders, er geht in Trance und heilt in Trance.« So, wie Galsan Tschinag auftrete, könne er nur in Europa daherkommen. »Da gefällt das den Leuten.« Die Ethnologin sah in den vergangenen Jahrzehnten viele Schamanen überall auf der Welt. Sie findet den Gang über die Brücke zwischen den Heilsystemen problematisch, auch dann, wenn man Schamanen nur auf befristete Zeit einfliegt, wie das zum Beispiel der Psychiater Andreas Reimers für seine Praxis in Norddeutschland gemacht hat. Er arbeite zwar »redlich«, sie fürchte aber, die Nepalesen, die er immer mal wieder einlud, »sind alle für das europäische Publikum schon ausgelutscht, weil sie bereits mehrmals da waren. Aber die gehen immerhin in Trance.«

Für dieses Buch hier interessant ist der Erfahrungsbericht, den Amèlie Schenk über Galbe schrieb. Mit diesem ethnographischen und spirituellen Bild einer Schamanin im Hohen Altai zeichnet sie quasi auf, was auf der anderen Seite der Brücke, im Volk der Tuwa beispielsweise bei schamanischen Heilritualen geschieht. Diese Seite steht bewusst im vorliegenden Buch nicht im Fokus. Amèlie Schenk will mit ihrem Bericht auch den Widerspruch belegen, für den sie Galsan Tschinag anklagt. Offensichtlich ist für sein Volk seine Nichte Galbe die von Pürwü bestimmte Nachfolgerin. Galsan Tschinag stellt sich zumindest im Westen vor als von Pürwü auserwählter Heiler, der auf dem Weg ist zum Weltschamanen.

Galsan Tschinag spielt – unter seinem echten Namen, als Onkel Dschurukuwaa – in Amèlie Schenks Buch ebenfalls eine Rolle. Er und Galbe redeten viel in jener Zeit, in der sie zur Schamanin wurde, doch fern der Jurte, weil sie unter sich bleiben wollten. »Er, Führung gewohnt, führt. Sie, Führung suchend, folgt«, beschreibt die Ethnologin (Gesang des Himmels, S. 87). Er warnt die Nichte – vor zu viel Alkohol, Allmachtsphantasien und zu genauen Prognosen. Und er rät ihr zu Bildung und zu einem Aufenthalt in der Stadt. Sie bleibt, sieht sich als Schamanin in der Pflicht gegenüber ihrem Volk.

Im frühen Winter 1994 war Galsan/Dschurukuwaa als Zeuge zugegen, wie nach dem Glauben seines Volkes in der damals wohl 18 Jahre alten Galbe aus dreiwöchigem Schamanenwahnsinn die eineinhalb Jahre zuvor verstorbene Großmutter und große Schamanin Pürwü erwachte. Dieselbe Pürwü, die er seine Schamanenlehrerin nennt.

»Galsan Tschinag ist kein Schamane«, wiederholt Amèlie Schenk. »Er ist vor allen Dingen ein Schriftsteller und Dichter. Er beherrscht die deutsche Sprache und kann wunderbar mit ihr spielen. Da ist er ein großer Mann. Alles andere ist Schau«, behauptet sie. Er finde Worte, die berühren, darin liege seine Magie. »Es gibt in der Mongolei eine uralte Tradition des Erzählens, diesen Leuten wird tagelang zugehört, und in dieser Tradition steht er«, sagt sie. Außerdem beherrsche er die spezielle Mongol-Massage gegen Kopfschmerzen. »Aber das ist ein Teil des nomadischen Lebens. Er hat das gelernt, wie dort viele, und nennt das jetzt Heilen durch Berührung.« Mit Schamanen habe das nichts zu tun. »Natürlich glauben Menschen an Worte und Berührung. Und da kommt plötzlich der Prinz und der Fürst aus der anderen Kultur und alle sind begeistert, ohne die Hintergründe zu kennen.« Sie selbst sei ein lebendiger Beleg, dass das alles nicht stimmt: »Ich habe zu ihm gesagt, heile mich und dann sagte er, bei dir funktioniert das nicht.«

Sie wirft ihm vor, im Westen eine Weichspülversion anzubieten. Die schamanische Welt sei in Wirklichkeit vielfältiger und hochkompliziert. Schamanen erlebe sie als »ganz harte, unberechenbare Menschen, nicht als Schönredner«, als Menschen, die ihr Leben lang lernen. Wieder und immer wieder rät sie ab, dieses Buch hier über Galsan Tschinag zu schreiben. Ihre Argumente bilden Perlenschnüre: Es gibt Hunderte schlechter Bücher über Schamanen, ein wirklicher Schamane kommt nicht nach Europa, sondern denkt sich, die Leute sollen zu ihm kommen, er macht kein Geld mit seiner Kunst, er sagt nicht, er sei Schamane, er erzählt nicht, was er kann, sondern, dass er etwas versuche, er ist bescheiden, eine nomadische Tugend, die Galsan Tschinag früher, als sie gemeinsam am Buch »Im Land der zornigen Winde« arbeiteten, noch gekannt habe. Heute komme er noch ein, zwei Wochen im Jahr mit Touristen in die Berge, habe kaum Kontakt zu seinen Leuten, unterstütze sie zwar, aber willkürlich, keiner wisse, wer was bekomme, wenn er gehe, atme jeder auf, weil der Druck weg sei durch die vielen Reisenden, er sei sowieso immer öfter im Ausland...

Sie atmet tief: »Die Entzauberung findet statt.«

Dann erzählt sie weiter. Galsan Tschinag profitiere von der Naivität auf beiden Seiten: Wenn man ein Land nicht kennt, neigt man dazu, es zu mystifizieren. Dann projiziert man mitunter all seine Träume und Wünsche da hinein. Viele Bilder seien künstlich, in der Mongolei gebe es offiziell keine Häuptlinge und keine Fürsten. »Der schöne edle Wilde, den man die westliche Welt kritisieren lässt, ist eine Erfindung.« Galsan Tschinag lebe seine eigene »Lebenslüge«, behauptet sie: Ihm gehe es vor allem um sich selbst, auch seine Karawane von 1995 sei vor allem ein PR-Feldzug für ihn selbst gewesen: »Galsan Tschinag inszeniert sich unheimlich gern selber, er ist wahnsinnig ehrgeizig. Und er duldet am liebsten gar niemanden neben sich.«

Sie zitiert aus der NZZ *am Sonntag*, wo Daniel Puntas Bernet über Galsan Tschinags Auftritt bei der Führungstagung im Oktober 2006 schrieb. Sie empört sich, dass er schilderte, Nomaden leckten sich morgens erst mal die Augen aus in den Jurten. »Das stimmt nicht. Das gibt es nicht. Ich weiß ja, wie er das macht und wieso dieser Journalist das so aufgegriffen hat. Ich habe da ja viel von ihm gelernt. Doch das ist einfach eine Lüge. Und diese Unwahrheit wird als ethnographische Information dargeboten und als Showeffekt verkauft. Das kann ich als Ethnologin nicht für gut heißen.«

Es tue ihr wahnsinnig leid für die Nomaden, für die Kultur, sie habe aber nicht die Zeit, all das aufzudecken. Sie fädelt weitere Perlenschnüre: Er benutze sein Volk, schade ihm mehr als er ihm nütze, spüre nicht mehr, wie befremdet das Publikum teils reagiere, neuerdings lache er immer, »weil er sich freut, wie dumm die Leute sind und dass sie ihm aus der Hand fressen«, er setze sich fahrlässig über das deutsche Heilpraktikergesetz hinweg ...

Sie sei »traurig und ratlos«. Sie kannte ihn schon, als er jung war und unbeholfen, und sie sei wohl der einzige Mensch, der ihn in all den verschiedenen Welten und vermutlich am besten kennt. »Wir haben zusammen gelebt und sehr viel gemacht. Ich spreche mongolisch. Ich kenne die Mentalität, kenne seine Ecke und andere Ecken und die Nomaden. Ich will nichts Böses sagen. Ich will nur klar reden und eindeutig.«

Sie erzählt nun vom ersten Mongolei-Besuch der damaligen Vizepräsidentin des Deutschen Bundestags, Antje Vollmer, die ihm bald danach, im Dezember 2002, vor lauter Begeisterung das Bundesverdienstkreuz anheftete. »Ich habe noch alles gemacht, den schönen Lebenslauf geschrieben und so«, sagt Amèlie Schenk. »Zur Verleihung hat man mich schon nicht mehr eingeladen ...« – sie bricht ab. Maria Kaluza habe Galsan

Tschinag bald danach von ihr übernommen. Bis dahin habe sie, rund zehn Jahre lang, alles für ihn gemacht. Sie sei im Westen sein Anker gewesen, er ihrer in der Mongolei.

Sie beide kamen in die Krise, »als die Entzauberung anfing«, behauptet sie. »Als ich kapierte, da wurde er immer nervöser, mein Freund Galsan. Weil er nämlich plötzlich gemerkt hat, die versteht und die spricht hier in der Mongolei mit meinen Leuten.« Ihre Stimme erhärtet. Sie hält inne und wechselt das Thema. Scheinbar. Sie erzürnt sich über Frauen, die 55-Jährigen, die 65-Jährigen, die Frauen, die sich selbst verwirklichen wollen, deren Träume von Liebe und Kindern sie in Hunderten von Briefen gelesen habe... Wieder unterbricht sie sich.

»Kennen Sie die Liebesgedichte?«, fragt sie plötzlich. Ihre Stimme wird weicher. »Nimmer werde ich dich zähmen – das bin ich.« Sie sprudelt nun. »Frische, unverbrauchte Gedichte sind das. Alle, die er danach schrieb, sind nur Nachklänge. Mehr muss ich Ihnen nicht sagen!«

Sie hält inne.

»Er ist wie Goethe. Als Goethe berühmt wurde, vernichtete er alles, was nicht zu dem Bild passte, das er von sich einst in der Geschichte sehen wollte. Er versuchte, Dinge, die gewesen sind, als ungeschehen hinzustellen, mit aller Macht.« Galsan Tschinag handle genauso. Sie führt als Beleg für diese Aussage eine Lesung heran, als jemand fragte, wie er an Waldgut-Verleger Beat Brechtbühl gekommen sei. Weil er so ein herzensguter Mensch sei, habe Galsan Tschinag geantwortet. Da sei ihm der Verleger ins Wort gefallen und erzählte, sie, Amèlie Schenk, sei zu ihm gekommen und habe ihm diese Liebesgedichte gebracht... – »Galsan schaute zur Seite und war sauer.«

Sie geht wieder auf Distanz. »Ich bin ein klar denkender Mensch und eine liebende Frau. Ich liebe die Mongolei und rede voller Mitgefühl für die Nomaden und dieses alte Leben. Was mit meinem Freund passiert ist, macht mich zutiefst traurig und manchmal bin ich auch ganz verzweifelt.«

ERNEUERUNG

Galbe trennte sich eines Tages öffentlich von Amélie Schenk. Sie kam auf ihren früheren Lehrer Galsan Tschinag zu und fragte, ob sie wieder gemeinsam arbeiten könnten. In der Sippe. Er war einverstanden. Und er schlug ihr vor, ihn in den Westen zu begleiten. Das lehnte sie ab. Bislang.

Seine zweite Schülerin möchte ihren wirklichen Namen nicht nennen. Eine Rolle spielen beide, und zwar in dem Buch, das er als Roman seines Lebens untertitelt: »Die Rückkehr« heißt die Geschichte vom Streit seiner beiden Schamanenschülerinnen Üsej und Ambike. Ambike, die Ältere, ist die Tochter seiner Cousine, Üsej die Tochter seines Schwurbruders – beide Namen sind für den Roman verfremdet, doch es gibt sie wirklich.

Die Feindseligkeit der beiden Schamaninnen droht das ganze Volk zu spalten. Jede will die Bessere, die Größere sein, jede verreißt und beschimpft, was die andere gut findet. Das Tauziehen zweier Mächte, die nur noch sich sehen und kaum mehr den Kranken, sowie die Uneinigkeit der Nomaden über ihre Zukunft spiegeln sich in ihrem Streit. In einer Mischung aus Traumschilderungen und Erinnerungen erzählt Galsan Tschinag, wie schließlich die Versöhnung möglich wurde und wie dadurch auch das ganze Volk frischen Mut schöpft.

ANGESTECKT –
WIE WESTLICHE HEILER
UND COACHES
DAS SCHAMANISCHE
KOMMUNIZIEREN
UND INTERPRETIEREN

Was bewirken die Auftritte und Begegnungen mit Galsan Tschinag bei jenen, die beruflich ebenfalls im Bereich Therapie oder Beratung arbeiten? Inwiefern prägte die Begegnung sie selbst, inwiefern fanden sie Impulse für ihre Arbeit? Was erwarteten sie, was beeindruckte und was enttäuschte sie?

Jeder der hier Befragten erlebte Galsan Tschinag in mindestens einem Seminar oder bei einer seiner Lesungen in Deutschland, Österreich oder in der Schweiz. Manche behandelte er, andere beobachten ihn lediglich. Einige von ihnen begleiten ihn seither immer wieder. Wo eine Anonymisierung gewünscht wurde, ist diese mit einem * gekennzeichnet: Dieser Name wurde geändert. Alle haben, zumindest durch Galsan Tschinag, einen Bezug zum Schamanismus. Der zweite Teil dieses Kapitels, *Auf der Schwelle – Heil für die Welt*, widmet sich ihren Vorstellungen, wie sich die Welt heilen ließe und was sie als schamanisch definieren.

GELASSEN UND SELBSTGEWISSER:
HAND IN HAND DIE BRÜCKE BAUEN

»Ich habe meine Art zu heilen beibehalten«, sagt Maria Kaluza. »Aber
Galsan Tschinags intuitive Art prägte mich. Er will als Erstes wahrnehmen, was die Leute mitbringen. Ich habe auf unseren gemeinsamen Reisen und Seminaren immer wieder erlebt, wie er auf diese Weise Zugang zu
ihnen erhielt. Das bestärkte mich, meiner eigenen Intuition auch zu vertrauen.« Maria Kaluza arbeitet als christliche Schamanin und schöpft
daraus auch die Bilder für den Schmuck, den sie entwirft. Für sie verban-
den sich die Eindrücke aus den gemeinsamen Auftritten zu einer eigenen,
aber neuen Herangehensweise, in die sie das im Westen übliche, planmä-
ßige Vorgehen einflicht: »Ich habe ein Ziel, kann aber zunehmend spontan fließen lassen. Durch die Begegnungen und Erfahrungen mit ihm
habe ich mehr Gelassenheit und Zutrauen gewonnen.«

Von Galsan Tschinag fühlte sie sich in ihrem Selbstverständnis als Schamanin bestärkt. Ihr Mann ist Allgemeinarzt. Sie sah ihre eigene Begabung
seit Langem im Feld des schamanischen Heilens und war bereits auf diesem Weg, als sie im Mai 2001 zu einer Lesung ging. Sie wollte den Dichter
Galsan Tschinag erleben, dessen Gedichtband »Wolkenhunde« sie sehr
berührte. Im Anschluss ließ sie sich ein Buch signieren. Er schrieb eine
Widmung. Sie war irritiert. »Der kennt mich doch gar nicht, wie kommt
er darauf« – immer wieder kreiste dieser Gedanke in ihrem Kopf.

Sie ging schließlich zu einem Seminar, diesmal um den Heiler Tschinag
kennenzulernen.

Mittlerweile vertritt sie ihn, wenn er in der Mongolei ist. Sie geben ge-
meinsame Seminare, vor allem auch in Deutschland, Österreich und der
Schweiz. Und zwischenzeitlich reisen sie auch in seiner Welt, im Hohen
Altai, gemeinsam. Im Winter 2008 unternahmen Maria Kaluza und ihr
Mann zusammen mit Galsan Tschinag und mit dessen früherer Schama-

nenschülerin Galbe eine Reise in die Berge. Ein wenig so wie in unseren Gegenden die Landärzte, ritten und fuhren die vier zu den Patienten. Maria Kaluza erzählt, sie habe besonders gut Zugang zu älteren Menschen gefunden, obwohl sie nicht ihre Sprache spricht. Wie? Manchmal war jemand da, der übersetzen konnte, manchmal nicht. Dennoch war immer eine Grundverständigung möglich – über die Sprache der Intuition.

Sie erlebte das nicht zum ersten Mal, solche Erfahrungen machte sie bereits bei den Maori, den Ureinwohnern Neuseelands. Schlüssel seien die Bereitschaft und das Vertrauen, sich einzulassen. Sie bleibe freilich ein »westlicher Mensch. Ich will einfach die Dinge verstehen«, sagt sie. Doch mehr und mehr vertraut sie zudem auf ihre Einfühlung und auf die nonverbale Sprache.

Ihre Reisen zwischen westlichem und indigenem Kulturraum vertieften ihre Erkenntnis, worauf die Brücke zu bauen ist: auf Toleranz, Achtung, auf Respekt gegenüber Widersprüchen und Unterschieden, auf Achtsamkeit, auf Zeit und auf Gegenseitigkeit. Sich kennenlernen bedeute zuerst, Geduld aufzubringen. Man müsse die Symbolwelten der anderen Kulturen kennenlernen, sich ihre Wurzeln und Andersartigkeit bewusst machen. Das beuge manchem Missverständnis vor. Es ist die klassische Situation wirkungsvoller interpersonaler Kommunikation: sich füreinander interessieren, voneinander lernen, mehr verstehen. »Wir im Westen besinnen uns zusehends wieder auf alte Heilweisen. Eine Begegnung mit einer indigenen Kultur und Heilweise kann uns zurückführen auf diese eigenen Wurzeln. Vieles ist nur verschüttet und vergessen.«

Sie entdeckte durch die Zusammenarbeit mit Galsan Tschinag immer mehr die Fülle an Möglichkeiten, die auch die westliche Volksheilkunde bietet, und die Parallelitäten: Begegnen, Heilen, an seelischen Befindlichkeiten ansetzen – diese Zugänge zu Patienten kennt die hiesige Kultur durchaus, ein Beispiel ist das Gesundbeten. Die Skepsis hierzulande gegenüber solchen Heilformen rührt somit eben nicht daher, dass es so etwas hier nie gab, sondern daher, dass gegenwärtig eine Kultur fehlt, die stark genug ist, solche Ansätze auf breiter Ebene wiederzubeleben, sie an geeigneter Stelle einzusetzen und zu fördern.

Aber es bewegt sich manches. Eine Verschmelzung wird es ohnehin nie geben, behauptet Maria Kaluza. Unterschiede bleiben, können sich jedoch gegenseitig befördern. Wie bei ihnen beiden: »Ich arbeite hauptsächlich mit dem Licht und lade auch die mitfühlenden Wesen ein. Galsan arbeitet vor allen Dingen mit seinen 10 000 Geistern.« Am Ende vereinen sich die Wege wieder: »Unser gemeinsames Ziel ist das Heilen, heilend zu arbeiten, für die Menschen und für die Erde. Und wir wollen eine Brücke bauen zwischen den Kulturen, zwischen westlichem und östlichem Verständnis – und zwar eine begehbare Brücke.« Sie ist sich sicher: »Es ist möglich, die Brücke zu bauen. Hand in Hand kann das gehen.«

Verbunden und durchlässiger

Angelika Maasch arbeitet als therapeutische Leiterin einer kleinen psychotherapeutischen Tagesklinik, in der Menschen mit unterschiedlichen Diagnosen behandelt werden. Die meisten ihrer Patienten leiden an Persönlichkeitsstörungen, an Depressionen, Zwangsstörungen, posttraumatischen Belastungsstörungen, Suchterkrankungen und dergleichem. Die Methoden, mit denen sie arbeitet, sind breit gefächert: Gesprächspsychotherapie, Dynamische Gruppenpsychotherapie, Systemische Familientherapie, Gestalttherapie, Körpertherapie, Rhythmustherapie, Stimmarbeit. Und sie arbeitet mit Ritualen unterschiedlicher Art.

Sie begegnete Galsan Tschinag durch sein Buch vom »Blauen Himmel«. Ein Arzt, mit dem sie damals gemeinsam die Abteilung Psychiatrische Rehabilitation in einer psychotherapeutischen Klinik in Deutschland leitete, schenkte es ihr. »Wir hatten immer mal wieder Schwierigkeiten miteinander, da er eher chaotisch und ich eher strukturiert arbeitete. In seiner

Widmung schrieb er, es sei ein Buch über die Süße und die Kraft von Ordnung.« Ihr gefiel das Buch sehr. Und es weckte in ihr den Wunsch, in den Hohen Altai zu reisen.

Sechs Jahre danach fiel ihr eine kleine Anzeige über eine Lesung mit Galsan Tschinag in Götzis ins Auge. Dort traf sie ihn dann zum ersten Mal, ein weiteres Jahr später nahm sie an einem Wochenendseminar mit ihm in Zürich teil. »Ich hatte keinerlei Erwartungen. Ich war einfach so offen wie möglich.«

Zu dem Zeitpunkt litt sie – und dies seit einigen Jahren – an einer Autoimmunerkrankung der Schilddrüse (Morbus Basedow). Sie hatte heiße Knoten in der Schilddrüse. Nahm sie keine Medikamente, kamen immer wieder akute Schübe. Alle möglichen alternativen Behandlungsmethoden wie Traditionelle Chinesische Medizin, Homöopathie, tibetische Medizin oder auch Ayurveda waren ohne Erfolg geblieben. »Galsan machte ein Heilungsritual mit mir. Zwei Wochen später hatte ich einen heftigen und kurzen akuten Schub, seitdem bin ich geheilt. Schulmediziner halten das für unmöglich.«

In den Jahren 2007 und 2008 verbrachte sie jeweils drei Wochen in der Mongolei und im Hohen Altai und erlebte ihn bei Ritualen und Heilungen bei seinen Landsleuten sowie auch bei Europäern. In diese Zeit fiel ihr 60. Geburtstag. Es gab ein großes Festessen, schöne Geschenke, Galsan Tschinag sang ihr ein Lied. »Die Worte verstand ich natürlich nicht, aber er erzählte mir, dass es von zwei Vögeln handelte.« Kaum hatte er geendet, kamen zwei Kraniche geflogen, landeten sehr nah an ihrem Lagerplatz und blieben dort lange Zeit. Normalerweise meiden Kraniche die Nähe von Menschen. Dieses Erlebnis berührte sie sehr: »Für mich ist der Kranich ein Symbol langen Lebens und der Lebensfreude.«

Die Begegnung mit ihm verstärkte ihr Gefühl, mit allem in der Natur und mit den Menschen verbunden zu sein. Sie begleitet ihn seither zu einigen seiner Seminare und Lesungen. Das Erstaunlichste, was sie, abgesehen von ihrer eigenen Heilung, dabei erlebte, war, wie er mit einer Frau umging, die an einer schweren Depression litt. Am Ende des Seminars tanzte sie mit ihm Walzer und strahlte. »Wie lange das angehalten hat, weiß ich natürlich nicht.« Galsan Tschinag hatte sie »die Himmelskönigin« genannt... (siehe: Epilog).

Beeinflusste die Begegnung Angelika Maasch auch beruflich? »Manches an seiner Art zu arbeiten ist nicht so anders als meine Art, zum Beispiel die alten Denkmuster der Menschen durcheinanderzubringen und einen Zustand der Resonanz herzustellen mit dem, was gesund ist, Vertrauen ins Leben schaffen und in das, was größer ist und uns alle verbindet.« Die Beobachtung seiner Art zu heilen bewirkte aber auch Veränderung. Ihre Arbeit sei »schneller geworden«. Sie fühle sich seither »mit Galsan und durch ihn auch mit seiner Schamanenlehrerin sehr verbunden« bei ihrer eigenen Arbeit und einfach »durchlässiger«.

Besorgt und bestärkt

Die Therapeutin und Meditationslehrerin Sylvia Röthlisberger besuchte ein Seminar, um ihre Eindrücke aus Interviews und Büchern von Galsan Tschinag zu überprüfen. Sie fand ihn glaubwürdig und fühlte sich durch ihn bestärkt in ihrer eigenen Herangehensweise. Er gebe keine Rezepte, sondern zeige Ansätze und Möglichkeiten auf, und er mache »größere Zusammenhänge« bewusst. Das beeindruckt sie, ebenso wie der Einblick in eine andere Kultur, »in eine Kultur, die diesen Namen im Gegensatz zu unserer vielleicht eher verdient«. Beruflich veränderte sich durch diese Begegnung zweierlei: Sie ist noch stärker überzeugt, nach spirituellen Gesetzen leben und handeln zu dürfen. Und sie kommuniziert anders, auch privat: Sie sieht sich ermutigt, dass es gut ist für sie und für andere, wenn sie auf ihre Gefühle hört, auf ihre Umgebung offen reagiert und ihre Beweggründe kommuniziert.

Sylvia Röthlisberger formuliert auch Bedenken. Die Reaktion mancher Seminarteilnehmer enttäuschte sie. Manche erheben ihrem Empfinden nach viel zu hohe Ansprüche. »Am liebsten hätten sie ihn als Guru.« Da sitzen Menschen, »die ihn konsumieren möchten, statt sich an ihm und seinem Weg zu messen«. Eine gewisse Gefahr sei auch die »Art und Weise, wie seine ›Vermittler‹ ihn in der Welt herumreis(s)en«. Sie traue ihm aber »sehr wohl zu, dass er dies selber erkennt oder erkennen wird«.

Recht gelassen sieht Rosina Heumann ihren Bezug zu Galsan Tschinag. Sie interessierte schlicht, wie so vieles andere, auf welche Weise er therapiert. Die Fachtherapeutin für Psychotherapie war neugierig. Vieles kam ihr aus der eigenen Arbeit bekannt vor, auch der Ansatz der Lebensberatung und der Lebenshilfe als Teil des Heilens. Kommunikation steht auch bei ihr im Mittelpunkt; das bündle sie in dem Behandlungs- und Motivationskonzept »Soullanguage«, das die Sprache der Seele mit den Buchstaben der fünf Sinne lehren soll.

Ottschke Hemmerlein bezeichnet sich als Schamane und Heiler. Er wende alle Arten des energetischen Mustererkennens und energetischen Musterwebens an und heile beispielsweise mithilfe der »Spirits«, seines Geistführers, seiner Krafttiere, Heilsteine und manueller Methoden wie Knochenhaut- und Muskelhautmassage. Von seiner ersten Begegnung mit Galsan Tschinag erahnte und erwartete er Heilung, erzählt er: »Und so ist das auch geschehen.« Galsan Tschinag sei »ohne Schnörkel«, das habe ihn bestärkt, sich selbst weiterhin treu zu bleiben. In seine berufliche Praxis übernahm er zum Beispiel eine spezielle Kopfmassage.

DISTANZ ZUR PERSON, NÄHE ZUM ANLIEGEN

Beate Benz* ist Ärztin, Psychotherapeutin und Heilerin. Sie sieht Galsan Tschinag ambivalent. Sie erlebt ihn als »charismatischen, intelligenten und hoch kreativen Menschen, der den Mut hat, Ideale und Visionen Wirklichkeit werden zu lassen und den unbedingten Willen, zu vermitteln, zu helfen und zu heilen«. Dafür habe er ihre Achtung und ihren Respekt.

Sie traf ihn in einem Seminar in Deutschland, aber auch im Hohen Altai, in den Jahren 2005 und 2007. Beide Reisen beeindruckten sie tief und bewirkten in ihr intensive Entwicklungen, schildert sie. Dazu habe auch Galsan Tschinag selbst beigetragen, und zwar in zweierlei Weise: Sie identifizierte sich immer mehr mit seinen Anliegen und sie grenzte sich immer stärker von seiner Person ab.

Beate Benz beschreibt eine Seite an ihm, die sie »widersprüchlich«, »kantig«, »gelegentlich feindselig« nennt. Sie erzählt von Äußerungen, die sie als »rassistisch« und »frauenfeindlich« empfand. Durch solches Verhalten setze er die Glaubwürdigkeit seiner Anliegen – zu vermitteln und zu heilen – aufs Spiel. Dafür ist sie, im Rückblick, dankbar: Ihr halfen solche Erfahrungen, auf Distanz zu gehen. Eine innere Distanz, die sie bei vielen vermisst. Viele idealisieren ihn, verhalten sich »unkritisch und manchmal beinah abhängig«, kritisiert sie. Diese devote Haltung sei fatal und verhindere »eine kritische und wohlwollende Auseinandersetzung mit ihm und seinen Anliegen«.

Sie sieht sich als Pilgernde zwischen den Welten, als Therapeutin und Heilerin. Die Erfahrungen, die sie im Altai machen durfte, öffneten ihr Tore zur spirituellen Entwicklung. In ihrer Praxis trennt sie tiefenpsychologisch fundiertes Arbeiten und schamanische Arbeit. »Ich sehe in meiner Arbeit mit Imaginationen stets auch das Schamanische in allen Bildern und spiegele das auch meinen Klienten, doch meistens erst gegen Ende der Therapie.« Dann, wenn die spirituellen Fragen in den Mittelpunkt rücken.

Sie will als »schamanische Praktikerin« an Jugendliche und Erwachsene ihre Erfahrungen beim Bilden von Visionen weitergeben und empfindet »den dramatischen Mangel an echten Übergängen und notwendigen mutigen Begleitungen spiritueller Krisen« hierzulande als ihre größte Herausforderung. Als Mutter von drei Kindern im Jugendlichenalter höre sie besonders laut den Ruf: »Halt mit uns aus, trau uns unseren eigenen Weg zu, zeig uns, wie und wo wir Hilfe finden, um uns selbst zu finden...« Hierin gründet ihre eigene Vision: Heilung für die Erde. Denn die Heilung des Ganzen beginne im Kleinen. »Schamanisch fühlen, leben und arbeiten bedeutet für mich, das Wesen des Ganzen in jeder Lebensäußerung, in jeder Gestalt zu spüren und zu erkennen. Insofern geht mich in der Welt alles an, alles betrifft mich auch persönlich.«

VIEL FRECHE DISZIPLIN, WENIG SINN FÜR SEXISTISCHE FRAGESTELLUNGEN

Birgitt Morrien arbeitet als Coach, Inspiratorin und Supervisorin. Sie studierte Kommunikationswissenschaft, ist Journalistin und PR-Expertin. Sie entwickelte »DreamGuidance«, ein Konzept für Wege zu »typgerechten« Erfolg, arbeitet nach Prinzipien des »Core Shamanism« und wendet psychoanalytische Techniken an. Eine Freundin wies sie auf ein Seminar mit Galsan Tschinag hin. Sie erwartete Infotainment: Unterhaltung, verbunden mit Informationen zum schamanischen Arbeiten in der mongolischen Tradition, und war beeindruckt: »Galsan Tschinag verbindet auf überzeugende Art das Wissen eines Schamanen mit der Didaktik eines westlichen Trainers.« Ihre zweite Hoffnung verbindet sie mit Beate Benz' Kritik. Birgitt Morrien vermisst »Sinn und Schulung für sexistische Fragestellungen. Da täte Fortbildung sicher Not, zumal er vorwiegend Frauen als Gäste in seinen Weiterbildungen begrüßt.«

Für sie persönlich wurde Galsan Tschinag zum Vorbild in »frecher Disziplin«. Die brauche man, um nachhaltig auf andere zu wirken. Ein Besuch in der Mongolei und die Zeit dort mit ihm veranlassten sie zudem, in ihren Berufsalltag europäische Traditionen des Schamanismus mit einzuflechten. Für den Hohen Altai angemessene Arbeitsweisen lassen sich aber nicht einfach nach Westeuropa transferieren, behauptet sie. Ein »zeitgemäßer Mix aus europäischer Mystik und asiatischem Schamanismus« sei nötig.

MEIN HÄUPTLING

Mit einem geschenkten Buch und mit einem gekauften beginnt die Geschichte von Pascal Heller*. »Eigentlich habe ich mich nur für das Leben der Nomaden interessiert, für seinen Beschrieb dieser Welt und seine Sprache...« Ja und dann noch für eine Konferenz, wo Galsan Tschinag als Redner auftrat – vor Führungsleuten wie etwa dem erfolgreichen PR-Experten Pascal Heller. Er ließ die Bücher signieren und fühlte sich wie erschlagen: »Wieso weiß der das, der kennt mich doch nicht.« Ähnlich wie es Maria Kaluza ergangen war. Lange Jahre grübelte er immer wieder über den Satz, dann besuchte er ein Seminar, ein paar Monate später reiste er in den Altai.

Erst durch dieses Seminar habe er begonnen, zu sich zu finden, behauptet Heller. Er erzählt von väterlicher und mütterlicher Energie, von einem Weg durch Widerstände, Zweifel, Unsicherheiten – und nun von einem starken Gefühl des Akzeptiert-Seins. Das wirke sich auch beruflich aus: »Ich fühle mich runder in der Beziehung zu mir selbst. Das fließt auch in die Beratungs- und Coachingarbeit ein.« Er übernahm keine Praktiken, Ideen und Ansätze, sondern setzte bei sich an: »Ich bin mehr bei mir und arbeite mehr aus meiner Mitte heraus, mit einem größeren Verständnis für mich und daraus natürlich auch für die Problemstellungen meiner Mandanten.«

Er gehe immer entschlossener seinen Weg und fühle sich getragen von der »physischen Welt« seines Teams und seiner Kunden, sowie von der »geistigen Welt aus meinem Innersten«. Aus dieser Quelle schöpfe er Kraft zu handeln: Schritt für Schritt übergibt er sein Unternehmen einem Geschäftsführer, um sich auf strategische Aufgaben zu konzentrieren und auf neue Freiräume. Offenbar strahlt das aus: »Ich erhalte seit etwa sechs Monaten vermehrt Anfragen für persönliche Beratungen, die über die Kommunikation hinausgehen.«

Pascal Heller interessiert sich beruflich wie privat für Beziehungsgefüge und Hierarchien: »Für mich ist das Spannungsfeld Sohn/Vater, Untergebener/Chef, Führung/Akzeptanz, Schüler/Schamane interessant.« Er suche Lenkung, Unterstützung, Antworten. Galsan Tschinags Auftreten erhöhte seine innere Spannung, denn er »ist es sehr gewohnt, zu befehlen. Er dominiert, hat zu allem und über alle eine Meinung. Punkt. Fertig.« Heller fühlte sich mit seinem eigenen Schatten konfrontiert. Er habe um Galsan Tschinags Aufmerksamkeit regelrecht gebuhlt, wollte, dass er ihn sieht, ihn in den Arm nimmt. Pascal Heller hatte das Gefühl, dass Galsan Tschinag sich einen Häuptling aussuchen wollte, der ihn neben sich zulässt, gerne einen dominanten, und dass er stolz sei, wie viele er schon zum Glück gezwungen und zum Glück geführt hat. Letztlich auch ihn, der lange Jahre solcherlei Konfrontationen ausgewichen war.

Pascal Heller prägte nicht nur die Spannung in ihrer Begegnung, sondern auch die mit der Zeit gewonnene Erkenntnis, dass Galsan Tschinag auch Schattenseiten hat. Er habe ihn wohl teils überhöht, um sich selbst »zu übertiefen«. Die Konfrontation mit dem Schamanen setzte ihn seinen eigenen Ängsten und seiner Hilflosigkeit mehr aus als je zuvor – und wurde sein Weg, sich zu befreien.

AUF DER SCHWELLE – HEIL FÜR DIE WELT

»Eine Schamanin ist eine, die auf der Schwelle tanzt«, definiert Birgitt Morrien. Auf der Schwelle zwischen zwei Abgründen. Als »schamanisch Praktizierende« kenne sie die Dynamik der Traumwelten ebenso wie die der »sogenannten realen Alltagswelt – im Persönlichen wie im Geschäftsalltag. Recherchiert sie für Problemlösungen im Coaching, erkunde sie beiderlei Welten, weil sie nur dann die Fragen ihrer Kunden wirksam beantworten könne. »Aus der schamanischen Tradition erreichen uns vitale Impulse, die helfen können, verbindend zu wirken und die nächtliche Wirklichkeit wieder mit taglichten Welten ins Gespräch zu bringen.« Dieser Dialog wurde in Europa vor vielen hundert Jahren gewaltsam unterbrochen – und tabuisiert. Noch heute amüsieren sich so manche über die Vorstellung, aus Trance und Traum könne man Informationen gewinnen, um Probleme zu lösen. In diesem Gelächter klingt für sie das Tabu nach.

Wie würde die Welt gesünder werden? Birgitt Morrien nennt drei Punkte: die Spaltung der Geschlechter aufheben, die sich im Sexismus ausdrückt; dann die Spaltung von Tag- und Nachtwissen aufheben, die sich in der einseitigen Schulung der Ratio ausdrückt. Und drittens die Spaltung von Intellekt und Emotion aufheben zugunsten geistreicher Leidenschaft.

Darauf baut sie ihre Vision vom Zustand der Welt und der Weltgesundheit in zehn Jahren: »Wenn die hundertste Frau und der hundertste Mann beschlossen haben werden, dass friedliches Miteinander die unbedingte Gleichrangigkeit beider Geschlechter bedeutet, wird dieser Friedensfunke auf die restlichen Tausend überspringen.« Für sie ein Grundprinzip für viele Bereiche, an denen die Gegenwart kranke: »Wenn der/die hundertste Wissenschaftler/in auch Traum und Trance als legitime Quellen zur Informationsbeschaffung anführt, wird ein frischer Wind die überkommene Starre alter Denkschulen aufwirbeln, die sich den Ausschluss all dessen auf die Fahnen geschrieben hatten, das nicht quantifizierbar ist.« Und schließlich: »Wenn das Lachen eines klugen Kopfes dazu führt, dass er sich krümmen muss, ist das ein Glück. Denn Hirn und Bauch sind sich dadurch ein Stückchen näher gekommen. Und was er danach spricht, klingt meist anders, voller irgendwie. Wenn das Lachen einer klugen Frau dazu führt, dass sie sich unverhofft einfach aufrichtet, ist das ein Glück. Denn Bauch und Hirn sind sich so ein Stückchen näher gekommen. Und was sie dann sagt, klingt meist wunderbar einfach, vollkommen klar.«

Pascal Heller begreift Schamanismus als das uralte Wissen um die Verbindung mit allem, mit Erde und Himmel, mit belebter und scheinbar unbelebter Welt, konkreter und geistiger – »ach, und jetzt beende ich diese Aufzählung besser« unterbricht er sich, »irgendwie ist dieses alles gar nicht benennbar.« Zum Wissen kämen noch Rituale und das bewusste Pflegen dieser Verbindung zwischen allem. »Schamanismus kann auf eine unkomplizierte, lustvolle Art dazu führen, dass wir uns bewusst werden, wie stark wir gehalten werden in dieser Verbindung.«

Angelika Maasch erklärt Schamanismus über die Bedeutung im Sibirischen. Übersetzt heiße es, »mit Hitze und Feuer arbeiten«, was für sie bedeutet: umwandeln, transformieren. Der Schamanismus gründet auf dem Wissen um die Verbundenheit und Beseeltheit aller Dinge und dem Wissen, wie man zum Wohle alles Lebendigen diese Verbundenheit nutzen kann, das Wissen der Ahnen sowie die Heilkräfte der Natur. Ziel sei die Balance zwischen Mensch, Natur und Kosmos – und hoch spannend, dass die Quantenphysik offenbar beweise, was Schamanen immer wussten: Auch der »leere« Raum ist beseelt – vom lebendigen Geist, von der Schöpferkraft.

Sylvia Röthlisberger sieht in den Schamanen Mittler zwischen zwei Welten, ganzheitliche Heiler sowie Macher, die geerdet sind in der Natur. Sie interessiere sich nicht vor allen Dingen für Schamanen, sondern für Heilende, die sie schätzt – wie eben Galsan Tschinag. Sie schätze ihn wegen seiner Weisheit, seinem Wesen, seinem Handeln. Schamanismus könne helfen, den Respekt und die Liebe zur Natur, zu sich und zu anderen Menschen zu erneuern und damit mehr Selbstheilung ermöglichen.

So werde auch die Welt gesünder. Jeder könne letztlich nur sich selbst verändern und wirke auf andere allenfalls durch das Vorbild. Sie plädiert, die Qualität der Gedanken und Handlungen zu kontrollieren. »Wenn wir unsere Gedanken auf allfällig negative spätere Ereignisse oder auf vergangenes Leid konzentrieren, ›nähren‹ wir konstant das Negative, das Leid, und verstärken es sowohl für unser eigenes Leben als auch global gesehen – nach dem Gesetz der Resonanz.« Gebe man positiven Erlebnissen und Handlungen gedankliche Energie, verstärke sich nach ebendiesem Gesetz die Chance für deren Realisierung. Sylvia Röthlisberger glaubt, Menschen besinnen sich, und zwar spätestens nach Katastrophen oder Krisen wie der Finanzkrise 2008/09 – dann, wenn vermeintlich ›sichere Werte‹ ins Wanken geraten.

Für Ottschke Hemmerlein bedeutet schamanisch, in Kontakt sein mit »dem höheren Selbst«, mit Tiergeistern, geistigen Lehrern und der Natur. Spezielle Übungen lösen erhöhte Sinneswahrnehmung, Trance und Visionen aus – Erfahrungen, die man in den Alltag integrieren kann. So trage Schamanismus bei zu mehr Menschlichkeit und zu mehr Verständnis für kleine und große Zusammenhänge.

Hemmerlein schlägt vor, dass erstens von autorisierten Personen geprüfte Heiler in Praxen mit konventionell ausgebildeten Ärzten zusammenarbeiten. Zweitens: Schamanen und Heiler sollten in Schulen und Kindergärten ihre Art der Wahrnehmung der Welt den Kindern ebenso darlegen dürfen wie andere Religionsvertreter. Das helfe auch Kindern mit diesbezüglich speziellen Fähigkeiten, sie einzuordnen – und vielleicht gar »später den Beruf des Schamanen oder Heilers zu erlernen«.

Hemmerlein träumt von einer »Gesellschaft ohne Geld, in der jeder sich sozial verhält und man nach einem Punktesystem zahlt und entlohnt wird. Der Heiler und Schamane ist für die Gesundheit seines Kreises zuständig. Er wird, wie die Ärzte im alten China, nur so lange bezahlt, wie seine Patienten gesund bleiben. Deshalb ist er stets in seinem Viertel unterwegs und hilft jedem Mensch, Tier, Pflanze, Mineral, Energieform in Harmonie zu bleiben, also gesund zu bleiben.« In Hemmerleins gesunder Welt werden Menschen, die authentisch sind, gefördert, Profilneurotiker, die mehr Schein als Sein darstellen, hingegen nicht. Sie werden verschwinden. Jeder unterstützt jeden, Hierarchie basiert auf Einverständnis: »Ein

Ortsvorsteher hat dieses Amt, weil jeder im Dorf diese Funktion in ihm sieht und auch die Erfüllung der damit verbundenen Aufgaben von ihm einfordert... Ein Schamane ist ein Schamane, weil jeder im Dorf diese Funktion in ihm sieht und auch die Erfüllung der damit verbundenen Aufgaben von ihm einfordert, ein Gespräch sucht, seine Belange bespricht, eine Lösung eines Problems mit dem Schamanen erarbeitet, zufrieden und gesund ist...«

»DER TRAUM EINES HÖHEREN WESENS« –
EIN GESPRÄCH ÜBER GOTT UND DIE WELT
AUS SCHAMANISCHER SICHT

Ich
Sitz ich auf dem Berg
Bin ich Stein
Ruhe
Geh ich in der Steppe
Bin ich Gras
Wachse
Steh ich am Fluss
Bin ich Wasser
Fließe
Lieg ich im Wald
Bin ich Baum
Rausche

(*Galsan Tschinag*, Jenseits des Schweigens)

■ *Woher kommt der Mensch?*

Ich bin mir nicht ganz sicher. Manchmal glaube ich, der alte Charles Darwin hat recht und wir stammen vom Affen ab. Aber Affen sind auch ein Werk des Schöpfers. Stammen wir von den Affen ab, ist das auch in Ordnung. Auch Affen sind liebe Wesen. Der Mensch als Gattung ist ein Traum eines höheren Wesens, jeder Mensch ist ein Traum eines höheren Wesens. Ich habe in einem Gedicht geschrieben, wessen Traum bist du? Und wessen Traum bin ich?

■ *Meinen Sie mit diesem höheren Wesen Gott?*
Die Menschen im östlichen Teil der Welt bezeichnen es als Himmel, wissen aber eigentlich nicht, ob das der richtige Name ist. Das wäre auch unmöglich. Denn die Schamanen, ihre geistigen Führer, erzählen ihnen, es gibt neunundneunzig Himmel. Vierundvierzig weiße und fünfundfünfzig schwarze Himmel. Das lässt Platz für ein Wesen, das noch über diesen Himmeln steht, für einen Vater oder für eine Mutter oder für beides.

■ *Gut die Hälfte Ihrer Träume, schreiben Sie in Ihrem Buch »Die Rückkehr«, entpuppen sich später als Botschaften künftiger Geschehnisse. Das lasse Sie auf andere glaubwürdig und hellsichtig wirken. Macht diese Fähigkeit einen Schamanen aus?*
Es gibt Schamanen. Aber es gibt nicht *den* Schamanen. Der Schamane ist ein Mensch, der wach ist, in sich Antennen trägt als gut aufnehmende Fühler. Ein Mensch, der intelligent ist und sich auszubilden weiß. Ein Schamane ist ein Dichter, ein Heiler und ein Führer. In meiner Person sind diese drei Eigenschaften vereint: Ich kann dichten, heilen, anleiten.

■ *Das Christentum definiert sich unter anderem über einen persönlichen Bezug zu Gott, über bestimmte Regeln, nach denen man leben will. Wie definiert sich die Religion Ihres Volkes, der Tuwa?*
Wir sind gläubig, tiefgläubig. Aber wir sind nicht kirchengläubig. Wir glauben, dass die Natur und das ganze Universum beseelt sind und voller Geister. Wir sehen Leben und Geist in jedem Grashalm und in jedem Berg.

■ *Was bedeutet »mit Geistern Kontakt aufnehmen«?*
Der Mensch besteht aus mindestens drei Teilen, aus Körper, Geist und Seele. Wenn diese Teile verflochten sind und gleichbehandelt werden, ist

man vollständig. Redet man in Europa vom Wohlstand, meint man damit einen täglich gefüllten Magen, also nur den Körper. Seele und Geist sind vergessen. Ich sage: Achtet auf Eure Geister. Geist und Seele brauchen Nahrung, sie bleiben, der Körper hingegen ist vergänglich.

(Er nimmt seine Mütze ab.)

In Momenten wie diesen jetzt muss man besondere Ehrfurcht zeigen.

(Er greift in die Brusttasche seines blauen Hirtengewands und holt einen grauweißen Stein hervor.)

Der Stein ist aus dem Altai. Jedes Mal, bevor ich in den Westen fliege, gehe ich zu dem Berg, den wir Großvater nennen. Ich stehe vor ihn hin, verneige mich, trage ihm mein Anliegen vor, singe ein Gebet. Und mit dieser Bitte nehme ich diesem Berg ein Kindchen weg, einen Stein. In ihm lebt der Altai-Geist.

■ *Alles Lebendige soll im Einklang und in Harmonie leben. Dennoch werden in Ihrem Volk auch Tiere geschlachtet. Wie erklärt sich das?*

Tiere sind unsere Geschwister. Wir sind aber leider auf sie angewiesen: Wir müssen sie essen. Der Schöpfer hat das Leben so erschaffen. In unseren Augen sind Raubtiere unschuldig daran, dass sie andere Tiere reißen, um sich zu ernähren. Auch wir Menschen machen uns nicht schuldig, wenn wir ein Tier erschießen, um es zu essen. Doch anders als die Tiere entschuldige ich mich, bevor ich abdrücke: »Verzeih, Bruder.« Ich erkläre einem Pferd, das ich es erschießen muss: »Du warst mir ein schnelles Pferd, hast mich über die Erde getragen, durch die Zeit, von der Jugend bis ins reife Mannesalter. Verzeih, dass wir uns hier trennen müssen.« Den ganzen Winter hindurch leben wir von dem Pferd. Und ich durchlebe in diesen Monaten nochmals in der Erinnerung all die Zeit, die ich mit ihm verbracht habe, in allem Frieden.

■ *Wo empfinden Sie Heimat?*

Wenn ich ehrlich sein soll: nirgends. Im Hohen Altai bin ich geboren; in Ulan-Bator habe ich meine Jugend verbracht und viele Bücher geschrieben, in Europa erwarb ich meine Bildung. Mein Geist ist europäisch, meine

Seele ist tuwinisch, meine Staatsangehörigkeit ist mongolisch. Ich lebe ständig mit einer kleinen Sehnsucht in mir. Das ist genau das Richtige für einen Künstler. Meine Welt ist über die Jahre immer größer geworden. Ich glaubte zunächst, der Altai sei meine Welt, in der Schulzeit war es dann der Bezirk, später die Hauptstadt, dann Eurasien...

■ *Wer gibt in der Mongolei den Ton an?*
Amerika. Nach 70 Jahren Basteln am Sozialismus, der ja von der Idee her nicht so verkehrt war, bastelt man nun am Kapitalismus. Absurderweise angeleitet von den Kommunisten. Sie haben sich gewandelt, sie sind Wendehälse, haben die Russen rausgeworfen und sich den Amerikanern an den Hals geworfen, indem sie ihnen schmeichelten.

■ *Wie macht sich das bemerkbar?*
Alles Mögliche ist in Englisch geschrieben, obwohl das wenige verstehen.

■ *Wie reagieren Sie darauf?*
Ich versuche, drüber zu stehen.

■ *Anglizismen und dergleiches kann man auch als Folgen der Globalisierung sehen. Vertragen sich Globalisierung und lokale Identitäten überhaupt?*
Ja.

■ *Gibt es folglich auch einen globalen Weg, der die Verschiedenheit akzeptiert und auf das Gemeinsame gebaut ist?*
Diesen Weg gibt es. Aber wer will den gehen? Alle schielen nach Geld und nach Waffengewalt.

■ *Wie sähe denn dieser andere Weg aus, den Sie dem gängigen Weg des Geldes und der Gewalt vorziehen?*
Es ist ein Weg der Ruhe, bei dem das Seelische und das Geistige zählen. Es bringt nichts, militant vorzugehen; es nutzt nichts, mit drei Granaten zum Beispiel auf die Russen oder auf die Amerikaner zuzugehen. Man muss

mit beiden reden, sie mit Licht umfangen. Und dann möchte man ihnen gleichzeitig noch zeigen: Auch in einem Vertreter eines kleinen Volkes steckt etwas ganz Wertvolles.

■ *Davon sind wir gegenwärtig weit entfernt. Krisen, Kriege, Katastrophen, Ungerechtigkeiten und Ungleichheiten, das Recht des Stärkeren und Diskriminierung beherrschen die Tagespolitik. Auf welchem Weg könnte die Gesellschaft, könnten alle Menschen genesen?*

Heil geschieht, indem man sich der eigenen Natur überlässt. Man heilt nie selber, der Körper heilt sich, er ist perfekt erschaffen. Krank werden wir, wenn wir unseren Körper stören. Wir bauen selbst die Hindernisse auf. Wir dumme Wesen, die wir an Bilder, Bücher und an Wunder glauben, vergewaltigen unseren Körper, bauen künstliche Barrieren, setzen ihm mit Giften zu und machen ihn krank. Wir müssen ihm wieder die Freiheit geben, nichts zu tun und ihn arbeiten zu lassen. Dann heilt sich der Körper selbst. »Ich heile mich« bedeutet, ich gebe meinem Körper die Möglichkeit, sich zu heilen. Will man diese kranke, verrückte, sterbende Gesellschaft von heute gesund machen, muss man es ähnlich machen. Man muss ebenfalls zunächst einmal sehen, denken, überlegen, wie sie funktioniert und abgucken, wie andere Organismen funktionieren. Mikroorganismen zum Beispiel. Sie funktionieren ebenfalls von alleine. Wie auch der Körper. Und wie letztlich auch die Gesellschaft – solange wir nicht Hindernisse aufbauen, sie vergiften, sie krank machen.

■ *Gibt es eine alles verbindende Kraft?*

Über allem hängt eine kosmische Intelligenz. Wir werden täglich von ihr umfangen. Sie ist durchaus gutwillig. Wenn ich keine Dummheiten mache, muss ich mich vor Gott, vor dieser kosmischen Intelligenz, nicht fürchten. Ich muss nur mitmachen, mich einfügen. So verhält es sich ganz grundsätzlich mit der Natur: Wir können sie nicht beherrschen und wir dürfen sie nicht ausbeuten. In der Bibel heißt es, mach dir die Welt untertan. Doch die Erde ist unsere Mutter. Wie kann ich mir je meine Mutter untertan machen? Viel weiser ist es, mitzufließen, zu kooperieren, sich einzulassen, in gutnachbarlicher Beziehung zu leben, wie in der intimen Beziehung zwischen Mutter und Kind. So muss es sein, wenn Heil geschehen soll. Ohne das Vertrauen, ohne die Güte meines Patienten erlangt zu haben, kann ich als Heiler nichts bewirken. Wehrt er ab und ist gegen mich eingestellt, bin ich machtlos. Erst wenn ich ihn erreiche und sein Herz und seine Seele berühre, gelangen wir beide auf den Weg hin zu Heilung.

■ *Gilt dieses Prinzip für jeden Heilungsprozess? Überall?*
Meine Erfahrung sagt: ja. Ich habe Leute zu heilen versucht in Europa, in Kanada, in den USA, in Australien – insgesamt vieltausendfach. Meine Erfahrung sagt, im Grunde ist jeder Mensch gleich. Doch ich kann nicht einfach ganz gleichschalten, weil immer auch die Kultur dahinter steht. Ich muss immer die kulturspezifischen Kleinigkeiten berücksichtigen.

■ *Was heißt das zum Beispiel?*
Bei den Nomaden muss man immer jeden Menschen berühren. Auch wenn es gar nicht darum geht, zu heilen, sondern wenn man sich einfach nur trifft. Haut gegen Haut, Blick gegen Blick, den anderen zu sich her ziehen: Anfassen ist unvermeidlich – das Verhalten ist ein wenig ähnlich den Hunden und anderen Tiere, die sich einfach beschnuppern, wenn sie sich begegnen. In Europa, in Amerika, in Kanada jedoch gilt das bei vielen Menschen als verpönt.

■ *Warum?*
Das ist das Werk der christlichen Kirche und jener, die vornehm sein wollten. Und es hat historische Hintergründe, wie zum Beispiel im Mittelalter die Pestseuche. Damals hatten die Leute Angst, sich anzustecken. Und die Obrigkeit hatte ohnehin kein Interesse, sich vom »dreckigen Volk«, von den »Menschen von unten« berühren zu lassen. Diese Gefühle wurden in ein moralisches Gewand gesteckt, auf dem Marktplatz verkündet und in der Kirche gepredigt. Die Kirche ist ja überall die Waffe der Herrschenden. Die ganze Kunst- und Kulturszene, die Medien – alle haben auf diese Distanzierung hingearbeitet.

■ *Das Heilprinzip scheint also dasselbe: einander berühren, sich einander öff-*
nen, alles – Vergangenes und Gegenwärtiges, Mensch, Pflanze und Tier –
im Einklang zu sehen. Wenn dies ein universales Prinzip ist, überall auf der
Welt gültig und heilsam, müsste die nomadische Kultur, in der genau dies
präsenter ist als im Westen, eine Art Leitkultur für alle werden.

Ja, so ist es. So wäre es zumindest. Denn es kommen nun noch ein paar
Dinge hinzu: erstens der Betrug, zweitens die Gewalt und daraus folgend
dann das Misstrauen. Eigentlich wird in der nomadischen Kultur der Betrug von vornherein ausgeschlossen. Man ging schon immer davon aus,
dass keiner einen Grund hat, den anderen zu betrügen. Tatsächlich ist das
auch dort heute anders geworden. Es gibt unzählige Betrüger. Die Markt-
wirtschaft stachelte geradezu dazu an, zu betrügen. Jeder ist versucht, so
viel Geld wie nur möglich zu verdienen, auch auf unehrliche Weise. Und
ausgerechnet manche Heiler, manche selbsternannte Heiler, gehören zu
den schlimmsten Betrügern. Das läuft kaum anders als in der westlichen
Welt seit rund 200 Jahren. Das führt auf den zweiten Punkt, die Gefähr-
lichkeit: Bei uns Nomaden ist einem jeder eine Schwester oder ein Bruder, auch wenn man einander das erste Mal begegnet. Oder man ist sich
eben der Vater und der Sohn, wenn der Altersunterschied entsprechend
ist. In Amerika herrscht ein anderes Gefühl vor: Jeder zweite könnte
mein Feind sein, mich ausrauben, mich betrügen wollen. Das Vertrauens-
verhältnis zu anderen Menschen ist von vornherein zerstört. In meinem
Volk wäre es für einen Mann in meinem Alter üblich, ein paar Bonbons
in den Taschen zu haben und sie irgendwo Kindern zu geben oder älteren
Leuten oder ärmeren und ihnen auch mal einen kleinen Schein zuzuste-
cken. In Deutschland ist das unvorstellbar. Ich kann nicht einfach in
einem Zug einem fremden Kind ein mongolisches Bonbon geben, ohne
damit Gedanken auszulösen wie: Ist das Bonbon vergiftet? Ist der Alte ein
Spion? Ein Terrorist? Die Denkweise in einer Industriegesellschaft ist
feindselig. Der Mensch ist alles andere als eine Krone der Schöpfung geworden. Die vielzitierte Nächstenliebe gibt es nicht mehr. Nur den Nächs-
tenhass, den Nächstenverdacht. Das verbreitet sich auch in der östlichen
Gesellschaft.

■ *Den Satz der Nächstenliebe zu verneinen hieße, ihn zu verkehren in:*
»Hasse deinen Nächsten wie dich selbst«. Welche Rolle spielt das Verhältnis
zu sich selbst?

Der Buddhismus sagt ganz deutlich: Der größte Feind sitzt in dir. Zügelst
du dich, deine Gier, deine Gewalttätigkeit – all diese Sünden – und weißt
diese bösen Möglichkeiten in dir zu bezähmen, dann brauchst du nichts
zu befürchten. Das klingt vielleicht sehr extrem, aber wir schamanisch Er-
zogenen denken nicht so fein, wir schauen einfach auf unsere Mitwelt,
auf die Gräser, auf die Bäume, auf die Tiere. Ihr Verhaltensmuster überträgt sich auf uns. Doch auch bei uns müssen sich manche, die sich in anderen Denk- und Verhaltensmustern verfangen haben, darauf erst wieder
zurückbesinnen.

■ *Nehmen Sie westliche Länder als weitgehend einander sehr ähnlich wahr?*
Inwiefern beispielsweise unterscheiden sich die Mentalitäten in den USA
von denen in Europa?

Die Behörden in den USA sind menschenfeindlich, das erlebt man gleich
bei der Einreise, am Flughafen. Und es verschlimmert sich von Mal zu
Mal. Doch das wird ein Ende nehmen, die werden ihre ganze Behörden-
struktur ändern müssen. Jedes denkende Wesen begreift, dass das nicht so
weitergehen kann. Sobald man aber diese Hürden überschritten hat und
den ganz normalen Menschen in den USA begegnet, dann erlebt man
ganz liebe Menschen. Als ich fragte, wo mein Flugzeug abfliegt, half man
mir sofort; und selbst wenn einer nicht selbst weiterwusste, dann ließ er
mich nicht stehen, sondern kümmerte sich, dass mir jemand half; keiner
zeigte sich irgendwie belästigt. In Deutschland sagen die meisten, nein,
ich weiß nicht, lassen einen stehen oder gehen einfach weiter und tun,
als hören sie nicht. In solchen Situationen verhalten sich viele Deutsche
einfach primitiv. Sie geben sich unansprechbar. Nicht nur da. Dieses berühmte Wort »ich bin morgens unansprechbar« verdeutlicht das. Sich
eine solche Idiotie in den Kopf zu setzen und am Ende noch daran zu glauben, dass es sich keiner, auch nicht ein Gast, erlauben sollte, einen morgens anzusprechen, erlebte ich in Amerika nicht.

▪ *In den USA gaben Sie auch Heilungsseminare. Eigentlich arbeiten Sie viel mit Sprache, mit Wortspielen – im Deutschen, im Mongolischen und im Tuwinischen. Aber nicht auf Englisch. Das lässt vermuten, dass Sie in den USA früher an Grenzen des Heilvermögens kamen.*

Stimmt. Wenn ich die Nuancen der Sprache nicht kenne, sind meine Möglichkeiten begrenzter. Aber die Hauptsprache – das Verhalten, die Körpersprache, die Hautsprache – versteht jeder. Eine Berührung kann so unterschiedlich sein: freundlich, liebevoll, betrügerisch, eindeutig geil. Das wird überall verstanden. Auch die Antwort auf Berührung ist vielsagend. Ein misstrauischer Mensch, ein Mensch mit schwarzer Seele, der sieht nur schwarz. Er versucht, jede Helligkeit aus sich zu verdrängen. Ich spüre das daran, dass er meine Berührungen sofort für verdächtig hält. Normalerweise ist die menschliche Seele hell, normale Menschen sind hellsichtig. Man kann auch dort, wo man die Sprache nicht gut versteht, heilen. Aber ich habe wieder gesehen, wie wichtig die Sprache ist: Lachen ist nicht lächeln, lächeln ist nicht feixen... Durch die Berührung behandle ich von außen, will von außen glätten, dann schicke ich die Sprache ins Ohr meines Patienten, das ist mein Heilmittel, mit dem ich dann deine Seele von innen her glätten will.

Dafür ist die Sprache unersetzlich.

▪ *Überträgt man Ihre Erfahrung, müsste dann in Patientengesprächen allen Menschen aus fremdsprachigen Ländern ein Übersetzer zur Seite stehen, der beiden, dem Heilkundigen wie dem Heilsuchenden, hilft, einander zu verstehen?*

Ja, das wäre wichtig und sinnvoll. Und oft müsste man noch einen Schritt gehen und einen weiteren Übersetzer hinzuziehen, der die Worte eines Mediziners ins Menschliche übersetzt.

▪ *Gilt das wiederum sowohl für die Behandlung des Einzelnen als auch für das Bewältigen aller Konflikte und Schwierigkeiten in der Welt?*

Unbedingt. Entscheidend bei allem Heilen und entscheidend für den Heilenden ist die Menschenkenntnis.

▨ *Alles Wissen – über kulturelle Eigenheiten, über Organe, über Krankhei-*
ten – nützt also erst, wenn der Transfer, wenn die Übertragung gelingt auf
die menschliche Natur und auf die Sprach- und Erfahrungswelt des Heilsu-
chenden?

Ja – und das bedeutet Menschlichkeit. Das alles Entscheidende ist nach
meinem Erachten die Menschlichkeit, die praktizierte Menschlichkeit.
Sie steht bei mir an höchster Stelle. Sie ist die Königin aller menschlichen
Eigenschaften. Intelligenz, Ausdauer, Fleiß – alles andere muss sich ihr
unterordnen.

▨ *Die sogenannte »Ellbogengesellschaft« spiegelt das Gegenteil. Viele Füh-*
rungskräfte zeichnen sich gerade dadurch aus, dass Sie kalt sein können.

Ich habe vier Kinder, drei Söhne und eine Tochter. Ich habe jetzt meinen
Jüngsten als meinen Nachfolger benannt. Die anderen Geschwister wissen das. In der hiesigen Kultur übernimmt meist der Älteste die Führungsrolle. Das ist bei den Mongolen auch so: Das älteste Kind hat immer
das Sagen. Ich selber bin das jüngste Kind aus meiner Geschwisterschaft
und nun habe ich auch als Nachfolger den Jüngsten gewählt. Warum?
Weil er der Menschlichste ist von allen. Er ist nicht der Intelligenteste,
nicht der Fleißigste und nicht der Ordentlichste. Ich habe gedacht, all das
kann er ja lernen. Aber die Menschlichkeit kann man einem nicht beibringen.

▨ *Das klingt deprimierend: Wenn Menschlichkeit tatsächlich nicht lernbar ist,*
aber der Schlüssel zur Heilung, dann erscheint vieles hoffnungslos.

Man muss aufpassen, wem man die Verantwortung überlässt zu führen
und auf welchem Posten. Es gibt einen so weit als möglich verschwiege-
nen Brief von Lenin an das Zentralkomitee der Kommunistischen Partei,
wo er sich zu seiner Nachfolge äußert. Lenin schrieb den Brief, als er bett-
lägerig war nach einem Schlaganfall, und warnte darin vor Stalin. Er sei
ein guter Kommunist und Kämpfer, doch ihm fehle es an der nötigen
Menschlichkeit. Deshalb solle man einen anderen Genossen als seinen
Nachfolger suchen ...

▪ *Sie behaupten, die nomadische Grundphilosophie ist heilvoller als die westliche, weil sie menschlicher ist. Inwiefern?*

Die nomadische Philosophie zielt auf Gemeinsamkeiten. Natürlich gibt es Unterschiede. Doch es gibt viel mehr Gemeinsamkeiten. Jeder kann weinen. Ob man sich nun in schwarze, gelbe oder in weiße Haut schneidet – immer kommt rotes Blut. Und so fort. Es gibt unendlich viele Gemeinsamkeiten. Ähnlich ist es bei Ländern. Vergleicht man Deutschland und die Mongolei, kann man sagen, hier ist es gemäßigt, da kalt, hier klein, dort endlos – so kommt man nicht weiter, sondern erst, wenn man sich auf das Gemeinsame und Wesentliche orientiert: Wir leben unter dem gleichen Himmel und auf der gleichen Erde, wir kleinen menschlichen Läuse kleben allesamt an diesem einen riesigen, wohltätigen Körper unserer Erdmutter. Ihr Deutschen, ihr klebt vielleicht unter der linken Achselhöhle, wo es wärmer und weicher ist, und wir Mongolen vielleicht an der Ferse oder auf dem Handrücken, wo es etwas kälter und auch karger ist. Aber es ist alles ein Körper. Und die Erdmutter würde Schmerzen spüren, egal, ob man in die Achselhöhle sticht oder in die Ferse.

Die europäische und die amerikanische Philosophie fixieren sich auf Dualismus – ich und du, alt und neu – und auf die Unterschiede. Das ist nicht richtig.

▪ *Woran krankt die westliche Kultur?*

Eben genau daran. Und daran, dass im Westen alles zerschnitten und in Schubladen gepackt wird, vom Hundertsten bis ins Tausendste. Und die Maschen werden dabei immer enger geknüpft. Ich bin ein Heiler, ein Volksarzt, der für alles, was einen Menschen betrifft, gleichzeitig zuständig ist: für Augen, Nasen, innere Beschwerden und für die Seele. Genauso war das früher auch in Europa.

Heute dagegen gibt es Hautärzte und Zahnärzte und wer weiß, eines Tages wird es vielleicht auch noch welche geben, die nur auf die Backenzähne spezialisiert sind... Und mit all dieser Spezialisierung werden die Menschen immer noch empfindlicher. Sie suchen die Spezialisten und reisen weit, um zu ihnen zu gehen.

■ *Das erinnert etwas an nomadische Verhältnisse. Dort müssen manche eben-falls weite Wege auf sich nehmen, um zu Ihnen in die Jurte zu gelangen.*

Ja, doch dort steht dann für denjenigen Tee auf dem Feuer, sein Pferd er-hält zu trinken, wir setzen uns und reden erst einmal über alles Mögliche, essen zusammen, und es ist auch ganz selbstverständlich, dass derjenige dann auch übernachten kann. Das wäre ganz anders bei einem, der durch halb Deutschland zum Beispiel zu einem Experten für die Behandlung von Weisheitszähnen reist. Im Nomadischen ist man für die Zeit, die man in der Jurte des Heilers verbringt, aufgenommen als wäre man ein Fa-milienmitglied. Denn dann ist der Heilsuchende meines Blutes Teiltröpf-chen, meiner Gebeine Teilsplitter. Dann sind wir eins. Beide verlieren da-durch ihre Bedenken. Wir scherzen dann zusammen, ich bewirte ihn, berühre ihn immer mal wieder an der Stelle, wo der Schmerz sein könnte, fast wie unbeabsichtigt. Und am nächsten Tag schaue ich mir dann den Zahn an. Häufig sind dann schon die Schmerzen weggeflogen. Dann reist er weiter...

■ *Weshalb haben Ihrer Wahrnehmung nach Menschen im Westen mehr Mühe mit der Menschlichkeit?*

Das ist ja gerade das Grausame und Unverzeihbare: Sie verhalten sich menschenfeindlich. Und dabei geht es den meisten gut, trotz der Wirt-schaftskrise und trotz der Verluste mancher an den Börsen. Viel Unheil, viele Schmerzen und Ängste liegen begründet in Egoismus und Gier. Wir Mongolen haben zwar weniger zu verlieren, aber doch auch ein bisschen etwas. Wenn das passiert, empfindet man dies nicht sofort als Weltunter-gang, sondern zieht Lehren daraus. Im Westen schaut keiner, welchen Kern eine Krise, welchen Kern eine Krankheit hat. Dabei ist eine Krise nichts anderes als eine Krankheit der Gesellschaft. Kriseln ist wie Krän-keln bei Menschen. Das ist ein gutes Zeichen, auch wenn es sich jetzt schmerzhaft anfühlt. Die Gesellschaft kränkelt und wird wieder gesund werden, es gibt die Chance für einen Neuanfang. Allerdings werden die Grundübel bleiben, wenn man die Grundphilosophie beibehält, die Gier und den Egoismus.

▦ *Gibt es überhaupt Menschen, die die Gesellschaft retten könnten?*
Ja, die Weisen. Sicher nicht die Herrschenden. Diese Leute sind alle kriegslüstern. Sie brauchen Unmengen an Geld für den Krieg und wollen gar keine freie Denkweise zulassen und keine Änderung der westlichen Grundphilosophie. Das brachte die Welt in eine tragische Lage, in eine Sackgasse. Die Leute wissen das, können aber nicht umkehren.

▦ *Warum nicht?*
Weil die gegenwärtige Lage bestimmten Interessen dient. Solange man diese Interessen nicht zerbricht, gibt es keine Umkehr.

▦ *Sie nennen Michail Gorbatschow, ehedem Generalsekretär der Kommunistischen Partei, später Präsident der Sowjetunion, einen Glücksfall für die Menschheit.*
Er war eine Gabe des Himmels. Er war eine tragische und eine lustige Figur, und eigentlich hat er das alles so nicht gewollt. Er war der Zauberlehrling, der dann aber das Zauberwort vergaß und alles aus der Hand verlor. Auch Amerika braucht seinen Gorbatschow. Jedes Land braucht irgendwann seinen Gorbatschow.

▦ *Viele behaupten, es müsse einem einfach schlecht genug gehen, dann – und nicht vorher – sind Menschen bereit, sich zu verändern. Wie sehen Sie das?*
Das glaube ich nicht. Wieso sollte man das so auf die Spitze treiben? Das ist die Position eines Zynikers. Ich möchte über den Weg der Menschlichkeit kommen und darüber reden: Je eher man aufhört, die verkehrte westliche Denkweise zu verteidigen, desto früher geht es uns allen besser.

▦ *Eigentlich weiß jeder, auch im Westen, dass es so nicht gut weitergehen kann. Und es gibt viele Ideen, was man tun könnte. Warum bewegt sich dennoch nichts?*
Das liegt an den Interessen. Viele verteidigen nur eigene Interessen. Viele Ärzte wissen, dass man mit Medikamenten allein zwar einiges erreichen kann, aber eben nicht alles. Ein Medikament heilt nicht und beseitigt die

Krankheit nicht, sondern es stellt nur ruhig und dämmt ein. Und Medikamente sind auch sehr stark dazu da, damit große Konzerne viel Geld verdienen. Diesen Konzernen ist es egal, ob die Menschen gesund werden oder krank bleiben. Es ist doch sogar so, dass es für sie vorteilhafter ist, wenn sie krank bleiben. Das betrifft auch andere Berufe. Alle, die mit der Justiz zu tun haben, brauchen eine kranke Gesellschaft, um immer neue Arbeit zu haben. Ohne Konflikte wären sie brotlos. Hier könnte das Nomadische ein Vorbild sein. Der Volksheiler will den Grund des Übels erkennen und beseitigen; er will nicht nur auf ein paar Tage oder auf ein Jahr hin helfen und dann wieder aufs Neue an der Krankheit anderer verdienen, sondern er will seinen Patienten auf Lebenszeit von der jeweiligen Krankheit entbinden. Jedenfalls wäre für den Volksheiler dies der Idealfall; es ist aber auch bei ihm wieder eine andere Geschichte, ob ihm dies auch gelingt.

■ *Wie ist es umgekehrt: Woran krankt die nomadische Welt? Was nehmen Sie an Positivem mit aus dem Westen für Ihr Nomadenvolk?*
Ich nehme viel Positives mit. Das Erste ist die Ordnung. Ordnung muss sein – sogar in der Nomadenwirtschaft. Nomade sein heißt nicht, schlampig sein. Aber viele Nomaden sind schlampig und sie sind immer zur Faulheit geneigt, obgleich sie auch sehr hart arbeiten. Wenn es aber gerade nichts zwingend zu tun gibt, legen sie sich am liebsten einfach hin und genießen diesen Augenblick. Das Zweite, das ich mitnehme ist die Sauberkeit und die Hygiene. Der Nomade kann für Fleisch und Schnaps sein ganzes Geld ausgeben. Das bisschen Geld, das er mit den Rohstoffen für seine Tiere verdient, kann er einfach mir nichts, dir nichts ausgeben für ein paar Stunden schöne Stimmung oder um einen unbekannten Gast gut zu bewirten. Da kocht er dann einfach einen halben Hammel, kauft zwei, drei Flaschen Schnaps und gibt alles aus, was er gerade in seinen Taschen hat. Derselbe Nomade ist aber geizig, wenn es um Handtücher geht. Da hängen uralte, zerfranste, raue Tücher. Diese überholten Gewohnheiten aus primitiven Zeiten bekämpfe ich. Nomade sein heißt nicht, primitiv und dumm sein.

■ *Was heißt denn »Nomade sein«?*
Nomade sein ist etwa so wie Indianer sein. Das hängt nicht mit Alter oder Reichtum oder Bildung zusammen. Man kann gebildet und reich sein – und zugleich Nomade.

Nomade sein ist eine Grundeinstellung. Das bedeutet, mit der Welt, mit dem Universum in Harmonie leben. Und sparsam sein. Sparsam, nicht geizig. Das ist die Kunst.

■ *Gilt das hier wie dort, also als weiteres Universalprinzip?*
Ja. Unbedingt. Was ich in Europa am wildesten bekämpft haben will, ist die Verschwendung. Das kann ich nicht sehen, das ist so störend und so selbstherrlich und lebensfeindlich. Ihr lebt nicht mehr so reich wie noch vor zehn Jahren, das Geld ist knapper geworden. Aber wenn man nur schaut, wie viele Lampen unnötig brennen. Die Leute stehen gedankenverloren unter laufender Dusche, verschwenden pro Tag oft 500 Liter Wasser. Und in Amerika wird noch mehr Strom, noch mehr Wasser vergeudet. Ihr sagt ja selbst: Wegwerfgesellschaft. Indem ihr dieses Wort sagt, kommuniziert ihr eine ungeheure Selbstherrlichkeit: Wir sind ja reich. Aber das ist nur Dummheit. Man kann noch so reich sein und trotzdem menschlich geizig. Geiz ist, wenn man einfach nichts ausgeben will. Sparsame Menschen hingegen können sehr großzügig sein, sie können retten und helfen durch ihre Spenden. Ich rede zum Beispiel von Millionären, die wissen, wie man Geld verdient, aber auch wissen, dass das nicht das höchste Ziel ist. Sie können sich für gute Zwecke von ihrem Geld trennen. Diese Denkweise möchte ich meinen Leuten auch erläutern.

■ *Sie reisen zwischen verschiedenen Welten, kommunizieren den einen das andere und den anderen das eine. Wie sehen Sie sich in diesem Prozess: als Kommunikator, als Übersetzer, gar als Aufklärer?*
Ich fühle mich als Aufklärer – wo immer ich bin. Ich bin in Europa Aufklärer und sage, der Mensch braucht wirklich nicht so viel, wie ihr immer haben wollt; das Allernötigste zu haben reicht, um glücklich zu sein. Genauso leben die Nomaden. Viele Steppennomaden gehören ganz sicher zu

jenen Menschen, die sich selbst als glücklich einschätzen. Das gilt nicht für alle, aber unter ihnen können wir vergleichsweise viele finden mit einer solchen Lebenseinstellung. Auch solche Milliardäre, die so knapp leben wie möglich, die keinen Hunger leiden und alles haben, aber wissen, was sie ausgeben wollen und einen großen Berg Geld für eine sinnvolle Sache ausgeben, sind ähnlich glücklich wie Steppennomaden.

■ *Vor allem im Westen werden in vielen Denkrunden Ideen diskutiert für die Zukunft. Sie werden immer wieder in solche Runden eingeladen. Inwiefern bringen solche Foren etwas voran?*

Es kommt darauf an: Wer eine Idee hat und eine Vision in sich trägt, mit der er schwanger geht, an der er erkrankt, kann er nicht mehr anders, als ihr nachzugehen, sein Leben dient dann fast nur noch der Erfüllung dieser Vision. Und wenn es so ist, dann wird sich diese Vision auch erfüllen. Viele dieser Denkrunden sind nur albern westlich gedacht und aufgezogen: Fünf-Sterne-Hotels, viele Experten, die gerade mal zwei Minuten Zeit erhalten, um auf typisch westlich-klugscheißerisch gestellte Fragen nach Gott und der Welt zu antworten, über die man eigentlich zunächst einmal nachdenken und für die man sich Zeit lassen müsste. Und immer geht es um Geld, Geld, Geld. Und um Sicherheit. Alles ist so undurchschaubar. Bei solchen Dingen mache ich mit sehr gemischten Gefühlen mit.

■ *Geld ist offenbar der Angelpunkt. Schuhe sollen schön sein, aber sie dürfen nicht zu gut sein, weil man ja wieder neue kaufen soll. Manche Seminare sollen nicht nur gut sein, sondern auch Lust wecken, das nächste zu buchen. Wie ist Ihre Diagnose?*

Viele Menschen heute sind gieriger als die Wölfe. Hinter allem steht der Konsum, das Geld, die unstillbare, wölfische Gier.

■ *Ist das nur ein Problem im Westen?*

Nein, das ist gesamtmenschlich. Wohl deshalb sagte der große Goethe, seit er die Menschen kenne, liebe er die Tiere. Menschen sind oft gieriger als Tiere und sie sind ungeheuer eitel.

■ *Inwiefern wird Eitelkeit zum Problem?*

Ein Beispiel ist das Drumherum bei manchen Veranstaltungen. Da muss man Stunden vorher da sein, nur, damit alle Eitelkeiten bedient werden können. Es wird einem gesagt, wie man auf die Bühne geht und wem man als Erstes die Hand geben sollte, und das soll man dann manchmal sogar auch noch üben. Das ist albern, das ist völlig vergeudete Zeit und vergeudete Energie und Weisheit. Ich kann schier endlos sitzen und zuhören, wenn grundehrlich diskutiert wird oder wenn Leute offen sagen, was sie bedrückt und wenn sie die Steine, die in ihnen sind, aus sich herauswerfen. Solche Gespräche kann ich über viele Tage konzentriert verfolgen. Aber ich habe Mühe, wenn Leute einfach nur ihre Eitelkeit pflegen, kultiviert und reich spielen und dabei fast verloren geht, worauf es eigentlich ankommt. Das ist wie ein Affenspiel. Ich muss dann ständig aufpassen, dass ich nicht einschlafe. Oder dass nicht ungerechte Worte aus mir herausbrechen.

■ *Sie beklagen wölfische Gier, Affenspiele und unkultiviertes Verhalten. Doch in allen Völkern gibt es viel Raum für Kunst und Kultur. Eigentlich müssten die Menschen seit Generationen von Jahr zu Jahr mehr an Kultur gewinnen...*

In meinem neuen Roman beschreibe ich eine Liebesgeschichte aus meiner Jugendzeit. Zu Anfang dieser Geschichte legte ich eine Beichte ab als Künstler. Die Kunst, überhaupt die Kultur, half der Menschheit einst, das Rohe und das Tierische abzulegen und kultiviert zu werden. Dieselbe Kunst ist heute oft so krank und so schmutzig, dass sie mehr schadet als hilft. Vor allen Dingen im Westen ist das so. All diese Gewaltbereitschaft, Gier, Lüsternheit und Geilheit kommt aus den Büchern, von der Bühne und vom Bildschirm. Gerade deshalb habe ich in meiner Geschichte alles ganz hell blühen lassen, lebensbejahend. Auch den Tod kann man lebensbejahend schildern, weil ich Leuten Mut machen will. Ob ich es wirklich kann, sei dahingestellt, aber zumindest war dies mein guter Wille. Ich habe plötzlich begriffen, dass ich als Künstler nicht noch mehr Steine werfen darf.

■ *Warum ist es Ihrer Ansicht nach nötig, dass ein Künstler heute bewusst zum Anwalt wird für das Schöne?*

Es werden schon Millionen Steine pro Stunde geworfen. Es gab noch nie so viel Gewalt. In der Kunst ist viel mehr Tod als Leben und viel mehr Gewalt als Liebe. Das führt uns schon wieder zum Thema Geld: Gewalt ist einfach vermarktbarer. Liebe kann man viel schwerer in Geld umsetzen. Die Leute denken in schnellen, kurzen Takten: Wie bringe ich das am besten zur Geltung, ich möchte gelobt werden, ich möchte Leute schockieren; die hässlichsten Dinge und das Unverschämteste bringen einem oft große Preise. Wer seine Feder und seinen Namen nicht schont, kann mit dem hässlichsten Vokabular dicke Bücher schreiben, die Lust des Tiermenschen befriedigen und Applaus entgegennehmen, auch für Schund. Da muss man dagegenhalten.

■ *Inwiefern liegt das am Herdentrieb – nach dem Motto, wenn die meisten es so machen und wenn viele klatschen, muss es ja richtig sein?*

Man muss endlich die Menschen aufklären. Die Herde klatscht, manche unterscheiden gar nicht oder hören gar nicht wirklich zu.

■ *Was sollte geschehen?*

Die Kultur muss eine neue Richtung einschlagen und von der Gewalt wegkommen. Ich will bestimmt nicht den sozialistischen Realismus wieder einführen. Das war ein Versuch, das ist vorbei. Aber ich will, dass Kultur und Kunst der Menschheit dienen. Das haben die großen Aufklärer gewollt, das haben auch die großen Philosophen des Ostens gewollt. Sie alle waren hell. Auch meine Bücher sollen so sein.

■ *Sie bezeichnen Ihre Bücher in Ihren Lesungen oft als Schlafmittel. Kultur zum Einschlafen, wie soll man denn das verstehen?*

Wenn ich das sage, lachen die Leute meistens. Doch sie verstehen oft nicht, was ich damit eigentlich meine. Ich rede nicht von der Qualität der Bücher und von Langeweile. Ich rede vom Hintergrund der Geschichten, von der unberührten großen mongolischen Landschaft. Hinter diesen

Geschichten steht die große Steppe. Wenn sie beschrieben wird, wie sie ist hat der, der das gelesen hat, fast nebenbei seinen ganzen Alltagsärger abgelegt und vergessen. Er hat sich gereinigt vom Schmutz, der sich den Tag über an seine Seele geheftet hat und mit dem er, ohne dass ihn einer fragt, tagsüber von allen Seiten beworfen wird – von den Horrormeldungen der Nachrichten bis hin zur Geilheit bunter Illustrierter oder Werbung. In meinen Büchern wird einfach das Gras beschrieben, der Wind, die Weite. Da ist keine Frau vergewaltigt worden, auch sonst ist nichts Kriminelles passiert. Das ist in etwa so, als würde ein Fenster geöffnet werden und frische Luft kommt herein. Der Mensch beruhigt sich und findet den Schlaf. So gesehen sind meine Bücher wie Schlafmittel ohne Nebenwirkungen ...

■ *Sie erzählen oft über Liebe und auch über Erotik, eigentlich nicht von Sex.* Ein Hengst ist etwas Erhabenes und Schönes. Ist aber in einem Sexmagazin von »Hengst« die Rede, meint das einen holzharten Penis, mit dem ein Weib einfach zerschunden werden soll. Das ist naturwidrig und menschenfeindlich. Warum kaufen viele das? Warum geben sich viele dem hin? Das bringt uns erneut auf das Thema Geld: Geld hat die Menschen entstellt. Mehr Konsum, in welche Richtung auch immer, steht auf der Tagesordnung.

■ *Das alles klingt ziemlich ausweglos.* Das kommt darauf an. Sucht ist unheilbar. Aber auch sie kann ein Ende nehmen. Die Menschen müssen müde werden an diesen Dingen. Das Endprodukt des Konsumlebens ist die Unbeholfenheit der Menschen: Sie können ihren Körper und ihren Geist nicht mehr richtig einsetzen. Sie vergessen am Ende, wer sie sind und verlieren sich. Sie werden zu verlorenen Kinderchen, hilflosen Kinderchen. Sie glauben, wenn sie Geld haben, dann ist ihnen geholfen. Aber das täuscht. Manche Leute lassen ja gegen Geld sogar andere denken; sie engagieren Berater, anstatt selber zu denken. Dabei haben sie selbst einen Kopf und müssten das Denken nur wieder üben.

■ *Sie haben geschildert, wie stimmig das nomadische Leben sein kann und welche große Zufriedenheit sich daraus schöpfen lässt. Warum lässt diese Erfahrung dann nicht zuallererst die Nomaden immun werden den Verlockungen des Geldes gegenüber und sich treu bleiben?*

Das Teuflische ist immer verführerischer als das Göttliche. Schlechte Dinge kann man eben immer schnell und billig und in kürzester Zeit anbringen. Das ist der Gang der Dinge. Gutes ist schwer anzunehmen, das braucht Geduld. Sich zu veredeln, braucht das ganze Leben, verkommen kann man in wenigen Stunden.

■ *Wohl eine Million Menschen reist jährlich in die Mongolei. »Ich habe mich gefunden«, »ich habe begriffen, wie engstirnig ich war«, »ich wurde mit mir selbst konfrontiert« – was so mancher von ihnen schildert, klingt etwas nach Therapie. Ist das Einbildung?*

Die Mongolei hat Lebensraum, sie hat Weite. Hiesige Menschen sind wie Zwingertiere im Zoo eingezwängt in enge Städte und Häuser. Sie wissen von der Welt nichts mehr. Für sie erschöpft sich ihre Vorstellung von Natur in den kümmerlichen Bäumlingen entlang der Straßen. Wer in die Mongolei kommt, sieht plötzlich, dass die Erde noch immer unglaublich groß ist. Man kommt sich plötzlich so verloren vor und so hilflos. Läuseklein. Mindestens mäuseklein stehst du da einem gewaltigen Wesen gegenüber: der Natur. Und plötzlich verstehst du, was Natur heißt. Du begreifst, Natur hört nicht bei den Straßenbäumen auf, sie fängt dort an und geht dann ewig weit in die Endlosigkeit.

■ *Was empfinden Sie selber, wenn Sie nach Ihren Reisen im Westen wieder zurückkommen?*

Ehrfurcht. Wenn ich wieder auf dem Flughafen von Ulan-Bator stehe, fühle ich zunächst eine große Befreiung und Erleichterung. Ich spüre die Lust, tief einzuatmen, hole tief Luft, ein paar Mal gleich hintereinander. Dabei wird mir, als falle ein Vorhang von meinen Augen. Und dann spüre ich die Weite. Diese Weite ist eine Droge für jeden Menschen. Eine heilsame Droge.

■ *Was heilt die Weite?*

Wer sich krank fühlt und glaubt, er sei krank, ist oft krank gemacht und zum Krankwerden veranlasst worden durch die Gesellschaft. Wirklich krank sind sie nicht, aber sehr gestresst. Ihnen wurde eingetrichtert, sie müssten dieses und jenes und das tun. Dann stehen sie plötzlich in der Mongolei, mitten in der endlosen Steppe. Auf einmal befreit sich der Körper, die Seele dehnt sich aus ins Unendliche. Diese Seele ist ja vermutlich eines jeden wirkliches Zuhause. Und diese Seele, dieses Haus, erhält nun endlich Raum, unendlich viel Raum.

■ *Die Welt wirkt immer komplexer. Zu sich stehen, das Ganze sehen, sich beherrschen – wenn man Sie hört, dann bleiben trotz aller Komplexität die Kernwahrheiten des Lebens einfach. Dennoch scheinen viele sie nicht zu kennen.*

Am liebsten würde ich mich klonen lassen. Nicht aus Eitelkeit oder aus Ewigkeitssucht, sondern einfach, weil die Welt heute so jämmerlich dasteht und weil die einfache Wahrheit umso mehr gefragt ist. Die einfache Wahrheit des Lebens ist sehr kurz, sehr einfach und formelhaft. Ich möchte sie am liebsten jedem Menschen einmal ins Ohr sagen, ihm einmal ins Auge blicken. Sechs Milliarden Menschen kann ich unmöglich erreichen, bestenfalls eine Million Menschen… Deshalb braucht man wenigstens einige Tausend Menschen, die einem treu ergeben sind. Was ein Mensch, der dir treu ergeben ist, der dich angenommen und restlos verstanden hat, erreichen kann, ist sagenhaft. Es gibt einige sehr treue Leser und Leserinnen. Die bewegen ihre kleine Welt schon tüchtig, organisieren Lesungen, Workshops…

■ *Wie erreicht man Menschen?*

Sicher ist: Man kann nicht nach starkem Beifall gehen. Das sagt wenig, viele klatschen – und vergessen einen dann sehr schnell auch wieder. Es gibt aber auch einige Menschen, deren Herzen ich berührt habe. Früher habe ich gedacht, ich müsse erobern. So wie einst Dschingis Khan müsse ich die Welt nun nochmals neu erobern. Irgendwann habe ich dann aber begriffen: Menschen kann man gar nicht erobern, man kann allenfalls in ihnen ankommen, und man kann dann auch in ihren Herzjurten bleiben als Dauergast.

■ *Welche Veränderungen beobachteten Sie über die Jahre hinweg bei Ihren Aufenthalten im Westen?*
Es gibt da zwei Richtungen. Die Konsumsüchtigen und Denkfaulen verschlechtern sich noch weiter. Die Sucht nimmt zu, die Faulheit nimmt zu, und auch die Dummheit. Auf der anderen Seite sind inzwischen viel mehr Menschen auf der Suche. Im vereinten Deutschland sind gewaltige Dinge geschehen. Es ist ein völlig anderes Denken entstanden. Und beide Seiten des vereinten Deutschlands haben angefangen, an der Richtigkeit der vielgerühmten Zivilisation und des berühmten Adenauer'schen Wohlstandes zu zweifeln.

■ *Welchen Sinn hat Wohlstand?*
Der Wohlstand hat den Menschen ein gutes Leben ermöglicht, gutes Essen, gute Kleidung, gute Wohnmöglichkeiten. Eine Hoffnung hat der Wohlstand ihnen aber nicht erfüllt: das Glücksgefühl. Es vermehrte sich nicht, sondern wurde eher weniger. Auch das Ziel, durch Wohlstand eine Art »General-Sinn« zu erzeugen, schlug fehl.

■ *Welche Konsequenzen hat das?*
Viele Menschen suchen jetzt nach neuen Wegen. Europa hat bislang immer recht gehabt und sich immer Recht zugeschrieben. Europa sah sich als Weltcenter. Diese eurozentristische Sicht hat Risse bekommen. Jetzt suchen immer mehr Europäer bei anderen Völkern – so, wie das die großen europäischen Geister schon vor hundert Jahren machten: Hermann Hesse zum Beispiel oder Fritjof Capra oder Albert Einstein. Sie alle schauten auch nach Asien. Die Suche dauert an, sie hat zugenommen. Und zwischenzeitlich ist es kein blindes Suchen mehr, sondern ein gezieltes: Immer mehr Menschen wollen lernen, frei zu leben und die Seele zu entlasten. Diesen Wandel empfinde ich als sehr ermutigend.

■ *Sie setzen auf Dialog und Verständigung. Aktuelle Konflikte wie etwa im Sommer 2008 im Kaukasus spiegeln das Gegenteil. Hier regiert die Sprache der Gewalt, nicht die der Vernunft...*

Das ist die Tragödie der menschlichen Geschichte. Russland will zeigen, dass es noch Großmacht ist. Georgien ist euphorisch, jetzt wieder frei zu sein. Der georgische Präsident Saakaschwili ist ein Lieblingskind des Weißen Hauses. Im Grunde geht es um einen Streit zwischen zwei Großmächten, zwischen Russland und Amerika und gar nicht zwischen Georgien und Russland. Das Thema Unabhängigkeit ist letztlich künstlich, es geht um ein Spiel der Großmächte. Und die folgen dabei bislang immer den alten Regeln: Eine Großmacht gibt nicht nach, eine Großmacht hat immer recht. Wenn es aber um das Überleben der Menschheit geht, müssen alle lernen, auch weich zu sein. Die Zwerge haben vor der Schöpfung ebenso Rechte wie die Riesen.

Seit dem 11. September 2001 haben wir alle verloren, seither ist unser aller Leben viel schwerer geworden. Die Großmächte nehmen jeden Anlass als Chance, Stärke zu zeigen. Jede Schlägerei ist ein Anlass, Sicherheitskräfte aufzurüsten. So gefährlich ist das aber alles nicht wirklich. Da kann man auch Weisheit und Vernunft walten lassen.

■ *Auf Dialog und Verständigung setzen bedeutet auch, sich Fremdem zu öffnen. In der Mongolei ist der Ausländeranteil gegenwärtig bei unter einem Prozent. Dennoch schlagen die nationalistischen Zeitungen Alarm: Das reine mongolische Blut sei wegen der vielen Ausländer gefährdet. Wie nehmen Sie Ihren Landsleuten die Angst vor dem Fremden?*

Ich hole eine Million Europäer ins Land. Die Mongolen sollen lernen, fremde Menschen zu sehen. Andere Länder haben ganz andere Ausländeranteile. Und welches Volk ist »rein«? Die Menschheit muss sich vermischen. Wir tragen die Samen von allerlei Pflanzen, ganz selbstverständlich über die Erde verstreut.

■ *Als Sie 1968 aus Leipzig in die Mongolei zurückkehrten, wollten Sie sie »einpreußen« wie Sie das damals nannten. Und nun möchten Sie die Mongolei durch Reisende gewissermaßen globalisieren. Weshalb sollte das heute besser gelingen?*

Man muss an seinen Visionen unermüdlich dranbleiben. Man bekommt immer wieder Rückschläge, wird verleumdet, übersehen, wird zurückgestoßen. Man muss immer dranbleiben, wie im Sprichwort: Steter Tropfen höhlt den Stein. Die Zeiten ändern sich, die Weltlage pocht gegen die Stirne der sturköpfigen Politiker, man darf nicht aufgeben.

■ *Welche Bedingungen sind im Hinblick auf Ihr Anliegen günstiger geworden?*

Der Kommunismus ist nicht mehr da, die Globalisierung, im besseren Sinne des Wortes, ist über uns alle hereingebrochen. Man sieht, es gibt nicht nur Russen und Mongolen in der Welt, es gibt auch andere Völker. Damals hat man so getan, als gäbe es nur die Sowjetunion und die tapfere, wunderbar schöne und reiche Mongolei.

■ *Was ist dran an der Behauptung, Nomaden und westliche Zivilisation existieren in anderen Zeiten?*

Wir leben im Altai in auseinandergezogenen Zeiten, im Westen leben die Menschen in zusammengedrückten. In der Altaisteppe ist eine Sekunde ausgedehnt, in Mitteleuropa zusammengedrückt, weil alle Menschen in der Hast leben. Eine nomadisch-schamanische Minute dauert 60 ganze Sekunden, eine westliche – beispielsweise zum Totengedenken am Beginn eines Kongresses – oft gerade mal sechs, sieben Sekunden. Bei uns gleichen 60-Jährige hundert Jahre alten Bäumen, in Europa wirken 90-Jährige wie Kinder, weich, pummelig, zart und auch in ihrer Weisheit noch wie ein Kindchen. Ihre 90 Jahre waren aber eigentlich kürzer als die 60 Jahre im Altai…

■ *Das führt uns nochmals zu der unterschiedlichen Art, auf die Dinge zu blicken. Sie beschrieben bereits die Dualität, die im Westen prägend ist – schwarz oder weiß, jung oder alt –, und im Gegensatz dazu die Sicht aufs Ganze in Ihrem Volk. Inwiefern prägt diese Sichtweise die Einstellung zu Leben und Tod?*

Wir schauen auf das Ganze, auf das Runde: So gesehen ist das alt, so gesehen aber jung. Alte Menschen werden kindlicher und kleiner, Tote kehren an den Anfang zurück. Aus diesem Grund bringen wir einen toten Menschen zuerst wieder in die Embryostellung. So legen wir ihn dann in einen weißen Sack, binden ihn zu, betten ihn ein in einen seichten Graben in der Erde, kaum tiefer als einen Meter, und verabschieden uns von ihm immer mit den Worten: »Mutter Erde, nimm dein Kind zurück«. Der Hauptfehler der modernen Zivilisation ist, dass sie nur den Magen sieht: Wenn jemand nach Wohlstand fragt, will er wissen, ob der Magen jeden Tag prall gefüllt ist und ob die Blößen bedeckt sind. Daher rührt die Vorstellung, dass der Mensch vergeht, wenn der Körper vergeht. Das Wichtigste bleibt dabei vergessen: Der Mensch ist eine Einheit von Seele, Geist und Körper. Aus diesem Grund bleibt für uns der Mensch gegenwärtig, nur der Körper ist vergangen.

▮ *Verlor auf diese Weise in Ihrer Kultur der Tod seinen Schrecken?*
Wieso sollte man sich vor dem Tod erschrecken? Wir legen uns doch auch jeden Abend ohne Furcht schlafen…

▮ *Warum wuchs im Westen eine solche Angst vor dem Tod?*
Sie wird erzeugt von der Kirche. Die Kirche hat den Menschen immer Angst gemacht vor einem Gott, den sie gleichzeitig als einen gütigen beschrieb. Angst, vor diesem und jenem, besteht ja permanent in der westlichen Kultur. In der Folge tabuisiert man alles. Man redet von Schokoladenseiten und von sogenannten Stars, die nur mit dem Hintern wackeln und gar keine wirklichen Künstler sind, sondern die Geilheit bedienen, die Gier kultivieren und Geld kassieren. Die wichtigen Dinge werden verschwiegen und tabuisiert. Die moderne Zivilisation hat Hunderte, ja, Tausende Probleme erfunden und damit ebenso viele Ängste. Es sind künstliche Probleme. Tatsächlich gibt es lediglich zwei Probleme und nur zwei Fragen von Belang: Das ist die Geburt und das ist der Tod. Weshalb wird man geboren? Um daraufhin irgendwann zu sterben. Weshalb wird gestorben? Um wieder geboren zu werden.

»EIN ORGASMUS AUF SPIRITUELLER EBENE« – WEITERE BEGEGNUNGEN MIT DEM ICH UND DEN ANDEREN

Endlich scheint die Sonne. Die Touristen drängeln sich vor dem Zytgloggeturm, dem einstigen Wehrturm gegen Westen. Tulpen-, Zwiebel- und Kräuterduft hängt über dem Samstagsmarkt. An den Fenstern der Sandsteinhäuser wehen Flaggen aller Kantone. Die Berner Altstadt putzt sich heraus für die traditionelle Pferdemesse, die einige Hunderttausend Menschen aufs Messegelände und etliche zusätzlich in die Stadt lockt.

Mitten drin, in einem der Häuser unter den Arkaden, wohnte einige Jahre lang Albert Einstein. 1902 hatte er beim Eidgenössischen Patentamt in Bern eine Stelle als »Experte III. Klasse« erhalten, die ihm Denkfreiheit ließ. Nach der Arbeit lud er zu sich in die Wohnstube den Philosophiestudenten Maurice Solovine (1875–1958) und den Mathematiker Conrad Habicht (1876–1958) zur »Akademie Olympia« und sie diskutierten oft bis in die frühen Morgenstunden Werke großer Autoren. Hier wurde auch sein erster Sohn geboren – und sein Weltruhm begründet: Im Jahr 1905 beendete Einstein seine Arbeiten über die Lichtquantenhypothese, die Brown'sche Bewegung und die Spezielle Relativitätstheorie. Die Biographen schwärmen später von diesem »annus mirabilis«, und die Berner widmen ihm hundert Jahre danach ein Museum. Einstein beschwor die Nachwelt, ihm weder Weihestätte noch Denkmal zu errichten, willigte aber ein, dass die Jüdische National- und Universitätsbibliothek in Jerusalem eine Dokumentensammlung verwahrt. In Kooperation mit dieser Bibliothek entstand auf der anderen Seite der Aare das weltweit erste Museum. Es ist konzipiert als Porträt dieser »Person of the Century« (*Time Magazine*, 31.12.1999).

An all das denke ich nicht an jenem Morgen, obwohl ich sogar am Einsteinmuseum vorbeikomme. Als ich das bunte Treiben hinter mir lasse und über die Aare-Brücke zum spirituellen Zentrum »Die Quelle« gehe, berührt mich im »Siddharta-Saal« vor allem das Bild der Brücke: ein schönes, hinführendes Bild zu Galsan Tschinag, einem Heiler, der Brücken bauen will zwischen dem alten Wissen und der neuen Spiritualität und dazu selber immer wieder über Brücken geht.

Ausgebreitet auf einer Decke auf dem Boden, mitten im Raum, steht ein Schraubglas, gefüllt mit Wassern aus aller Welt, daneben liegt ein Bergkristall, eine Kerze brennt – beseelte Gegenstände. Maria Kaluza zündet Wacholder an aus dem Altai. Sie begrüsst die Himmelsrichtungen, den Himmel und die Erde, bittet die Geister in den Kreis. Heute ist sie ganz in Weiß, ergänzt mit einer orangefarbenen Jacke aus leicht glänzendem Stoff. Ihr Aufzug unterstreicht die Aufbruchstimmung: Nach einem Winter, der manchen endlos schien, glauben die Menschen langsam wieder an laue Abende und Sonnentage.

Galsan Tschinag trägt bei seinen Reisen im Westen wie immer klassische, hiesige Herrenkleidung – weißes Hemd, graue Stoffhose. Bei Lesungen oder in Kursen wirft er nun oft den blauen Deel darüber, den traditionellen mongolischen Mantel, zieht Hut und Stiefel an – der Leute wegen, sagt er. Sie möchten zwischen ihm und anderen einen Unterschied sehen, etwas Exotisches, das auf den ersten Blick augenfällig ist. Viel mehr als klassische Tracht gibt es bei ihm noch immer nicht zu sehen.

»Ich selber brauche fast keine Show«, meint er, seine Steine und Knöchelchen für die Orakel einmal ausgenommen. Früher habe er geraucht und gespuckt und geschrien, wie alle das von einem Schamanen erwarten, begrüßt er die Teilnehmenden dieses Workshops, der hier mit »Kraft, Vision und Heilung« überschrieben ist: Bis heute gebe es manche, die solchen Schamanen eher glauben.

»Alles steckt in dir.« Man selbst sein, nicht sich reinsteigern: Mit dieser Lektion beginnt Galsan Tschinag den Kurs. Man selbst sein heißt, bei sich sein, sagt er. Für ihn ist das einer der zentralen Schlüssel des Lebens, ob man nun Schamane ist oder nicht. »Meine Muttertante wurde wütend, wenn ich ihre Gesänge stibitzte. Oder gar ihre Sprüche!« Von ihr empfing er den Rat, nach sich zu suchen. Veränderungen passieren in einem selber. Innen. Immer zunächst innen. In jedem. Jeder ist anders. Und jeder muss sich zuallererst selbst finden.

Hochtrabende Etiketten helfen nicht, erzählt er, wovon er durch eine Veranstaltungsnotiz erfahren hat. »Da reist einer als Staatsschamane der Mongolei durch den Westen«, entrüstet er sich, »als Staatsschamane! Das gab es nur bei Dschingis Khan!« Tschinag verliert weder Zeit noch das Wesentliche aus dem Blick. Schamane sei ein ungenauer Begriff und klinge hochtrabend. Er will den Menschen das Mysterium des Schamanismus näherbringen: »Ich möchte mich entblößen. Jeder soll verstehen, was da passiert.«

Wie immer arbeitet er auf mehreren Ebenen. Er vermittelt seine Philosophie der Schamanerei und wärmt dabei Pascals Hände mit seinen. Sonst nichts. Minutenlang. Streicht ihm über den Kopf, hält weiter seine Hände. Erzählt. Erzählt. Erzählt. Legt die Hand zurück auf Pascals Oberschenkel: »So, jetzt machst du es selbst, deine Hand ist so warm wie meine.« In einem Seminar von Galsan Tschinag war Pascal zum ersten Mal. Er kam letztlich wegen der Widmung, die der Dichter ihm schrieb, eineinhalb Jahre zuvor, als er zu spät eingetrudelt war beim Managertag »Führung und Spiritualität« in Zürich. Die Worte überraschten und berührten ihn, weil sie seine Lebenssituation genau auf den Punkt trafen, das ließ ihn nicht los. Doch es gab zunächst noch vieles andere, erzählt er beim Pausen-Kaffee. Damals befasste er sich gerade mit Feng Shui, er suchte noch in anderen spirituellen Truhen, rang im Kampf gegen seine Ehe mit sich und um sich …

Friedrich Hölderlin, C. G. Jung, Rembrandt Harmazoon van Rijn, Wolfgang Amadeus Mozart, in vielen Lebensphasen auch Albert Einstein – Galsan Tschinag holt Namen in den Raum, in deren Trägern er Schamanen sieht. »Der Himmel machte es ihm nicht einfach«, sagt er über Ludwig van Beethoven. Gerade die Schwierigkeiten, denen er sich stellen musste, formten über die Zeit seine Größe. »Jeder kann täglich an sich arbeiten. Und jeden Tag damit anfangen. Das gilt überall auf der Welt.«

Doch nicht überall auf der Welt ist dasselbe Lebens-Wissen verfügbar. In der westlichen Welt verlor sich manches aus dem Fundus alten Wissens, das seinem Volk noch völlig vertraut ist. Seine Mutter gebar 14 Kinder, wovon nur vier überlebten. Normalität in einem Land, wo oft eisige Winde wehen und die Jurte nur die grimmigste Kälte draußen hält. Wer die ersten Jahre übersteht, bleibt oft sein ganzes weiteres Leben gesund. Bis er müde ist. Zu müde, um weiterleben zu wollen. »Eines Tages kündigte meine Mutter an, sie gehe nun, sie verabschiedete sich, legte sich schlafen und starb«, erzählt er. »Wir sagen, jemand lebt hinüber.« Ohne Tabletten, ohne sich aufhalten zu lassen. Sein Vater entschied sich mit Anfang siebzig, seine Mutter mit Ende achtzig. Wie absurd müssen westliche Debatten um Palliativmedizin, Sterbehilfe und Hospize auf solche Menschen wirken!

Möglich werde diese Fähigkeit, sein Leben aus sich heraus wieder abzustellen, letzten Endes durch die Lebenshaltung. »Wir sehen vor allem das Wir. Das Ich ist nur ein Teil des Ganzen, ein Teil allen Lebens, des tierischen wie des pflanzlichen, und ein Teil der Menschheit.« Materialistisches und Materielles habe wenig Bedeutung: Wer vom Wir ausgeht, muss ein Haus nicht unbedingt selbst besitzen oder gar zwei oder drei Häuser. Ihm genüge, wenn es Häuser gibt, in denen er sein kann. Daraus erwachse eine grundlegend andere Mentalität als in der modernen Welt. Dort wird alles, was man erlebt, erfährt und sieht, in Schubladen sortiert, beobachtet Galsan Tschinag. Viele kultivieren regelrecht nachteilige und verzehrende Gedanken sowie Mutmaßungen über sich, über andere und den Rest der Welt. Das verstelle den Blick auf das Ganze und reduziere die Fähigkeit, bewusster zu leben – und zu sterben, stellt er gegenüber: »Wir hingegen sind uns immer im Klaren darüber, dass das Leben in dieser Welt hier begrenzt ist. Ich sehe dem Tod gelassen entgegen. Kommt die Zeit, gehe ich.« Er glaubt an eine Wiedergeburt. Das immense, heute verfügbare Erfahrungswissen könne niemals in einer Generation entstanden sein.

Im Westen werde der Tod seit langem immer mehr aus dem Leben gedrängt und oft bekämpft, bis kein Apparat, keine Hightech, keine Chemotherapie mehr hilft. In der Welt seiner Sippe verlässt man einfach Räume und betritt neue. Und alles bleibt miteinander verbunden.

Er erzählt von einem jungen Mann, der mit 22 Jahren durch einen Unfall gestorben war. Die Familie legte die Leiche etwas entfernt von der Jurte nach draußen und überließ sie nach altem Brauch den Vögeln. Kein Vogel rührte sie an. Tage verflossen. Der Leichnam trocknete aus. Man rief den Schamanen. Der rief seine Geister zu Hilfe, beschwor sie, zog sein Messer, stach auf den Leichnam ein, riss ein Stück heraus, dann noch eines, und so weiter. Die Vögel kreisten über ihnen. Doch keiner landete. Er warf ein Stück trockenes Fleisch in die Luft – ein Vogel schnappte danach, dann der nächste... –, sie kamen und nahmen, bis alles vertilgt war. Ein jeder atmete auf: Die Leiche war aufgenommen im Kreislauf der Natur. Der Tote hatte seine Ruhe gefunden und sein Heil. Die Familie lud den Schamanen zum Essen ein. »Nicht das auch noch«, wollte ihn die Mutter des Toten abhalten, als er dasselbe Messer nahm und sich vom Fleisch abschnitt. Er lächelte: Alles ist eins...

»Wie funktioniert das alles«, möchte Martin wissen. Galsan will erfahren, wie es ihm geht: »Ich muss dir in die Augen sehen, dann deine Haut spüren, muss riechen und reden. Reden und rauslocken.« Der Schamane duzt sich mit allen. Unangekündigt und ungefragt. Er geht zu Martin, packt seinen Arm, streicht über die behaarte Haut, zieht ihm das Hemd hoch, riecht an seinem Bauch, schnüffelt daran wie ein Hase. »Einander die Hand geben bringt in Verbindung: zwischen uns ist Wahrheit.« Nach ein paar Minuten blickt er auf: »Dieser Kerl strotzt vor Gesundheit.« Martin fragt wegen seiner Freundin, sie habe 48 Stunden lang Kopfweh gehabt. Keine Ferndiagnosen, wehrt der Schamane ab. Er muss sehen, spüren, riechen, reden. »Es gibt viele Gründe für Kopfschmerzen.« Um ihnen nachzuspüren, muss er berühren. Das lindert, es heilt nicht immer. Er erzählt von einer Frau aus einem vorherigen Kurs. Sie wirkte ebenfalls sehr gesund auf ihn. Doch als er an ihrem Bauch roch, stieg säuerlicher Geruch in seine Nase. »In ihr fraß Leukämie.«

»Wer hat eine Frage?« – Schweigen. »Du«, deutet er auf eine blonde Frau. »Ich habe mich doch gar nicht gemeldet«, protestiert Tamara. »Aber du hast eine Frage. Komm.« Sie will nicht. »Ich? Ich doch nicht.« – »Komm.« Sie gibt nach, geht zu ihm. Er zieht sie auf seinen Schoß, legt den Arm um ihre Schulter und nimmt ihre Hand. »Was willst du wissen?« Keine Antwort. »Sie zittert ja, das Mädchen zittert«, wirft er laut in den Raum. Alle lachen. Tamara auch. Sie beginnt, zu erzählen. Jeden Morgen nach dem Aufwachen fühlt sie Beklemmungen, das Herz schmerzt. Ihr Arzt habe erklärt, das komme nicht vom Herzen, sondern von Angstzuständen. Geholfen hat ihr das nicht. »Essig ess ich nicht – ess ich Essig, ess ich Essig nur mit Gurke«, lässt Galsan Tschinag sie als Antwort einen Neckspruch aus den neuen Ländern aufsagen. Alle lachen. Er fährt ihr unter den Pullover, massiert. Sie bleibt auf seinem Schoß. »Mach eine geballte Faust.« Anspannen – loslassen. Sie beginnt.

Vieles wird durch Eingebung möglich, erzählt Galsan Tschinag von einem jungen Mann, der vom Pferd gestürzt war und auf einem Stein aufprallte.

Diese Wucht drückte sein Brustbein in die gegensätzliche Richtung. Unter starken Schmerzen und schwer atmend wurde er zu ihm gebracht. Der Schamane beschimpfte ihn, nannte ihn den Letzten, einen Toren, der zu dumm sei, um zu reiten, nahm einen Eisenspieß und hielt ihn ins Feuer. Sobald er glühe, würde er ihn ihm von hinten durch den Leib rammen, als Strafe für sein unwürdiges, dummes Verhalten. Er schimpfte und schimpfte auf den Gestürzten ein, nahm den Spieß aus dem Feuer und hieb ihm die Faust in den Rücken. Der junge Mann schrie und bäumte sich auf... Dabei kehrte sich das Brustbein wieder um. Geschafft. »Was ich da tat, fiel mir in dem Moment ein. Und ich weiß auch nicht, ob das je wieder funktionieren würde.« Es gab keine Alternative. Eigentlich wäre eine Operation notwendig gewesen, doch mitten in der Steppe gab es keine Chance, rechtzeitig mit einem Patienten in dieser Verfassung ein Krankenhaus zu erreichen. Er half ihm, indem er ihn durch sein Schimpfen auflud mit schier übermenschlicher Kraft, gemeinsam wurde so das Unvorstellbare möglich.

Intuition öffnet manchem Heiler den Weg, auf dem er helfen kann. »Lest die Geschichte des schlafenden Propheten Edgar Cayce«, empfiehlt Galsan Tschinag nachdrücklich und immer wieder[13]. Cayce lebte von 1867 bis 1945, stammte aus Kentucky, war tiefgläubig und arbeitete mal im Buchladen und mal als Versicherungsvertreter. Seine eigentliche Begabung lag anderswo. Obwohl er keinerlei medizinische Ausbildung hatte, zeigte er kranken, mutlosen und ratlosen Menschen, die er nie zuvor gesehen hatte, Wege für ihre Heilung. Als Kind fiel er auf durch sein fotographisches Gedächtnis. Im Schockzustand, nach einer Sportverletzung, »entdeckte« er zufällig seine Fähigkeit zur Prognose. Als er durch eine voranschreitende Stimmbänderlähmung seine Stimme allmählich verlor, half er den Ärzten und sich, indem er in Trance die für ihn geeignete Heilmethode »erkundete«. Ein 1910 in der *New York Times* erschienener Artikel mit der Schlagzeile »Nichtakademiker wird unter Hypnose zum Arzt. Edgar Cayces merkwürdige Fähigkeit verwirrt Mediziner« machte ihn weithin bekannt.

Cayce versetzte sich in einen Schlafzustand. Seine Antworten, Readings genannt, waren je nach Zusammenhang Weissagung und Prophezeiung, Deutung, Diagnose oder Prognose. Seine Geschichte ist auch eine Geschichte der Hypnose. Dazu befähigte Menschen zeigen im Schlaf hellseherische Kräfte und ein erstaunliches Wissen. Bis heute ist das vielen konventionellen Medizinern verdächtig, in Heilerfolgen ohne vorangegangenes Medizinstudium sehen sie auch einen Angriff auf ihre eigene Kompetenz; am ehesten sind Osteopathen, Chiropraktiker und physikalische Therapeuten bereit, sich einzulassen.

Cayce stellte dreiundvierzig Jahre lang Diagnosen durch Hellsehen. Er hinterließ stenographische Niederschriften von 30 000 Diagnosen für die von ihm gegründete »Association for Research and Enlightenment«, Hunderte Krankengeschichten mit eidesstattlichen Erklärungen der Patienten und Berichten der behandelnden Ärzte. Der Mystiker und Seher setzte seine Fähigkeiten ein für Menschen, die krank waren, in seelischer Not oder um Berufsberatung anfragten. Er äußerte sich auch zu Fragen nach dem Lebenssinn und ließ manche Kritiker verstummen, als seine Prognosen des Endes der beiden Weltkriege und der Ermordung von John F. Kennedy wirklich eintrafen. Der Journalist Jess Stearn (Hugendubel, 2006) beschrieb in seiner Biographie, wie Cayce schließlich mit 67 Jahren der Last der immer mehr werdenden Anfragen nach Readings erlag. Er litt darunter, dass so viele zu Lebzeiten großen Schmerz erdulden mussten, war aber überzeugt, dies alles gehöre zu Gottes Plan und fand schließlich auch für sich Trost in seinen Readings. Sie ließen ihn zu der Erkenntnis gelangen, Teil eines endlosen Lebenskreislaufes zu sein. Von hier aus führt eine Brücke hin zu den tuwinischen Volksheilern.

»Ein wirklicher Heiler möchte so viel wie möglich vom Ganzen wissen«, erklärt Galsan Tschinag. Dazu gehört altes und neues Wissen, vor allen Dingen aber das Wissen, wer man selbst ist. »Früher dachte ich, im Altai seien die höchsten Berge der Welt«, vergleicht er. »Als ich erfuhr, dass es höhere gibt, war ich zutiefst beleidigt.«

Uta meldet sich. Uta aus Zürich. Sie hatte durch das Seminar, das sie vor drei Jahren besucht hatte, ihre Sexualität wiedergefunden. Seither hat sie vieles verändert in ihrem Leben. Sie therapiert Hilfesuchende mit Klang- und Energiearbeit und veranstaltet mit Meditationen kombinierte Reisen nach Indien. Seit damals in Zürich war sie in keinem Seminar mehr von ihm. »Ich möchte einen Lebenspartner«, sagt sie. Galsan Tschinag spielt, scherzt, scheint nicht recht darauf einzugehen.

Später lässt er für sie sein Stein-Orakel sprechen. »Du hast einen Freund«, sagt er. Sie bestreitet es. »Du hast einen Freund.« – »Das ist nicht richtig.« – »Die Steine zeigen es. Wer ist er?« – »Er ist aus Indien.« – »Wie oft siehst du ihn?« – »Er besucht mich. Immer wieder. Er hat aber Familie. Ich will da nicht einbrechen.« – »Das Orakel zeigt euch auf einer Ebene . . .«

»Jeder muss sich so gut wie möglich kennenlernen und an sich arbeiten«, sagt Galsan Tschinag später. »Ich bin mein schlimmster Feind.« Am sinnvollsten ist es, seine Feinde zu lieben. »Sie wetzen uns, putzen uns, lehren uns, besser auszusehen. Freunde loben uns tot.« Seine Feinde lieben heißt auch, sich selbst lieben. »Ich war ein Despot an mir selbst.« Er erzählt.

Von Leipzig, von seinem krank machenden Ehrgeiz, sich in einem 18-Stunden-Tag Kultur und Zivilisation einzuverleiben und dem Gefühl der Krönung, als er zum Abschluss seines Studiums die Rede im Rathaus halten durfte, von seinem Herzklappenfehler, von seiner Mission, die Mongolei »einzupreußen«, den wohl tausend Mongolen, denen er Deutsch beibrachte, von seinem Berufsverbot und dem Abschied. Er hatte sich zu Tode gearbeitet.

Fast. Dieses Mal hörte er die Worte nicht nur, die sein Arzt sagte – »weniger arbeiten«. Zum ersten Mal begriff er auch, was das hieß. »Jeder hat die Zügel selbst in der Hand, alles ist machbar.« Er reduzierte sein Pensum auf zwölf Stunden, begann mit regelmäßigem Sport. Die jahrelangen Herzbeschwerden verschwanden, andere Wunden heilten noch nicht.

Seine Haut war geschunden, überall sprossen Pickel, seine Seele war hart geworden. Stets reagierte er nervös, jähzornig, preußisch-brutal. Wer immer an ihm vorbeiging, den klassifizierte er, ob er tauge oder nicht. Eines Tages beschloss er, dies zu ändern. »Ich lag morgens im Bett und nahm mir vor, die Kinder zu überhören, wenn sie schreien...« Tag für Tag, Erfahrung für Erfahrung, fand er zu Ruhe und mehr Weisheit, vor allen Dingen aber: Seine Haut löste sich ab. Alle Unreinheiten verschwanden. Aber die neue Haut blieb sensibel. »Das machte mich als Heiler besser.«

Immer wieder kamen Prüfungen, fielen Schlagbäume, zerbarsten Grenzen und Fesseln. Er erzählt, wie er auf dem Weg mit der Tuwa-Karawane in den Hohen Altai half, ein Kamel auf einen Lastwagen zu hieven, sein Schlüsselbein ausrenkte, krank wurde vor Sturheit und Verdrängung, nach der Operation ins Koma fiel und einige Zeit tot war...

Die Zeit ist um, unterbricht Maria Kaluza. Der Schamane ist noch mitten im Fluss seiner Erzählung: »Geben wir, es kommt vielfach zurück. Fließen wir ineinander, genießen wir einander. Das ist das Schamanische.« Für diesen Tag ist Schluss. Doch Galsan Tschinag hat noch viel zu sagen.

Maria Kaluza bringt die Seminarteilnehmer am zweiten Tag mit dem Monochord in Schwingung. Alle zwölf Saiten sind auf den gleichen Ton gestimmt. Werden sie gezupft oder geschlagen, erklingt eine ganze Reihe von Obertönen. Die sich aus dem Grundton entfaltenden Obertöne sollen ein Fenster in den Kosmos öffnen, denn der Gesang der Obertöne ist nicht von der Spielerin gemacht, sie kann ihn nur zum Klingen bringen. Deshalb spricht man von Melodien, die wohl schon existierten, ehe es Menschen gab, und von einer Art Sphärenmusik.

»Weckt das Feuer in euch«, bittet sie und brennt einen Wacholderzweig ab. Auf der Decke liegt nun noch ein Buch von Giuseppina, in dem sie schildert, wie sie lernte, trotz ihrer Multiplen Sklerose lebenskräftig zu bleiben. Das Buch schenkte sie dem Schamanen am Vorabend, beim Gril-

len. Sie hatte ihn und Maria Kaluza spontan zu sich eingeladen. Die ge-
bürtige Bernerin lernte Dentalhygienikerin. Sie behauptet, die Krankheit, mit der sie nun seit zwanzig Jahren lebt, habe ihr Leben nicht son-
derlich beeinflusst. Ihre Kinder, die Tochter ist 15, der Sohn ein Jahr
jünger, erzieht sie alleine, weil ihr der Mann zu langweilig war. Als ihre
körperlichen Kräfte zu sehr nachließen, gab sie ihre Arbeit in der Zahn-
arztpraxis auf, machte mit ihrem Labrador-Mischling Bless eine Thera-
piehundeausbildung, und nun arbeiten die beiden ehrenamtlich in der
Neuro-Rehabilitationsabteilung des Berner Inselspitals und auf der MS-
Station in der Siloah-Stiftung in Gümligen.

Die Seminartage erschöpfen sie sehr, sagt sie. Das liegt auch an zwei Träumen, die schon eine Zeit zurückliegen. Darin traf sie auf eine alte Schamanin, eine Frau, die sie nie zuvor gesehen hat. Als Galsan Tschinag das
Bild seiner Tante Pürwü in der Runde kreisen lässt, erkennt sie sofort ihr
Gesicht ...

In einigen Wochen will Giuseppina über den Jakobsweg nach Santiago
de Compostela pilgern. Sie wird den Weg niemals gehen oder laufen können, doch deshalb müsse ihr Leben noch »nicht gerollt«, also gelaufen
sein. Der Pilgerweg ist für sie eine Erfahrungsreise voller Symbolkraft: Sie
möchte »anderen Mut machen«, an sich und an das Ungewöhnliche zu
glauben. Sie startet gemeinsam mit Bless und mit ihrer Freundin, einer
Physiotherapeutin; die physische und psychische Herausforderung reizt
sie. »Vielleicht stoße ich an Grenzen, die ich in meinem Leben noch nicht
kennengelernt habe, vielleicht auch auf neue Wege ...«

Galsan Tschinag wendet sich Fabienne zu. Ekzeme übersäen ihre Beine.
Er hat sie sich schon am Vortrag angesehen, aber nichts gesagt. Am Morgen, als noch nicht alle da waren, träufelte er etwas von dem mongolischen Schnaps darauf. »Faste. Beginne mit einem Entlastungstag.« Er sieht
in diesen Ekzemen unterdrückte Emotionen: »Die Zellen sind erschöpft.
Faste. Mindestens drei Wochen lang«, rät der Schamane zu klassischem

Heilfasten. Fabienne schaut ungläubig. »Hast du schon mal gefastet?« Sie nickt, reibt Daumen und Zeigefinger aneinander. Wenn das Geld nicht reichte, aß sie eben nicht. Sie wirkt hin- und hergerissen. Die Beine plagen sie. Doch ihr neuer Freund isst gern, erzählt sie, da könne sie doch nicht einfach nicht ... – der Schamane geht darauf nicht ein. »Am besten nichts als Schwarztee mit frisch gepresster Zitrone und Wasser.« Er verweist auf den Arzt Rudolf Preuss, der für schwere Krankheiten wie Krebs 40 Fastentage ansetzte.

Eine Studie von US-amerikanischen und italienischen Forschern, die im März 2008 online in den »Proceedings of the National Academy of Sciences« erschienen ist, weist zumindest an krebskranken Mäusen Erfolge nach: Eine Zeitlang zu fasten stärkte gesunde Zellen und schützte sie offenbar vor den oft hochgiftigen Behandlungen bei Krebs, die Krebszellen hingegen wurden angreifbarer. Nach ähnlichem Prinzip könne das Fasten auch bei Rheuma, Polyarthritis und Ekzemen greifen. Bei Fabienne könne das Fasten ihren Zellen Erholung verschaffen und ihren Körper zwingen, die Beine wieder ins Gleichgewicht zu bringen: »Du hast keine Wahl«, sagt der Schamane und wechselt das Thema.

»Einander observieren ist der Schweizer Volkssport.« Er schildert, wie er langsam durch ein Wohngebiet fuhr und sofort durchs offene Fenster angesprochen wurde: »Was mache Se da?« – »Fahren«, habe er geantwortet. Das Publikum lacht. »Die Leute sind hier ihre eigene Stasi.«

»Komm her«, fordert er Pascal auf. Der hochgewachsene, schlanke Mann mit den kalten Händen schlüpft in mongolische Schlappen, die Galsan ihm aus seiner Tasche holt. Er soll sie mitbringen, auf die Mongoleireise, die er für den Sommer zusammen mit seiner neuen Partnerin plant. »Er sieht so groß aus, dabei ist er eigentlich ein kleiner, lieber und schüchterner Junge ...«, Pascal liegt an seiner Schulter, lässt sich wieder streicheln, langsam weicht die Härte aus seinem Gesicht. »Nehmt nie drei Schamanen parallel. Das ist der Tod«, warnt Galsan Tschinag vor einer Tour von

Pontius zu Pilatus. »Es gibt keine schamanische Gesamtlehre, sondern nur jeweils den Wissensschatz, den *ein* Volk in einer Ecke der Welt gewonnen hat.«

»Ihr alle habt mich heute Nacht begleitet, ich war bei euch«, erzählt er und streichelt weiter Pascals Wangen. »Uta, mir ist eine Lösung eingefallen für dein Problem: Entweder du holst diesen Mann auf Dauer zu dir oder du löschst ihn aus in dir, dann geht die rote Lampe bei dir aus und es wird sich ein neuer Hansruedi finden.« Sie ist nicht zufrieden: »Darf ich was fragen? Ich möchte am liebsten einen Schweizer haben.« Die Gruppe lacht.

Ina Rösing fotografiert. »Ina, die Frau, die über den verwundeten Heiler geschrieben hat«, erzählt Galsan Tschinag. Er fragt sie immer wieder nach den anderen, nach den Schamanen in Nepal oder den Anden, bei denen Ina Rösing lange Zeit gelebt hat.

Pascal sitzt wieder aufrecht, Maria Kaluza setzt sich neben ihn, schließt ihn in ihre Arme, hält den Weinenden. Der Schamane fordert Sabrina auf, zu ihm zu kommen. Sie bleibt jedoch sitzen. »Ich bin einfach aus Interesse hier.« – »Komm trotzdem her.« Schließlich fügt sie sich. »Fehlt dir nichts?« – »Hier tut's weh, aber das ist Arthrose.« – »Red nicht so dummes Zeug, du dumme Maus.« Der Schamane saugt und saugt das Ohr aus, spuckt imaginär, was er raussaugte, auf den Boden, massiert. »Und?« Sie reißt den Mund auf, wackelt mit dem Unterkiefer, schnalzt mit der Zunge. »Ich spüre schon noch was.« Der Schamane massiert weiter. »Ist es besser?« – »Aber das ist eine Arthrose.« – »Aber ... Ein Schamane duldet kein Aber. Er ist ein Despot, er will das Ganze. Das muss so sein.« Er saugt weiter. »Ist es weniger geworden?« – »Ja. Ich habe den Schmerz schon so lange.« Sie kann sich wieder an ihren Platz setzen.

Manches wirkt einfach. Keiner wisse, wieso. Trotzdem werden die großen schamanischen Volksheiler aus Sibirien, der Mongolei oder Peru in europäischen Ländern oft verschwiegen. Galsan Tschinag wendet sich nun besonders Ina Rösing zu, die sich ihm im Teilnehmerkreis direkt gegenübergesetzt hat. Sie lebte sieben Jahre in den Anden, um die Heilungsrituale der Quechua-Indianer in Bolivien zu erforschen. Seit drei Jahrzehnten ist sie Professorin an der Universität Ulm, wo sie das Institut für Kulturanthropologie leitet.

»Menschen geben die Themen, die Geister die Eingebungen«, sagt Galsan Tschinag. Er fordert auf, zu fragen, und gibt Lebenshilfe: ausgewogene Ernährung, keine Völlerei, mehr Bewegung, mehr Gymnastik, weniger Angst. Weniger Angst vor Schwarzen Löchern, Wissenschaftsprognosen und Lebensfragen.

Galsan Tschinag lässt nicht so schnell locker. Helga soll zu ihm kommen. Immer wieder fordert er sie auf. Sie muss. Sie muss sich seiner Nähe, seinem beharrlichen Bemühen aussetzen. Sie fügt sich. »Was fehlt dir?« Schweigen. »Bist du bemannt?« – »Er ist gegangen.« – Stille. Es ist gesagt. Galsan Tschinag bringt sie in Bewegung, fordert alle auf, nun zu Maria Kaluzas Trommelschlägen zu tanzen. Schnell, schneller, immer schneller, bis das Herz klopft und das Blut ganz nach vorne in die Fingerspitzen gepumpt ist. Jeden Tag muss man das seinem Körper geben, rät der Schamane. Immer wieder. Und geistiges Training: »Lest Bücher. Gute Bücher.« Bücher zum Beispiel, die Philosophie sind. Und dies nicht nur, weil Medizin, weil die Heilkunde einst als Philosophie galt.

Er schwärmt den Seminarteilnehmern vor von Sigrids Damms dokumentarischem Roman »Goethes letzte Reise«, die der Dichterfürst mit seinen Enkeln Wolfgang und Walther vom 26. bis 31. August 1831, zu seinem 82. Geburtstag, ein halbes Jahr vor seinem Tod, nach Ilmenau unternahm – eine Reise im Wissen um gezählte Tage und eine Fahrt, die ihn ein weiteres und letztes Mal in den Thüringer Wald führte. Von diesem Ausflug ausgehend, erkundete die Autorin in Rückblicken das Verhältnis des Dichters zum Altern und zum Sterben. »Kluge Menschen gestalten ihr Leben, indem sie sich finden, geniale, indem sie sich erfinden«, schwelgt Galsan Tschinag weiter. Goethe hatte den Mut, sich freien Lauf zu lassen, »sich flattern zu lassen«, und er blieb dabei immer neugierig. »Ich bin auch ein kleiner Fäust-Ling«, spielt er auf den Doktor Faustus an. Auch er habe Verträge geschlossen nach links und rechts, mit Kommunisten, Revanchisten, Faschisten, paktierte mit dem Teufel, wollte alles: »Ich wollte das Wesen der Welt kennenlernen, wollte ein besserer Deutscher sein als jeder Deutsche.«

Seine Schicksalsschläge und Aufgaben stutzten ihn und ließen ihn wie einen Baum immer noch höher wachsen, erzählt er. »Ich empfinde eine grenzenlose Wesens-Liebe, ich liebe das Leben und den Tod und ich paktiere mit den Geistern«, sagt der Schamane. »Das könnt ihr alle auch.«

Auf diese Weise habe er vor allen Dingen von sich selber immer wieder ein bisschen mehr erfahren: »Ganz kenne ich diesen Kerl noch immer nicht.« Aber viel, viel näher sei er sich gekommen, seit damals, mit etwa sechs Jahren, als er entdeckte, dass er ein »Schmerzfresser« ist, einer, der zum Schamanen taugt. Galsan Tschinag wiederholt eine Grundüberzeugung: Es gibt keinen anderen Weg, als den Hebel für Veränderung an sich selbst zu suchen.

»Heilen ist wie ein Orgasmus auf spiritueller Ebene. Wir fusionieren.« Heilungsarbeit ist sehr fein gewoben und entsteht genau in solchen Minuten zwischen Heiler und Patient. »Ina, komm«, befiehlt Galsan Tschinag. »Nein, ich komme nicht.« – »Komm, Ina.« – »Nein, ich komme nicht.« – Pause. »Dann später.« Ina Rösing kommt nicht.

Er nimmt nun Uta Maria Anna zu sich. Maria Kaluza steht ihnen zur Seite. »So viel Angst. Sie hat so viel Angst. Ganz feuchte Hände hat sie vor lauter Angst.« Uta Maria Anna ist blass. Sie sagt nichts mehr. »Wer bist du eigentlich? Uta. Oder Maria. Oder Anna. Heute die, morgen jene, feiertags die dritte?« Lachen. »So viel Angst«, fährt er fort. »Spuck sie aus. Spuck sie einfach aus«, schickt er sie mit Maria Kaluza zur Toilette. »Spuck deine Angst dort hinein.«

Als sie zurückkommen, sichtlich erleichtert, hat Pascal gerade begonnen, seinen Traum der vorangegangenen Nacht zu erzählen. »In unserer Wohnung saß im Dunkeln ein Vogel auf einem Bein. Ich wusste, es gibt zwei Wege: Ich trage ihn in das andere Zimmer, wo das Fenster weit offen steht, werfe ihn hinaus in der Hoffnung, er kann fliegen. Oder ich lasse ihn und bin schuld, wenn meine Katze ihn frisst. Ich ging mit dem Vogel ins andere Zimmer. Neben dem Fenster auf dem Sofa saß schon die Katze. Ich stand im Türrahmen und konnte mich nicht bewegen, ich ließ den Vogel los . . .«

Galsan Tschinag und Maria Kaluza deuten den Traum. Der Schamane fragt die Anthropologin. Ja, andinische Schamanen deuten die Katze ähnlich, als Zeichen für Tod, bestätigt Ina Rösing. Das weist auf die Globalität des Wissens hin und auf einen Denkansatz, wie ihn unter anderem der Schweizer Mediziner und Psychologe Carl Gustav Jung vertrat.

Der Pfarrersohn, der über »sogenannte occulte Phänomene« promoviert hatte, definierte als Archetypen die überall und unabhängig von Geschichte und Kultur vorhandenen Urbilder in der Seele aller Menschen. Das können Vorstellungen, Gegenstände und Lebewesen aus der Umwelt sein. Er sammelte Material aus verschiedenen Zeiten und Kulturen, um nachzuweisen, dass Archetypen existieren, die als Anbahnungen von Vorstellungen vererbt werden. Aus diesem Blickwinkel analysierte er die Träume von Patienten. Er fand in ihnen Vorstellungen, die den bildlichen Darstellungen fremder Kulturen sehr ähnelten, obwohl der Träumer nie etwas mit ihnen zu tun gehabt hatte. Er interpretierte solche Archetypen als Energiekomplexe, die in Träumen, Neurosen und Wahnvorstellungen wirken und die Gesamtpersönlichkeit durch eindringliche Zielbilder ins Lot bringen, sowie Sinn und Ordnung stiften wollen. Sie manifestieren sich in symbolischen Bildern von universeller Gültigkeit und haben einen beträchtlichen Anteil am Leben eines jeden.

Diese universelle Gültigkeit ist die Brücke, über die Galsan Tschinag kommt. Er reist als Botschafter zwischen dem einen Kultur- und Wissenskreis und dem anderen, als ein Gesandter, der zwischen der Welt des Bewussten und des Unbewussten, der Welt der Geister und der sichtbaren Welt eine Verbindung schaffen möchte. Er ist sein eigener Auftraggeber, getrieben durch sein aus seinem persönlichen Werdegang historisch gewachsenes Gefühl, verantwortlich zu sein für das, was hier und dort geschieht und den Menschen widerfährt. Sein Vehikel und sein Werkzeug sind ihm Buchstaben und innere Bilder, die eine heilere und eine heilende Welt erschaffen.

»Haltet Kontakt, geht einander nicht verloren«, verabschiedet sich der Schamane. »Ich vergesse euch nicht. Ihr könnt mich jederzeit rufen.«

Das Monochord bringt die Schwingung im Raum zum Klingen. Keiner hat Eile. Manche lassen sich ein Buch mit einer Widmung versehen, andere setzen sich noch zusammen auf eine Tasse Kaffee, Adressen werden ausgetauscht, Umarmungen, Wünsche…

*

Ich gehe nach Hause und schreibe.

NACHSATZ 1

Helga erzählt ein paar Wochen später, aus Galsan Tschinags Bemühen sei »eine immer noch wachsende Veränderung entstanden. Nicht eine ›Wunderheilung‹ etwas sehr Nachhaltiges, Intensives.« Durch sein Beharren habe sich in ihr eine Fessel aufgelöst. Seither öffne sie sich anderen stärker, sie fühle sich besser, ihre Angst, von jemandem wieder, wie damals, sechs Jahre zuvor, durch ihren Ehemann, verletzt zu werden, verblasse.

Nachsatz 2:

Ina Rösing zeichnete mit Kamera, Tonband und Stift minutiös die Heilungsrituale andinischer Indianer auf. »Ich bohre mit meinen Fragen«, sagt die Wissenschaftlerin. Die Kulturanthropologin und Psychotherapeutin bezeichnet sich selbst als Schamanin. Als ein andinischer Medizinmann operiert werden musste, ließ sie ihn nach Ulm kommen, übernahm die Rituale, damit seine »kleine Seele« gut versorgt und nicht am Ort eines Schreckens zurückbleibt, und dokumentierte alles. Überzeugte das die Kollegen am Operationstisch? Sie schüttelt den Kopf: »Ich habe längst mein Haupt erhoben.« Sie mache, was ihr wichtig ist, mag die Welt sein, wie sie ist: »Ich bin keine Weltverbesserin«, sagt sie, und: »Ich lasse mich nicht ein.« Auch in Galsan Tschinags Kurs dokumentiert sie. Seit fünfzehn Jahren besucht sie immer wieder Seminare mit ihm, weil sie ihn faszinierend findet, mutig und »einfach entfaltet«. Sie forsche nicht über ihn, mache sich aber als Forscherin durchaus Gedanken, was wirkt, wenn er heilt. Fragen dazu beantwortet sie nicht. »Ich lasse mich nicht ein«, sagt sie. Mehrmals. Auf kein Tonband und nicht auf solche Fragen. »Wir leben in verschiedenen Welten.«

EPILOG

ABFAHREN UND ANKOMMEN

Wir sitzen im Zug nach Berlin. 41 Tage, vollgepackt mit Lesungen und Heilungsseminaren, liegen hinter Galsan Tschinag. Am Vortag wurde ihm der Kulturpreis der Deutschen Wirtschaft verliehen, in einem Kloster nahe bei Würzburg.

»Sie müssen unbedingt die Zeit einhalten, haben sie mir eingeschärft«, erzählt er, noch immer etwas ärgerlich. Auf ihn wirkte das, als habe man ihm unterstellt, wenn so ein alter Mann mal anfängt, findet er kein Ende. Andererseits schien endlos Zeit zur Verfügung für das seiner Meinung nach eher Oberflächliche: Vier Stunden vorher da sein, Mikrophonprobe, immer wieder Instruktionen, wer wie auf die Bühne kommt, wer wem in welcher Reihenfolge die Hand gibt... – »Da wird viel Zeit vergeudet, das Wesentliche rückt in den Hintergrund.«

Er fügte sich. Und er hielt sich an die Regeln. Wie immer: Galsan Tschinag hört auf die Sekunde auf, wenn er·eine Zeitvorgabe hat. Aber er ließ sich nicht sagen, was er auf der Bühne zu tun hatte: »Ich habe 20 Minuten«, erklärte er dem Publikum, »Man sagte mir, ich solle lesen.« Er schwieg, blickte in die Runde, lächelte. »Ich werde pünktlich aufhören, das habe ich versprochen. Doch was ich in dieser Zeit mache, das lasst meine Sorge sein.«

Er gab alles: Er sang, trug Gedichte vor, hielt eine kurze Rede, las aus einem seiner Bücher. Dicht gedrängt. Gut vorbereitet.

»Ich wusste nicht, was ich sagen würde«, erklärt er anderntags im Zug. Aber er wusste, was zu tun war, damit er bereit war für die Bühne: »Ich muss mich reinigen. Muss alles andere in dem Moment rausschmeißen. Den Gedanken, ich könnte müde sein, nach 41 Tagen Lese- und Seminarreise. Ich bin nicht müde, ich bin nicht alt, ich bin nur weise. Und ich kann es jetzt mit jedem, mit Tod und Teufel und mit Gott, aufnehmen, sagte ich mir. Ich bin bereit, diese weitere Lebensprüfung abzulegen.« Das wirke bei ihm, aber auch bei anderen: »Wenn du dich auf diese Weise reinigst in Gedanken und dich trainierst – körperlich, geistig und seelisch – und wenn du dich auf diese Weise gesäubert hast, geläutert, und dann auf die Bühne gehst und ins Publikum schaust, dann weißt du, was du zu sagen hast.«

Und er habe ja noch seine »Geisterchen«, sagt er, seine Gehilfen. Sie flüsterten ihm zu, was er zu sagen hatte, sie gaben ihm die Stichworte: Jetzt Hadak übergeben, wisperten sie, als er die Bühne betrat. Also bat er die Juryvorsitzende Nina Hugendubel auf die Bühne und legte ihr das blaue mongolische Glückstuch um den Hals. »Sie hatte einen Blick wie eine Kamelstute und Tränen in den Augen. Da spürte ich, sie habe ich erreicht.« Dann flüsterte es in ihm: singen. »Und als ich sang, habe ich gespürt, ich habe im Saal alle erreicht...«

Am darauffolgenden Tag steht der Rückflug in die Mongolei in Galsan Tschinags Kalender. Im Zug holt er aus seiner Tasche einen Packen Briefe. Dankesbriefe von Patienten. In manchen stecken Geschenke. »Viele unterschreiben mit Vornamen. Aber ich begegne 15 Ritas und 10 Brigittes«, sagt er. Sobald er die Briefe lese, wisse er jedoch meist rasch, welche Rita da schreibt.

■ *Welches Bild nehmen Sie mit aus den vergangenen 41 Tagen?*
Ein ermutigendes, lichtes Bild. Über die Schatten schaue ich einfach hinweg. Das kann ich sehr gut. Vom Licht dagegen will ich nichts weglassen. Absolut nichts. Ich war oft glücklich. Immer dann, wenn sehr kranke Menschen zum Seminar kommen und gesund den Raum verlassen, bin ich glücklich.

■ *Sind für Sie nun die Krankenakten geschlossen?*
Ich vergesse meine Patienten nicht. Das ist eine Besonderheit bei mir. Liege ich nach einem Seminartag nachts im Bett, liegen alle bei mir – unkörperhaft, als Geister. Sie umschwirren mich. Ich kommuniziere mit allen und bin gedanklich wie eifersüchtig hinter meinen Patienten her. Einige rufe ich an und erkundige mich, wie es steht. Höre ich, es ist weiterhin gut, die Schmerzen sind nicht zurückgekehrt, die Traurigkeit ist ausgeblieben, dann freue ich mich und gebe ein, zwei Tipps weiter, die ich mir seit dem Seminar noch ausgedacht habe. Mein eigenes Glück besteht dann darin, zu erfahren, wenn Menschen wieder schmerzlos und glücklich leben.

■ *Bei welchen Patienten oder Krankheiten rufen Sie an?*
Menschen mit schweren Krankheiten muss ich drei Mal massieren. Mindestens. Ein solcher Anruf soll eine weitere Massage von mir ersetzen. Hat man fünf Minuten, zehn Minuten geplaudert und hört den anderen am anderen Ende lachen, dann weiß ich, die Massage ist angekommen. Das ist ja Seelenmassage.

■ *Was haben Sie selbst von solchen Gesprächen?*
Den gesunden Egoismus, von dem auch der Dalai Lama lachend erzählt. Ich werde von Seminar zu Seminar, von Lesung zu Lesung, von Vortrag zu Vortrag immer besser. Das ist für mich eine geistige Übung. Da werde ich geputzt, gewetzt, geschärft. Und gereinigt, geläutert. Ich kann ja nicht einfach still dasitzen und die Zeit einfach über mich ergehen lassen. Da fiele Staub auf mich und ich begänne zu rosten. Ich muss ständig geistig fit sein.

■ *Welche Art schwerer Fälle erleben Sie besonders häufig?*
Viele Fälle, die durch die eigenen Dummheiten kommen: Süchte, Alkoholiker, Raucher und Kiffer: Leute, die sich nicht beherrschen können und jegliche Kontrolle über sich verlieren. Und es kommen sehr viele mit Depressionen.

■ *Blieb Ihnen jetzt jemand besonders in Erinnerung?*
Vor zwei Tagen kam eine Frau aus dem Schwarzwald nach Nürnberg. Ich
sah sie zum ersten Mal vor rund sechs Monaten in einem Seminar in Freiburg. Wir waren dort 50 Leute. Alle waren bester Laune und machten gemeinsam Gymnastikübungen. Nur eine Frau machte nicht mit, sondern
sah mir die ganze Zeit missbilligend zu. Bei jeder Veranstaltung gibt es
eine dunkle Gestalt, das wollen die Geister so. Diese dunkle Gestalt ist jemand, der dir nicht glauben will, der sich gegen dich stellt.

(Er hält inne.)

In der Pause fragte ich nach ihrem Namen: Regula. »Komm, Himmelskönigin, Erdenhäuptling braucht dich«, sagte ich und nahm sie an beiden
Händen.

(Er hält inne, lächelt.)

»Ach wenn du wüsstest, wie schön deine Augen sind, so richtig himmelblau. Ein solches Himmelblau habe ich schon lange nicht mehr gesehen. Du bist so schön schlank, wirkst so künstlerisch. Bist du Tänzerin?«
Als junges Mädchen habe sie getanzt, nun werde sie aber bald Oma. »Von
wegen Oma, du müsstest dich mit meinen Augen anschauen«, entgegnete
ich und fragte: »Kannst du wenigstens noch tanzen?« Sie nickte. »Dann
tanzen wir einen Walzer.« Sie schaute mich ungläubig an, auch wegen meiner groben Reiterstiefel. Doch die rutschen wunderbar. Ich habe die anderen in der Gruppe gebeten, Walzermusik zu singen und darauf haben wir
getanzt – den Donauwalzer. Sie tanzte wunderbar, sie kann so leicht schweben. Wir tanzten und drehten immer weiter, sie war wie für mich gemacht.
schließlich waren wir ganz außer Atem. Da sah ich ihre Tränen. Ich drückte sie an mich. Sie fing an, laut zu weinen. Eine wunderschöne Szene. Alle
schauten ergriffen, mit glitzernden Augen. Am Ende des Tages sagt sie zu
mir: »Danke, Erdenhäuptling, dass du mir meine Seele wieder geschenkt
hast.« Ist es nicht schön, wenn Menschen sich so öffnen!

■ *Was machte sie anfangs so zweifelnd und so verzweifelt?*
Regula war am Ende ihrer Kräfte. Sie hatte alles aufgegeben. Als sie von
Schamanen hörte, raffte sie sich noch einmal auf. Sie wollte, als ihren

letzten Versuch, sehen, was dahintersteckte, weil sie noch nichts darüber wusste. Und nun traf sie aber offenbar nur auf einen Mann, der einfach so Spielchen trieb! Da wurde sie böse: Was sollte die alberne Spielerei? Da würde man ja nicht ernst genommen. – Genau da liegt tatsächlich ein Problem: Hierzulande glauben die Menschen, man müsse ernst sein, wenn es ums Leiden geht. Der Schamane aber kann übertreiben und untertreiben, er kann humorvoll sein, runterspielen und raufspielen. Genau das ist seine Kunst. Er hält Menschen im Schwebezustand, damit das Gegenüber sich fragt, ob das gescherzt ist oder ernst. Diese Schwebe ist der beste Heilzustand des Menschen.

■ *Haben Sie sie gefragt, was ihr fehlte?*
Ich habe das Orakel befragt, sie habe ich nicht gefragt. Ihr Mann hat sie verlassen für ein jüngeres Weib. Sie ist einsam, sah ihr Leben als abgeschlossen, sinnlos und wollte nicht mehr leben. Sie hatte sich diesen Gedanken in den Kopf gesetzt und dieser Druck machte sie kaputt. Wenn das lange anhält, kann daraus ein Gehirntumor werden oder Leberkrebs. Nun aber ist Regula wieder heiter.

■ *Gibt es auch unangenehme Patienten?*
Unangenehm sind solche, die immer von mir fordern: Machen Sie mich doch gesund, Sie haben doch gesagt, ich werde gesund. Wenn ich dann nachfrage, ob sie getan haben, was ich ihnen geraten habe, verneinen sie. Warum nicht, frage ich. Na, weil es mir nicht gefiel, antworten sie. Dabei sind es oft nur einfache Übungen, für die sie sich nur zehn Minuten am Tag zusammenreißen müssten. Dazu sind sie aber eben nicht bereit. Lieber beschuldigen sie mich, dass sie krank sind. Ich versuche, ihnen begreiflich zu machen, dass nicht ich sie gesund machen kann, sondern nur wir zusammen, indem wir dem Körper die Möglichkeit geben, sich selbst gesund zu machen. Doch das verstehen viele von ihnen nicht und reagieren unverschämt. Solche unverschämten Menschen haben eine unglaubliche Fähigkeit, einem die Energie zu zerstören. Nach solchen Gesprächen bin ich erledigt.

■ *Welche Besonderheiten erlebten Sie in diesen Wochen?*
Es gab drei Besonderheiten, die ich früher nicht erlebte: Ich wurde zweimal krank durch Patienten, und zu fast jeder Lesung und in fast jedes Seminar kamen viele junge Türken.

■ *Warum kamen sie?*
Sie suchen nach ihren Wurzeln. Ich bin wohl ihr großer Baum, an dem sie sich festhalten wollen, weil sie sich entwurzelt fühlen. Diese Türken der zweiten Generation sprechen Deutsch wie ihre Muttersprache, sind aber nie Deutsche geworden. Ihre Umgebung lässt sie auf Schritt und Tritt spüren, dass sie Fremde sind – in Deutschland ebenso wie in der Türkei. Sie nennen sich eine »Opfergeneration«, hoffen, dass ihre Kinder es besser haben, und viele wollen die Mongolei besuchen, um zu sehen, wo ihre Vorfahren herkommen. Ich wohne ja genau dort, wo die Türken vor 1200 Jahren gelebt haben und wo ihre Grabstätten liegen. Wir sind die Wächter ihrer und unserer Vorfahren. Ich bin auch deshalb für sie ein alter Türke.

■ *Was erhofften Sie sich außerdem von Ihnen?*
Lebenshilfe. Diese jungen Türken finden, ich bewege mich beneidenswert frei hier, und sie fragen, ob ich das Gefühl der Fremde nicht kenne. Schließlich fühlen sie selber sich noch immer fremd. Ich erklärte ihnen, man kann sich Fremde auch einbilden. Wenn man denkt, die ganze Erde ist meine Heimat, die ganze Menschheit ist meine Familie, dann gibt es die Fremde nicht. Man kann das Gefühl der Fremde aufheben. Auch das ist eine Lebenshilfe.

■ *Sie haben sich dieses Mal offenbar erstmals bei Patienten angesteckt. Was machte Sie bislang so widerstandsfähig?*
Ein Heiler hat kein Ekelgefühl. Ihm ist egal, ob nun jemand piekfein gerichtet ist oder seit Tagen ungewaschen. Für ihn gibt es auch kein Geschlecht, kein Alter. Und er kennt keine Angst, selbst bei noch so ansteckenden Krankheiten nicht. Ich vertraue auf meinen Körper. Und ich bin überzeugt, meine geistig-seelischen Kräfte werden in der Lage sein,

die möglichen Bazillen und Mikroben wegzutreiben. Mein Widerstand wird stärker sein. Aus dieser festen Überzeugung heraus habe ich bislang bedenkenlos behandelt.

▨ *Was ist dieses Mal geschehen?*
Ich weiß es nicht, darüber muss ich weiter nachdenken. Das erste Mal passierte es am Anfang der Reise, bei Ingeborg, einer Frau von 43 Jahren, sportlich und drall, ein Wohlstandsexemplar. Sie hatte fast unerträgliche Schmerzen im Hals, im Rücken, in der Schultergegend, im Nacken, saß da und heulte. Ich fasste sie an, knetete, klopfte, massierte. Ich merkte gleich, nachdem ich sie angefasst hatte, dass mein Arm sich anfühlte wie fast taub, machte aber weiter, eine Stunde lang. Ingeborg war dankbar und versicherte, jetzt seien die Schmerzen weg. Doch das Taubheitsgefühl in meinem Arm blieb. Ich behandelte mich selber. Dennoch verflog dieses Gefühl erst nach einer Woche. Das zweite Mal übertrug sich das Rückenweh eines jungen Mannes, dem ich es wegmassierte, sofort auf mich: Ich hatte den ersten Hexenschuss meines Lebens...

▨ *Wie erklären Sie sich, dass sich Schmerzen manchmal auf Sie übertrugen?*
Vermutlich war ich zu müde, der ganze Körper war ermüdet. Ich muss besser aufpassen. In meinem Alter darf ich mich nicht mehr so überanstrengen. Es ist sehr anstrengend, viele kranke Körper zu behandeln, dauernd zu reisen, jede Nacht in einem anderen Hotel in ganz verschiedenen, manchmal schreiend schlechten Betten... – ich muss da noch darüber nachdenken.

▨ *In Weimar fand sich ein Kreis von Menschen aus Kultur, Medizin und Medien, um neues Denken und den Wandel anzustoßen hin zu einer ihrer Ansicht nach besseren Zukunft. Sie versammelten im Oktober 2008 zu den »Festspielen des Denkens«, den »Weimarer Visionen«, Experten, die Spuren suchen sollten zwischen östlicher Weisheit und westlicher Wissenschaft. Sie waren einer der Referenten und ließen aufhorchen durch eine Vision, die Sie dort erstmals preisgaben: Sie wollen eine Million Bäume pflanzen in der*

Mongolei und dies durch Spenden finanzieren. Welche Bedeutung haben Visionen für Sie?

Ich habe immer nach Visionen gelebt. Bislang hat sich jede meiner Visionen erfüllt. In Weimar wurde diese Überzeugung zu einem geflügelten Wort: »Wie Herr Tschinag sagte, jede Vision erfüllt sich...« Dort wurden in meinem Namen Handzeichnungen versteigert, eine erhielt den Zuschlag für 170 Bäume, für umgerechnet 1700 Euro.

■ *Ihre Vision greift Raum. Und mittlerweile gibt es bereits eine Stiftung, über die die Baumspenden abgewickelt werden können. Wie kamen Sie auf diese Idee?*

Das rührt aus der Wut und aus dem Schmerz, wie die menschliche Gier in der Mongolei zunimmt und das Land sowie das Volk buchstäblich zerstört, tötet. Die in der Mongolei ohnehin spärlichen Wälder sind längst abgeholzt. Wir haben jetzt so gut wie keinen Wald mehr, nur noch Restwälder, gerade mal noch fünf Prozent des Territoriums. Und mit den Wäldern sind die Gewässer verschwunden, die Seen sind ausgetrocknet, die Flüsse und die Bäche. Auch der Goldrausch, durch den die mongolische Erde zerstochert wurde von unzähligen ausländischen Firmen, kostete viel Grundwasser, um die Erdhaufen zu zerkleinern, bis sie wegfließen und nur noch das Gold bleibt. Für diese Goldkrümelchen tötet man die Mutter Erde. In der Westmongolei hat es diesen Sommer kein einziges Mal geregnet, die Erde ist grau. Ich will den Wald zurückbringen und der Wald wird uns das Wasser zurückbringen. Das Wasser wird uns Gras schenken. Und wenn wieder Wasser und Wald und Gras ist, wird die untere Luftfeuchtigkeit wieder so hoch sein, dass die Wolken wieder heruntergezogen werden und nicht länger hoch über die Mongolei hinwegfliegen.

■ *Wie wollen Sie das Projekt vorantreiben?*

Ich beginne nach meiner Rückkehr auf meinem eigenen Grundstück bei Ulan-Bator. Das sind 4000 Quadratmeter. Das Geld, das ich schon eingesammelt habe, reicht für den Anfang; die Spenden laufen. Danach werde ich die Nachbargrundstücke bepflanzen. Was werden die froh sein! Nur ein Dummkopf wird abwinken und sagen, er wolle diese geschenkten Bäume nicht. Wenn mein ganzes Wohngebiet – das ist etwa die Fläche eines großen Dorfes – grün ist, pflanze ich von dort die erste richtige Allee in der Mongolei, mit Bäumen auf beiden Seiten, und ziehe sie bis ins Stadtzentrum. Das kennt die Mongolei bislang gar nicht! Wenn das alles so weit gewachsen ist – das kann zehn Jahre dauern –, dann werde ich meine Regierung angehen und in der Westmongolei weitermachen. Wohl hunderttausend Bäume will ich um Ulan-Bator pflanzen, die anderen, bis zu der versprochenen Million, dann im Hohen Altai. Bis das so weit ist, wird die Welt erkannt haben: Dieser Mann will etwas Großes.

▪ *Mit Ihrer Pflanzaktion beanspruchen Sie teils Privatgrund, teils gehört der Boden dem Staat. Doch Sie haben oft erzählt, der Staat sei nicht so gut auf Sie zu sprechen, weil man Ihnen den Erfolg im Westen neide. Wie soll dieses Vorhaben dennoch gelingen?*[14]

Das mongolische Fernsehen hat über diese Initiative einen Film gedreht von einer Stunde und 20 Minuten Länge. Da haben mich die Leute verstanden. Zum ersten Mal habe ich breite Unterstützung des Volkes bekommen. Am nächsten Tag begann unser Telefon zu klingeln. Der eine sagte, ich möchte für meine toten Eltern zwei Bäume spenden; wo kann ich die Bäume abgeben. Der nächste: Wir sind eine neunköpfige Familie und möchten neun Bäume spenden. Oder: Meine Frau ist schwanger, wir möchten, dass unser Kind mit einem Baum ins Leben tritt. Oder unser Kindchen kommt nächstes Jahr in die Schule und wir wollen, dass es mit einem Baum in jeder Hand die Schulschwelle betritt, wo kann ich den abgeben – und so weiter, und so weiter. Es gibt unzählige Anlässe – Tod, Kinder, Heirat …

▪ *Warum verstehen die Menschen Sie jetzt?*

Die Haltung der mongolischen Obrigkeit hat sich leicht geändert. Ich bin mittlerweile zum »Verdienten Kulturschaffenden der Mongolei« erklärt worden, trage dafür jetzt ein Abzeichen. Und ich wurde zum buddhistischen Neujahr vom Staatspräsidenten nach Hause eingeladen …

■ *Was hat die Regierung zu einer solchen Veränderung veranlasst?*
Meine Anerkennung im Ausland, das Bundesverdienstkreuz in Deutschland, die vielen Beschreibungen in den Zeitungen und in den Radios. Und von zehn Menschen, die in die Mongolei kommen, antworten sieben oder acht auf die Frage, weshalb sie hierherreisten, sie hätten Galsan Tschinags Bücher gelesen und wollten dieses Land sehen, das ihnen in diesen Büchern so gefallen hatte. Durch all dies änderte sich die Einstellung mir gegenüber allmählich doch noch.

■ *Was passiert mit Ihnen, wenn Sie im Flugzeug zurück in die Mongolei sitzen?*
Ich schließe die Augen und werte erst einmal die vergangenen Wochen aus.

■ *Wie kommen Sie an in Ulan-Bator?*
Ich lande am frühen Morgen. Noch während ich fliege, lege ich meine europäische Haut ab und sortiere meine europäischen Gedankenmassen aus mir raus. Jetzt müssen die nomadisch-mongolischen Gedanken wieder Stellung einnehmen. Ich muss mich äußerlich und innerlich ausrüsten. Wenn ich aus dem Flugzeug steige, muss ich dick eingepackt sein, denn es wird viel kälter sein. Ich weiß, ich werde dann wieder durch Ulan-Bators holprige Straßen fahren und stelle mich darauf ein, dass ich die Schlaglöcher übersehe. Hier bin ich verwöhnt worden, lebte ein bisschen in einem Traumzustand, der zu unserer Realität nicht passt. Daran muss ich mich erst wieder gewöhnen.

■ *Was meinen Sie mit »europäischen Gedankenmassen«?*
Hier erwarte ich, dass alles funktioniert. Hin und wieder gibt es Verspätungen, aber insgesamt funktioniert alles. In der Mongolei hingegen muss ich mich darauf einstellen, dass vieles nicht funktioniert. Die Autofahrer sind katastrophal brutal, überholen von links und von rechts. Da muss man kühl bleiben und sich sagen, es ist halt so. Mit dieser Wirklichkeit musst du ab heute wieder leben. Und dann: Europa ist schnell. 120, 130 oder noch mehr Kilometer in der Stunde sind üblich. In Ulan-Bator ist

nur rund die halbe Geschwindigkeit erlaubt. Auch die Menschen sind langsamer. Will ich eine Zeitung kaufen, muss ich wissen, dass das dauert. Wenn ich mir etwas zu trinken bestelle, muss ich mich darauf einstellen, dass man mir zweimal das Verkehrte bringt. Ich darf keine europäischen Ansprüche stellen.

Kommen Sie anders zurück, als Sie abreisten?
Ich komme jedes Mal weiser und geschärfter zurück, als ich abreiste.

Zeilen aus dem Himmel

Den Breitengrad spulen wir
An beiden Enden ab
Und eilen einander entgegen
Ich auf Flügeln
Du auf Rädern
Und der Platz, wo wir uns treffen
Wird irgendwo
Zwischen Himmel und Erde hängen
Dort eben, wo die reisemüden Träume
Vorerst landen
Werden wir, selber Träume
Von welchen Wesen auch immer
Niedergehend ausgehen?
Oder zu Einem vereinigt, uns
Erneut erheben, sternenwärts?

16.11.2003, im Himmel von Ulan-Bator nach Berlin
(Geschrieben auf dem Flug hin zu unserem ersten Gespräch, am 17. November 2003 auf dem Roten Sofa)

(aus: Galsan Tschinag, Jenseits des Schweigens)

NACHSATZ

Die Namensfindung des Namenlosen

Ohne einen Namen ist einer, der aus seinem Leben mehr machen will, ein Nichts. Diese Überzeugung treibt Galsan Tschinag seit Jahrzehnten durch die Welt. Alles muss sich seinem ehrgeizigen Ziel unterordnen: seine Familie, sein Körper, sein Volk, seine Begleiter. Dann ist es gut. Nur dann.

Er will ständig besser und noch besser werden, schleift, diszipliniert sich. Er will der Häuptling sein – in seinem Leben, bei seinem Volk und in einem möglichst großen Teil dieser Welt – und der Schamane. Nicht einfach ein Schamane. Sondern ein Schamane, ein Heiler, ein Aufklärer im Hier und im Dort. Einer auf dem Weg zum Weltschamanen. Ja, und er will der Dichter sein, 50 Bücher sind sein Ziel.

Die Themen, über die er philosophiert, die Abgründe, die er kritisiert, erfuhr er oft auch am eigenen Leib. Nach dem Studium zurückgekehrt in die Mongolei, erlitt er in den Jahren 1968 bis 1989 eine ganze Reihe von Niederlagen, die auch deshalb schmerzten, weil sie das große Ziel – den großen Namen – in weite Ferne rückten. Er begab sich in die innere Emigration und verschob den ersehnten Ruhm in die Nachwelt. Sie würde dereinst, wenn er wohl längst tot war, am Nachlass seiner Manuskripte erkennen, welch großer Geist, welch herausragender Geschichtenerzähler und Weltenbeobachter er war. Doch der Sozialismus starb vor ihm. Damit konnte er bei lebendigem Leib sein Lebenswerk aufrichten und sich in der Ehre sonnen.

»Ich will Geschichte machen. Die Menschen halten mich für verrückt, zunächst fast alle, zum Schluss nur noch wenige. Ich weiß, was ich tue, und kein Gerede ist imstande, mich von dem Weg abzubringen, der vor mir liegt und wie vom Schicksal vorgezeichnet scheint.« – Mit diesen Sätzen beginnt er den Bericht über die Karawane, in der er sein zwangsumgesiedeltes Volk zurückbringt zu den Weideflächen und Jagdgebieten im Hohen Altai. Diese Sätze beschreiben aber auch den Weg, auf dem er vom Nichts zu einem Mann mit einem großen Namen wachsen will. Zu einem Dschingis Khan der Moderne. Einem Volks- und Völkerverbinder, einem Kommunikator, der mit Worten Brücken schlägt und Menschen hier wie dort erobert, indem er ihnen Heil verspricht und vermittelt durch seine Worte, gegeben in Büchern oder in Seminaren. Er erobert sie und macht sie zu Mitstreitern auf seinem Feldzug durch die Welten, auf dem er mehr und mehr Auszeichnungen, Literaturpreise und Einladungen als Experte als Trophäen einsammelt, mit Urkunden, auf denen gut sichtbar sein Name prangt.

Besessen von der Vision, ein Namensgroßer zu werden, blieb er unermüdlich und rastlos auf seinem Marsch durch verschiedene politische Systeme, persönliche Krisen und Krankheiten – ein wildes Arbeitstier, das geraubte und verschwendete Lebenszeit schier rasend werden lässt, gierig auf Ruhm, begierig, Unmengen an Wissen in sich aufzusaugen und zu verschlingen, dürstend nach Anerkennung. Nach dem Zusammenbruch des Sozialismus gründete er ein Reisebüro, sofort mit einigem Erfolg, weil sein Name im Ausland durch sein Erstlingsbuch und seine journalistischen Texte schon einen feinen Klang hatte. Als er bemerkte, dass sich mehr und mehr Menschen für den Altai und für die Exotik des Andersartigen interessierten, begann er, in Zahlen zu denken, genoss es, Geldscheine zu zählen. Verlockt vom Geld, vergaß er fast die Buchstaben, erkannte aber noch zeitig, ohne sie würde nie sein Name groß in den Geschichtsbüchern zu lesen sein. Dazu musste er Dichter sein, Heiler und Häuptling bleiben, Unternehmer hätte nicht genügt.

Ebenfalls von Kindesbeinen an nagte in ihm, der sich in den Mittelpunkt sehnte, das Gefühl, am Rande zu stehen, als Tuwiner innerhalb der Mongolei, als Mongole überall sonst. Jedenfalls, wenn er sich maß an den anderen Ländern dieser Welt (und nur dieses Maß hatte vor seinen Augen Bestand.) Doch als Schamane, als einer, der über die Grenzen zwischen realer und geistiger Welt geht, glaubte er nicht an die Starre von Grenzen, sondern an die Überwindbarkeit von Grenzen. So wurde das Schamanische ihm zum Rückgrat und zur Leitschnur. Aus dem Fels in ihm, den er bei seiner ersten schamanischen Übung als kleiner Junge entdeckte, holte er die Steine, auf die er sein Lebenshaus baute. Konsequenterweise nahm er es zuallererst mit jenen auf, die die Tuwa besonders bewunderten: mit den Europäern.

In seinem autobiographischen Roman »Die Rückkehr« beschreibt Galsan Tschinag, wie minderwertig sich die Tuwa fühlen. Wie »der letzte Abschaum der Menschheit, da wir nicht nur dumm, faul und diebisch, sondern auch gewalttätig und gefräßig, klatsch- und eifersüchtig sind und hin und wieder sogar davor nicht zurückschrecken, zu lügen, zu betrügen und jemanden zu verleumden«. Indem er über Grenzen ging, indem er in Leipzig studierte und in Europa las und heilte, konnte er beobachten, wie es wirklich war. »Während wir das denken, glauben wir, andere Völker wären nicht so.« Am wenigsten die Europäer. Dabei sei keiner besser oder schlechter, alle seien von Fehlern behaftet. Ein Trost.

Noch ein Weiteres kam hinzu. Die Tuwa hatten etwas, was die Europäer bereits zugeschüttet hatten, wonach sich viele von ihnen zwar sehnten, es aber nicht mehr fanden: ein Heilwissen, das zugleich Lebensweisheit bedeutete. Das war der Samen, daraus wuchs die Pflanze, der Baum, der so manchen Heilsuchenden nicht herabsehen, sondern aufschauen ließ und lässt zu dem Nomaden, dem Stammesfürsten, dem Heiler, dem Boten zwischen alten und neuen Welten.

Ohne die Heilerei, ohne das Schamanische, wäre nichts gekommen, wie es kam. Das Hin und Her zwischen Siegen und Niederlagen, zwischen Mittelpunkt und Rand der Gesellschaft schliff den ehrgeizigen Schüler, dem die Schamanentante versprach, solange sie lebe, sei kein Messer imstande, ihn zu schneiden. Die Fähigkeit zu heilen – mit Worten, mit Berührung – wurde sein Tor in die Welt und verschaffte ihm den heißersehnten Namen. Er hatte die Gunst, eine »Bestellung der Zeit« zu sein – im Osten wie im Westen. Er verharrte nie in einer der Welten, er plante in einem Münchner Biergarten die Karawane in den Altai und findet im Altai die Legenden, die Stoff für seine Bücher sind. Er will seinem Volk Bildung nahebringen und den Menschen im Westen Genügsamkeit und Ruhe. Weil er bereit war, sich zu entwurzeln und hin und her zu fliegen, wurde der Heiler und Häuptling zum Hermes, der auszog, nicht nur den Einzelnen, sondern die Gesellschaft, ja, am besten die ganze Welt zu heilen.

Im Westen hob man ihn schon bald dafür auf ein Podest. Nicht zuletzt auch, weil um seine Schultern ein Mantel der Exotik lag – eine gewissermaßen zuverlässige Exotik: Galsan Tschinag sieht asiatisch aus, kennt aber die westlichen Sitten bestens und spricht fließend Deutsch, er überrascht mit seinen Positionen, schockiert aber nicht. Das wirkt »preiswürdig«: Ihn zu ehren verschafft der Jury einen Mantel schillernder Weltläufigkeit und dem Ausgezeichneten einen immer heller glänzenden Namen.

Zu Hause, in der Mongolei, wollte man davon nichts wissen. Das zehrte. Doch seine Projekte für den Altai, der Erfolg seiner Bücher, vor allen Dingen sein vom Westen her laut und lauter klingender Name konnten schließlich in der Mongolei nicht mehr ignoriert und verschwiegen werden. Welch Balsam für seine Seele muss gewesen sein, dass ausgerechnet er, der Tuwiner, der Nomade, der Angehörige einer Minderheit, zum »Verdienten Kulturschaffenden der Mongolei« ernannt wurde. Nun endlich erhielt er im Geschichtsbuch seines Ursprungslandes, dessen jeweilige Potentaten und dessen Untergebene ihn und sein Volk immer wieder getriezt, verhört, verspottet hatten, einen Platz. Aus dem »Inhalt des Fells« war ein berühmter Mann mit gleich zwei klingenden Namen geworden – einem für westliche, einem für östliche Ohren: Galsan Tschinag und Irgit Schynykbaj-oglu Dshuruk-uwaa.

ANHANG

LITERATURAUSWAHL

(Das angegebene Jahr entspricht nicht unbedingt dem Ersterscheinungs-
jahr, sondern benennt das Erscheinungsjahr der gegenwärtig im Buch-
handel erhältlichen Ausgaben)

Antonovski, Aaron & Franke, Alexa (1997): Salutogenese: zur Entmys-
tifizierung der Gesundheit. Tübingen: Dgvt-Verlag.

Cramer, Friedrich (1998): Symphonie des Lebendigen. Versuch einer allgemeinen Resonanztheorie, Frankfurt: Insel.

Damasio, Antonio (2002): Ich fühle, also bin ich – Die Entschlüsselung
des Bewusstseins. München: Ullstein.

Davanloo, Habib (1978): Basic Principles and Techniques in Short-Term
Dynamic Psychotherapy. New York: Spectrum Publications.

Eccles, John C. (1994): Wie das Selbst sein Gehirn steuert. München: Piper.

Forkert, Fred & Stelling, Barbara (2003): Mongolei. Bielefeld: Reise
Know-How Verlag Peter Rump.

Grasdorff, Gilles van (Hg.) (2003): Im Dienst des Dalai Lama. Die Erinnerungen seines Leibarztes Tenzin Choedrak. Frankfurt & Leipzig: Insel.

Grönemeyer, Dietrich (2003): Mensch bleiben. High-Tech und Herz –
eine liebevolle Medizin ist keine Utopie. Freiburg: Herder.

Hoppàl, Mihàly (2002): Das Buch der Schamanen. Europa und Asien.
München: Econ Ullstein List.

Kalweit, Holger (1992): Urheiler, Medizinleute und Schamanen. Die
Wiederkehr archaischer Lebenstherapie. München: Heyne.

Kharitidi, Olga (2008): Das weiße Land der Seele. 6. Auflage, Berlin: Ullstein.

Kharitidi, Olga (2007): Samarkand. 7. Auflage, Berlin: Ullstein.

Krippner, Stanley & Welch, Patrick (1992): Spiritual dimensions of healing: From native shamanism to contemporary health care. New York:
Irvington.

Krippner, Stanley & Kalweit, Holger (Hg.) (1998/1999): Yearbook of cross-cultural medicine and psychotherapy. Mythology, medicine, and healing: Transcultural perspectives. Berlin: Verlag für Wissenschaft und Bildung.

Krippner, Stanley & Scott, Patrick (1987): Zwischen Himmel und Erde: spirituelles Heilen der Schamanen, Hexen, Priester und Medien. Dusslingen: Chiron.

Nauwald, Nana (2002): Bärenkraft und Jaguarmedizin. Die bewusstseinsöffnenden Techniken der Schamanen. Aarau: AT Verlag.

Nauwald, Nana (2004): Der Flug des Schamanen. Schamanische Märchen und Mythen. Havelte: Binkey Kok.

Pfleiderer, Beatrix (2005): Der TARA-Process. Grundlagen und Anwendung. Berlin: Leutner Verlag.

Rahula, Yogavacara (1996): One Night's Shelter. From home to homelessness. Bangkok: Editions Duang Kamol.

Rösing, Ina (2007): Der Verwundete Heiler. Kröning: Asanger Verlag.

Schenk, Amélie & Rätsch, Christian (Hg.) (1999): Was ist ein Schamane? Schamanen, Heiler, Medizinleute im Spiegel westlichen Denkens. Berlin: Verlag für Wissenschaft und Bildung.

Schenk, Amélie (2000): Herr des schwarzen Himmels. Zeren Baawai – Schamane der Mongolei. Frankfurt: O. W. Barth.

Schenk, Amélie (2006): Gesang des Himmels. Galbe. Schamanin des Altai. Frankfurt: O. W. Barth.

Schenk, Amélie (2006): Mongolei. 2. Auflage, München: C. H. Beck.

Stearn, Jess (2006): Der schlafende Prophet. Edgar Cayces Prophezeiungen in Trance. 22. Auflage, Kreuzlingen/München: Hugendubel.

Verres, Rolf (2005): Was uns gesund macht. Ganzheitliche Heilkunde statt seelenloser Medizin. Freiburg: Herder.

Weinshtein, Sew'jan I. (2005): Geheimnisvolles Tuwa. Expeditionen in das Herz Asiens. Oststeinbeck: Alouette Verlag.

Ziegler, Gudrun & Hogh, Alexander (2005): Die Mongolen. Im Reich des Dschingis Khan. Stuttgart: Theiß.

Zumstein, Carlo (2001): Schamanen. Begegnungen mit der Kraft. Kreuzlingen/München: Hugendubel.

BÜCHER VON GALSAN TSCHINAG

1981 *Eine tuwinische Geschichte und andere Erzählungen*, Erzählungen (Berlin, Verlag Volk & Welt)

1992 *Der siebzehnte Tag*, Erzählungen (München, A1 Verlag)

1993 *Das Ende des Liedes*, Erzählungen (München, A1 Verlag)

1994 *Der blaue Himmel*, Roman (Frankfurt am Main, Suhrkamp Verlag)

1995 *Eine tuwinische Geschichte und neue Erzählungen*, Erzählungen (München, A1 Verlag)

1995 *Zwanzig und ein Tag*, Roman (Frankfurt am Main, Suhrkamp Verlag)

1995 *Alle Pfade um deine Jurte*, Gedichte (Frauenfeld, Waldgut Verlag)

1996 *Nimmer werde ich dich zähmen können*, Gedichte (Frauenfeld, Waldgut Verlag)

1997 *Die Karawane*, Erzählungen (München, A1 Verlag)

1997 *Im Land der zornigen Winde*, zusammen mit Amèlie Schenk (Frauenfeld, Waldgut Verlag)

1998 *Wolkenhunde*, Gedichte (Frauenfeld, Waldgut Verlag)

1999 *Die graue Erde*, Roman (Frankfurt am Main, Suhrkamp Verlag)

1999 *Der Wolf und die Hündin*, Erzählung (Frauenfeld, Waldgut Verlag)

1999 *Sonnenrote Orakelsteine*, Schamanengesänge (Frauenfeld, Waldgut Verlag)

2000 *Der weiße Berg*, Roman (Frankfurt am Main, Suhrkamp Verlag)

2001 *Dojnaa*, Erzählung (München, A1 Verlag)

2002 *Tau und Gras*, Erzählungen (Zürich, Unionsverlag)

2002 *Der Steinmensch von Ak-Hem*, Gedichte (Frauenfeld, Waldgut Verlag)

2003 *Die Verteidigung des Steins gegenüber dem Beton*, zwei Reden (Frauenfeld, Waldgut Verlag)

2004 *Das geraubte Kind*, Roman (Frankfurt am Main, Suhrkamp Verlag)

2005 *Mein Altai*, Erzählungen (München, A1 Verlag)

2006 *Das zaubermächtige Goldplättchen und andere Märchen aus der Gegenwart*, Märchen (Frauenfeld, Waldgut Verlag)

2006 *Jenseits des Schweigens*, Gedichte (Frauenfeld, Waldgut Verlag)

2007 *Liebesgedichte*, Gedichte (Frankfurt am Main, Insel Verlag)

2007 *Die neun Träume des Dschingis Khan*, Roman (Frankfurt am Main, Insel Verlag)

2007 *Auf der großen blauen Straße*, Erzählungen (Frankfurt am Main, Insel Verlag)

2008 *Das Menschenwild*, Erzählung (Frankfurt am Main, Insel Verlag)

2008 *Die Rückkehr. Roman meines Lebens*, Roman (Frankfurt am Main, Insel Verlag)

2009 *Der singende Fels*, Galsan Tschinag im Gespräch mit Klaus Korn-wachs und Maria Kaluza (Zürich, Unionsverlag)

LINKS

Galsan Tschinag Stiftung e.V.: www.galsan.info

Freunde des Altai: www.freunde-des-altai.org

www.open-hearts-for-mongolia.org

Wolfgang Gans: www.praxisdrwgans.de

Dietrich Grönemeyer: www.microtherapy.de

Willigis Jäger: www.willigis-jaeger.de

Maria Kaluza: www.maka-unikate.de

Stanley Krippner: www.stanleykrippner.weebly.com

Clemens Kuby: www.clemenskuby.de und www.shp-akademie.eu.com

Wilfried Lubberich: www.lubberich.de

Beatrix Pfleiderer: www.beatrix-pfleiderer.de

Daniel Schönbächler: www.kloster-disentis.ch

Rolf Verres: www.rolf-verres.de

Deutsche Gesellschaft für Intensive Psychodynamische Kurzzeittherapie nach Davanloo (IS-TDP): www.istdp.de

Deutsche Gesellschaft für Medizinische Psychologie: www.dgmp-online.de/pni.html

Institut für Ethnomedizin München: www.institut-ethnomed.de

The International Society for Shamanistic Research (ISSR): www.folkscene.hu/magzines/shaman/issr.html

ANMERKUNGEN

1 Schenk, Amèlie (2006): Gesang des Himmels. Galbe. Schamanin des Altai. Frankfurt: O. W. Barth; Schenk, Amèlie (2000): Herr des schwarzen Himmels. Zeren Baawai – Schamane der Mongolei. Frankfurt: O. W. Barth. Als Überblick: Nauwald, Nana (2002): Bärenkraft und Jaguarmedizin. Die bewusstseinsöffnenden Techniken der Schamanen. Aarau: AT Verlag; Hoppàl, Mihàly (2002): Das Buch der Schamanen. Europa und Asien. München: Econ Ullstein List.

2 Mehr dazu: Kapitel 8.

3 Mehr dazu: Kapitel 5.

4 Fabienne war Teilnehmerin des Seminars, das in Kapitel 8 beschrieben ist.

5 Grönemeyer, Dietrich (2009): Brief an die Vfn.

6 Gebhardt, Ute (2002). Die Klinik der Schamanen. Geo-Reportage.

7 Kharitidi, Olga (2008): Das weiße Land der Seele. 6. Auflage, Berlin: Ullstein; sie schrieb außerdem über ihre Erfahrungen mit einem usbekischen Heiler: Kharitidi, Olga (2007): Samarkand. 7. Auflage, Berlin: Ullstein.

8 Darüber erzählt sie auch in ihrem Beitrag »Reise durch die Schamanenwelt«, in: Schenk, Amèlie & Rätsch, Christian (Hg.) (1999): Was ist ein Schamane? Schamanen, Heiler, Medizinleute im Spiegel westlichen Denkens. Berlin: Verlag für Wissenschaft und Bildung, 223–257.

9 Darunter sind auch: »Herr des schwarzen Himmels. Zeren Baawai – Schamane der Mongolei« (Bern, München, Wien: Scherz, 2000), »Schamanen auf dem Dach der Welt. Trance, Heilung und Initiation in Kleintibet (Graz: Adeva, 1994).

10 Schenk, Amèlie (2006): »Gesang des Himmels. Galbe – Schamanin des Altai«, Frankfurt: O. W. Barth.

11 Gerstberger, Beatrix (2008): Mongolei: Bei den Wächtern des Herzens. Brigitte, 09/2008.

12 Schenk, Amèlie: »Reise durch die Schamanenwelt«, in: Schenk, Amèlie & Rätsch, Christian (Hg.) (1999): Was ist ein Schamane?

Schamanen, Heiler, Medizinleute im Spiegel westlichen Denkens. Berlin: Verlag für Wissenschaft und Bildung, 223–257.

13 Stearn, Jess (2006): Der schlafende Prophet. Edgar Cayces Prophezeiungen in Trance. München: Hugendubel.

14 Im Herbst 2008 kündigte er in Weimar erstmals an, in einer Gemeinschaftsaktion die Mongolei aufzuforsten; 2009 wurden 45 000 von Menschen aus Ost und West gespendete Ulmen, Birken, Flieder und Nadelhölzer in mongolische Erde gesetzt – eine Million ist sein Ziel. (www.open-hearts-for-mongolia.net)

Das aktuelle Thema der Szene

CAREL BERND NOSSACK
Das 2012 Rätsel
Zeitwende oder Weltende?
€ [D] 14,95
€ [A] 15,40 / sFr 27,50
ISBN 978-3-548-74474-2

Das Jahr 2012 ist die nächste große Wendemarke der Weltgeschichte und die nächste apokalyptische Prophezeiung der Eso-Gemeinden weltweit. Im Jahr 2012 endet der Maya-Kalender und »the world, as we know it«. Bernd Nossack erklärt in seinem Buch die Maya-Prophezeiungen, untersucht den zyklischen Charakter von apokalyptischen Visionen, ihre Bedeutung für die menschliche Psyche und populäre Mythologien und zeigt die komplexe Wechselwirkung zwischen Vision und Realität.

Das Geheimnis unserer Gefühle

ESTHER & JERRY HICKS
Wie unsere Gefühle
die Realität erschaffen
Laminierter Pappband
320 Seiten
€ [D] 18,00
ISBN 978-3-7934-2146-7

Esther und Jerry Hicks zeigen, wie wir die erstaunliche Macht, die in unseren Gefühlen steckt, sinnvoll nutzen können, ohne uns von ihr überwältigen oder mitreißen zu lassen. »Abraham« ermutigt und lehrt, den Gefühlen zu vertrauen und sie als Indikatoren einer kosmischen Wahrheit zu verstehen. In 33 alltäglichen Beispielen wird demonstriert, wie wir die tatsächliche Bedeutung eines Gefühls erkennen, um aus seiner Energie Kraft für unser inneres Wachstum zu schöpfen. Das Gesetz der Anziehung hilft dabei, mit der Macht der Gefühle die Welt um uns neu zu erschaffen und unser eigentliches Selbst zu manifestieren.

Das neue ganzheitliche Standard- werk

NANCY ARROWSMITH
Das Buch der heilenden Kräuter
Herbologie, Heilkraft, Rezepte
und Geschichten
624 Seiten
€ [D] 18,– / € [A] 18,50
ISBN 978-3-548-74460-5

In diesem ganzheitlichen Handbuch der Kräuter- kunde werden die wichtigsten europäischen Heilkräuter in Einzelkapiteln vorgestellt. Es erläutert die kulinarischen, kosmetischen sowie die herkömmlichen volksmedizinischen Anwendungen sowie die wissenschaftlich bewiesene Wir- kung der Kräuter. Nancy Arrowsmith beschreibt, wie man Kräuterkosmetik herstellen kann und wie man Kräuter frü- her in Haus, Hof und Viehstall verwendete sowie ihre magischen Anwendungen. Abgerundet werden die Kapitel mit den schönsten Zitaten aus Belletristik, Gedichten und historischen Quellen.